Bescherelle

l'italien
pour tous

Iris Chionne
Agrégée de l'Université
Maître de conférences à l'université de Nantes

Lisa El Ghaoui
Agrégée de l'Université
Maître de conférences à l'université Stendhal de Grenoble

© Hatier, Paris, juin 2014   **ISSN** 2101-1249   **ISBN** 978-2-218-97884-5

Conception graphique et réalisation :
c-album, Jean-Baptiste Taisne
Illustrations : Marino Degano
Suivi éditorial : Mery Martinelli

PRÉSENTATION

L'Italien pour tous est un ouvrage de référence **accessible
à tous ceux qui veulent consolider leur italien** pour des raisons
professionnelles, scolaires ou personnelles.

Il réunit en **un seul volume** les outils indispensables pour accompagner
un apprentissage efficace de l'italien.

Cet ouvrage correspond aux niveaux **B1-B2** du Cadre Européen Commun
de Référence pour les Langues.

Un ouvrage en quatre parties

- Grammaire

  Elle est organisée en 32 chapitres, chacun traitant le point concerné
  de façon **synthétique** et clairement **hiérarchisée**.

  L'exemple, adapté au niveau visé, relaie et éclaire l'explication.

  La rubrique « **Notez bien** » cible les sources d'erreurs fréquentes.

  Un ou deux **exercices corrigés** (« Exercice express », « Traduction express »,
  « Conjugaison express ») permettent de vérifier qu'on a compris.

- Traduction : trouver le mot juste

  Classés par ordre alphabétique depuis le français, **114 points de passage**
  « délicats » vers l'italien avec, pour chaque entrée, les solutions
  et leurs exemples. En fin de partie, une liste de **faux amis**.

- Vocabulaire

  Organisé en 21 thèmes, le vocabulaire courant avec, pour chacun :
  - un test de **prononciation** (« Vous les connaissez.
    Savez-vous les prononcer ? ») ;
  - des **listes** de mots classés par sous-thèmes et une série d'**énoncés**
    pour les apprendre en contexte (« Un peu de conversation ») ;
  - un « **mini quiz** » pour réactiver les mots clés.

- Conjugaison

  37 tableaux de conjugaison des verbes réguliers et irréguliers.

Des compléments multimédia @

Sur le site www.bescherelle.com, vous trouverez, pour vous entraîner
à l'oral, l'enregistrement intégral des rubriques « Vous les connaissez.
Savez-vous les prononcer ? » et « Un peu de conversation ».
Il est signalé par le pictogramme •»).

Tous ces contenus sont **accessibles gratuitement** par la saisie de mots
clés figurant dans l'ouvrage.

SOMMAIRE

VOCABULAIRE

CONJUGAISON

INDEX

Grammaire

ABRÉVIATIONS UTILISÉES

fém. : féminin
masc. : masculin
pers. : personne
plur. : pluriel
sing. : singulier
subj. : subjonctif
voy. : voyelle
cons. : consonne

Pour ne pas alourdir les exemples, une seule traduction
a généralement été proposée là où, hors contexte,
la 3e personne correspond en italien à *il(s)* ou *elle(s)*.

1 Orthographe et prononciation

▷ L'italien s'écrit comme il se prononce, **aucune lettre n'étant muette**, sauf le *h-* en début de mot. Néanmoins, il faut veiller à certaines particularités de prononciation.

POUR ÉPELER SON NOM

L'alphabet italien

Les noms des lettres sont féminins en italien : *la a*, *la bi*, *la ci*...

Lettre	Nom	Phonétique	Exemple
A	a	/a/	**a**more (amour)
B	bi	/b/	**b**ello (beau)
C	ci	/tʃ/	**c**iao (salut)
		/k/	**c**aro (cher)
D	di	/d/	**d**omani (demain)
E	e	/e/	**e**conomia (économie)
		/ɛ/	**e**rba (herbe)
F	effe	/f/	**f**reddo (froid)
G	gi	/dʒ/	**g**ioco (jeu)
		/g/	**g**atto (chat)
H	acca		**h**o (j'ai)
I	i	/i/	**i**sola (île)
L	elle	/l/	**l**una (lune)
M	emme	/m/	**m**amma (maman)
N	enne	/n/	**n**onno (grand-père)
O	o	/ɔ/	**o**ca (oie)
		/o/	**o**rso (ours)
P	pi	/p/	**p**izza (pizza)
Q	cu	/k/	**q**uadro (tableau)
R	erre	/r/	**r**osa (rose)
S	esse	/s/	**s**ole (soleil)
		/z/	**s**bagliare (se tromper de)
T	ti	/t/	**t**reno (train)
U	u	/u/	**u**va (raisin)
V	vu	/v/	**v**ento (vent)
Z	zeta	/ts/	**z**ia (tante)
		/dz/	**z**ero (zéro)

Les lettres étrangères en italien

LETTRE	NOM	PHONÉTIQUE	EXEMPLE
J	i lunga	/dʒ/ /j/	jeans jodel
K	cappa	/k/	kiwi
W	doppia vu	/w/	whisky
X	ics	/ks/	xilofono
Y	i greca / ipsilon	/j/	yogurt

PARTICULARITÉS DE PRONONCIATION

c + a, o, u ➔ /k/	cane (chien), costo (coût), cuore (cœur)
c + h (+ e, i) ➔ /k/	anche (aussi), chiesa (église)
c + e, i ➔ /tʃ/	cena (dîner), ciao (salut)
sc + e, i ➔ /ʃ/	pesce (poisson), sciarpa (écharpe)
sc + a, o, u ➔ /sk/	scarpa (chaussure), sconto (remise), scuola (école)
sc + h (+ e, i) ➔ /sk/	scherzo (plaisanterie), schiena (dos)
g + a, o, u ➔ /g/	gatto (chat), gola (gorge), gufo (hibou)
g + h (+ e, i) ➔ /g/	ghepardo (guépard), ghiro (loir)
g + e, i ➔ /dʒ/	genio (génie), giro (tour)
gl + a, e, o, u ➔ /gl/	glaciale (glacial), inglese (anglais), gloria (gloire), glucosio (glucose)
gl + i + consonne ➔ /gl/	glicine (glycine)
gl + i + voyelle ➔ /ʎ/	giglio (lys), famiglia (famille)
g + n ➔ /ɲ/	agnello (agneau)

L'ACCENTUATION

Les mots italiens qui ne sont pas monosyllabiques portent un accent dit «tonique» sur la syllabe que l'on prononce avec plus d'intensité. L'accent tonique à l'intérieur d'un mot est libre et ne suit pas de règles fixes.

On distingue généralement cinq groupes de mots en fonction de la position de l'accent.

Les mots accentués sur la dernière syllabe, où l'accent est visible à l'écrit *(parole tronche)* : *città* (ville), *libertà* (liberté), *caffè* (café), *perché* (pourquoi, parce que)…

▸ L'ACCENT ÉCRIT P. 10

Les mots accentués sur l'avant-dernière syllabe *(parole piane)* : *contento* (content), *francese* (français), *matita* (crayon), *quaderno* (cahier)…

Les mots accentués sur l'avant-avant-dernière syllabe *(parole sdrucciole)* : *albero* (arbre), *medico* (médecin), *semplice* (simple), *telefono* (téléphone)…

Les mots accentués sur la quatrième syllabe à partir de la fin *(parole bisdrucciole)* : *scrivimelo* (écris-le-moi), *portaglielo* (apporte-le-lui)…

Les mots accentués sur la cinquième syllabe à partir de la fin *(parole trisdrucciole)* : *fabbricaglielo* (fabrique-le-lui), *recitamelo* (récite-le-moi)…

L'ACCENT ÉCRIT

Seuls les mots italiens accentués sur la dernière syllabe portent **obligatoirement** un accent écrit (dit « graphique »), qui peut être soit grave *(grave)*, soit aigu *(acuto)*.

Sur les voyelles *a*, *i*, *o*, *u*, l'accent est grave : *onestà* (honnêteté), *lunedì* (lundi), *perciò* (c'est pourquoi), *partirò* (je partirai), *virtù* (vertu).

Sur la voyelle *e*, l'accent peut être grave ou aigu selon la prononciation : *caffè* (café), *tè* (thé), *perché* (pourquoi, parce que), *poiché* (puisque) *trentatré* (trente-trois).

L'accent écrit permet de distinguer le sens de certains mots monosyllabiques :

da (de, depuis, chez…) ≠ *dà* (il / elle donne)

- Vengo **da** te stasera.
  Je viens **chez** toi ce soir.

- Marco **dà** un bacio a Lucia.
  Marco **donne** un baiser à Lucia.

dei (des) ≠ **dèi** (dieux)

- Ho comprato **dei** biscotti.
  J'ai acheté des biscuits.

- Gli **dèi** abitano sull'Olimpo.
  Les dieux habitent l'Olympe.

e (et) ≠ **è** (il / elle est)

- Luca **e** Giovanni sono fratelli. Luca **è** biondo.
  Luca et Giovanni sont frères. Luca est blond.

la (la) ≠ **là** (là)

- Più **la** guardo, più mi piace.
  Plus je la regarde, plus je l'aime.

- **Là** dove andremo in vacanza, ci sarà una piscina.
  Là où nous irons en vacances, il y aura une piscine.

li (les, pronom) ≠ **lì** (là)

- **Li** vedo stasera.
  Je les vois ce soir.

- Andiamo **lì**, in quel ristorante.
  Allons là, dans ce restaurant.

ne (en) ≠ **né** (ni)

- **Ne** prendo ancora un po'.
  J'en prends encore un peu.

- Non voglio **né** carne **né** pesce.
  Je ne veux ni viande ni poisson.

se (si) ≠ **sé** (soi, lui, elle)

- **Se** piove, resto a casa.
  S'il pleut, je reste à la maison.

- Luigi non pensa che a **sé**.
  Luigi ne pense qu'à lui.

si (se, on) ≠ *sì* (oui)

- La mattina mio fratello **si** alza sempre prima di me.
  Le matin, mon frère se lève toujours avant moi.

- Ti ho detto di **sì**!
  Je t'ai dit **oui**!

te (toi) ≠ *tè* (thé)

- Non faccio altro che pensare a **te**.
  Je ne fais que penser à toi.

- Vorrei del **tè**.
  Je voudrais du thé.

EXERCICE EXPRESS

1 Lisez les mots suivants en faisant attention à la place de l'accent tonique : *chiacchierare, sciacallo, bottiglia, ciliegia, glicerolo, imbroglio.*

2 Ajoutez les accents toniques si nécessaire : *volonta, vita, perdita, identita, tabu.*

3 Corrigez ou ajoutez les accents toniques dans les phrases suivantes si nécessaire :
  a *Non né posso piu.*
  b *Questi fiori sono belli. Lì compro per mia madre.*
  c *Ognuno deve pensare a se.*
  d *Ti aspettò dà un'ora.*

2 Les articles définis et contractés

▷ Les articles définis renvoient à du connu. Ils peuvent se contracter avec certaines prépositions (articles contractés).

FORMES DE L'ARTICLE DÉFINI

	MASCULIN	FÉMININ
singulier	**il** (+ consonne) **lo** (+ s + consonne, z, x, y, pn, ps, gn et i + voyelle) **l'** (+ voyelle)	**la** (+ consonne et i + voyelle) **l'** (+ voyelle)
pluriel	**i** (+ consonne) **gli** (+ s + consonne, z, x, y, pn, ps, gn et i + voyelle)	**le**

il bambino (l'enfant) → i bambini (les enfants)
lo sbaglio (l'erreur) → gli sbagli (les erreurs)
lo zaino (le sac à dos) → gli zaini (les sacs à dos)
lo xilofono (le xylophone) → gli xilofoni (les xylophones)
lo yogurt (le yaourt) → gli yogurt (les yaourts)
lo pneumatico (le pneu) → gli pneumatici (les pneus)
lo psicologo (le psychologue) → gli psicologi (les psychologues)
lo gnocco (le gnocchi) → gli gnocchi (les gnocchis)
lo iato (le hiatus) → gli iati (les hiatus)
l'albero (l'arbre) → gli alberi (les arbres)
la casa (la maison) → le case (les maisons)
la iena (la hyène) → le iene (les hyènes)
l'isola (l'île) → le isole (les îles)

NOTEZ BIEN
Il existe une **exception** qui ne suit pas la règle phonétique :
il dio (le dieu) → *gli dèi* (les dieux).
Dans la langue courante les articles *il* / *i* sont désormais admis devant *pneumatico* / *pneumatici*.

NOTEZ BIEN
L'emploi des articles dépend de la phonétique. Donc, si un adjectif est inséré entre l'article et le nom, c'est la lettre initiale de l'adjectif qui détermine la forme de l'article :
il periodo (la période) → *lo stesso periodo* (la même période) ;
gli amici (les amis) → *i nostri cari amici* (nos chers amis).

EMPLOIS PRINCIPAUX DE L'ARTICLE DÉFINI

L'article défini s'emploie devant un nom désignant une chose ou un être connu.

- Ieri ho visto un film sulla seconda guerra mondiale. **Il** film era interessante.
  Hier, j'ai vu un film sur la deuxième guerre mondiale. Le film était intéressant.

- **La** chiesa di Santa Maria del Fiore a Firenze è splendida.
  L'église de Santa Maria del Fiore à Florence est splendide.

Il indique également une catégorie, une espèce, une idée générale ou abstraite.

- **L'**uomo è un animale dotato di ragione.
  L'homme est un animal doué de raison.

- **La** tolleranza è prova d'intelligenza.
  La tolérance est une preuve d'intelligence.

Il se place généralement devant le possessif.

- È **il mio** libro.
  C'est mon livre.

▸ LES POSSESSIFS P. 35

EMPLOIS SPÉCIFIQUES DE L'ARTICLE DÉFINI

L'article défini sert à exprimer l'heure.

- È **l'**una.
  Il est une heure.

- Sono **le** quattro.
  Il est quatre heures.

Exceptions : les heures de midi et minuit.

- È mezzogiorno.
  Il est midi.

- È mezzanotte.
  Il est minuit.

Il s'emploie devant les dates.

- **Il** 2005 è stato un anno eccellente per il vino piemontese.
  2005 a été une excellente année pour le vin du Piémont.

- Il mio fratellino è nato **nel** 2008.
  Mon petit frère est né en 2008.

Il précède les pourcentages.

- **Il** 40% della popolazione non è andato a votare.
  40 % de la population n'est pas allée voter.

Il s'emploie devant *signore*, *signora* et *signorina* lorsqu'on parle de la personne, mais pas lorsqu'on s'adresse directement à elle.

- **La** signorina Giuliani ha appena telefonato.
  Mademoiselle Giuliani vient de téléphoner.

- Signor Bianchi, mi saluti Sua madre.
  Monsieur Bianchi, veuillez saluer votre mère de ma part.

NOTEZ BIEN

Avec les termes *signore*, *signora* et *signorina* suivis d'un titre ou d'une fonction, la position de l'article diffère du français. Comparez :

La signora direttrice è occupata.
Madame **la** directrice est occupée.

L'article ne s'emploie pas si l'on s'adresse directement à la personne concernée.

Signor professore, come sta?
Monsieur le professeur, comment allez-vous ?

Il remplace assez fréquemment l'adjectif possessif, lorsqu'il n'y a pas d'ambiguïté.

- Il signor Rossi è partito in vacanza con **la** moglie.
  Monsieur Rossi est parti en vacances avec sa femme.

▶ **LES POSSESSIFS** P. 33

OMISSION DE L'ARTICLE DÉFINI

L'article défini est omis dans les cas suivants :

Devant certains compléments de lieu

a casa (à la maison), a letto (au lit), a scuola (à l'école), a teatro (au théâtre)

in biblioteca (à la bibliothèque), in braccio (dans les bras), in campagna (à la campagne), in casa (à la maison), in chiesa (à l'église), in ufficio (au bureau), in montagna (à la montagne), in piscina (à la piscine), in tasca (dans la poche), in treno (dans le train)

Devant le nom d'un roi, d'un pape ou du Christ

- Re Vittorio Emanuele II fu il primo re d'Italia.
  Le roi Victor Emmanuel II fut le premier roi d'Italie.

- Papa Giovanni Paolo II è morto nel 2005.
  Le pape Jean Paul II est mort en 2005.

- Secondo i Vangeli, Cristo è nato a Betlemme.
  D'après les Évangiles, le Christ est né à Bethléem.

L'ARTICLE CONTRACTÉ

Lorsque l'article défini est précédé des prépositions *di*, *a*, *da*, *in*, *su*, il se contracte avec elles. Avec *con*, il n'y a que deux articles contractés d'usage courant.

	il	lo	l'	la	i	gli	le
di	del	dello	dell'	della	dei	degli	delle
a	al	allo	all'	alla	ai	agli	alle
da	dal	dallo	dall'	dalla	dai	dagli	dalle
in	nel	nello	nell'	nella	nei	negli	nelle
su	sul	sullo	sull'	sulla	sui	sugli	sulle
con	col	-	-	-	coi	-	-

- Sono andata **al** cinema a vedere un documentario **sul** Neorealismo.
  Je suis allée au cinéma voir un documentaire sur le Néo-réalisme.

- Quando mi hai chiamato ero **nello** studio **dell**'avvocato di mio padre.
  Quand tu m'as appelé, j'étais dans le cabinet de l'avocat de mon père.

- Con questo caldo rimarrei in piscina **dall**'alba **al** tramonto.
  Avec cette chaleur je resterais dans la piscine de l'aube au coucher du soleil.

EXERCICE EXPRESS

Placez l'article défini devant les noms suivants : *zucchero*, *tavolo*, *sciarpa*, *ragazze*, *psichiatri*, *bambini*, *armadi*.

RÉPONSES
Lo zucchero, il tavolo, la sciarpa, le ragazze, gli psichiatri, i bambini, gli armadi.

TRADUCTION EXPRESS

1 Mon train part à six heures.
2 Je dois rentrer à la maison : il est minuit.
3 50 % du territoire italien est composé de haute et moyenne montagne.
4 Monsieur Landi est sorti.
5 Le pape François a été élu en 2013.

RÉPONSES
1 Il mio treno parte alle sei.
2 Devo tornare a casa: è mezzanotte.
3 Il 50% del territorio italiano è composto da alta e media montagna.
4 Il signor Landi è uscito.
5 Papa Francesco è stato eletto nel 2013.

③ Les articles indéfinis et partitifs

▷ Les articles indéfinis renvoient à quelque chose qui n'est pas
déterminé. Ils ne s'emploient qu'au singulier.
Pour le pluriel, on utilise l'article partitif (« des » en français,
préposition *di* + article défini au pluriel en italien).

FORMES DE L'ARTICLE INDÉFINI

L'article indéfini n'existe qu'au singulier. Les formes du pluriel
correspondent, en réalité, à celles du partitif pluriel.

	MASCULIN	FÉMININ
singulier	**un** (+ consonne) **uno** (+ s + consonne, z, x, y, pn, ps, gn et i + voyelle)	**una** (+ consonne et i + voyelle) **un'** (+ voyelle)
pluriel	**dei** (+ consonne) **degli** (+ s + consonne, z, x, y, pn, ps, gn et i + voyelle)	**delle**

un ragazzo (un jeune homme) ➔ dei ragazzi (des jeunes hommes)

uno studente (un étudiant) ➔ degli studenti (des étudiants)

uno zerbino (un paillasson) ➔ degli zerbini (des paillassons)

uno xenofobo (un xénophobe) ➔ degli xenofobi (des xénophobes)

uno yacht (un yacht) ➔ degli yacht (des yachts)

uno pneumatico (un pneu) ➔ degli pneumatici (des pneus)

uno pseudonimo (un pseudonyme) ➔ degli pseudonimi (des pseudonymes)

uno gnomo (un gnome) ➔ degli gnomi (des gnomes)

uno iato (un hiatus) ➔ degli iati (des hiatus)

una cantante (une chanteuse) ➔ delle cantanti (des chanteuses)

un'albicocca (un abricot) ➔ delle albicocche (des abricots)

NOTEZ BIEN

Dans la langue courante, les articles *un* / *dei* sont désormais admis
devant *pneumatico* / *pneumatici*.

EMPLOIS PRINCIPAUX DE L'ARTICLE INDÉFINI

Au singulier

L'article indéfini s'emploie devant un nom désignant une chose ou un être inconnu.

- Siamo andati a trovare **un**'amica che si è appena sposata.
  Nous sommes allés voir une amie qui vient de se marier.

- Mi è stato regalato **un** libro che avevo già letto.
  On m'a offert un livre que j'avais déjà lu.

Il indique également une catégorie, un groupe ou une espèce.

- **Un** bambino ha bisogno della mamma.
  Un enfant a besoin de sa mère. [= Tout enfant...]

Au pluriel

Correspondant au partitif pluriel, l'article indéfini indique une quantité et signifie *un po' di* (un peu de), *qualche* (quelques), *alcuni / alcune* (quelques).

- Abbiamo **degli** ospiti a cena.
  Nous avons des invités à dîner.

Mais aussi :

- Abbiamo ∅ ospiti a cena.
  Nous avons des invités à dîner.   ▸ QUELQUES P. 204

FORMES ET EMPLOIS DE L'ARTICLE PARTITIF

L'article partitif (préposition *di* + **article**) se réfère à une entité indénombrable ou non quantifiable et indique que l'on ne considère qu'une partie de celle-ci.

	MASCULIN	FÉMININ
singulier	**del** (+ consonne) **dello** (+ s + consonne, z, x, y, pn, ps, gn et i + voyelle) **dell'** (+ voyelle)	**della** (+ consonne et i + voyelle) **dell'** (+ voyelle)
pluriel	**dei** (+ consonne) **degli** (+ s + consonne, z, x, y, pn, ps, gn et i + voyelle)	**delle**

- Vuoi **dello** zucchero nel caffè?
  Veux-tu du sucre dans ton café?

- Abbiamo ricevuto **delle** informazioni importanti.
  Nous avons reçu des informations importantes.

OMISSION DE L'ARTICLE PARTITIF

L'article partitif peut être omis dans les phrases affirmatives, mais seulement devant un nom pluriel ou dans une liste d'au moins deux éléments.

- I suoi genitori sono persone note in città.
  Ses parents sont des personnes connues dans la ville.

- Ho comprato (del) burro e (della) marmellata.
  J'ai acheté du beurre et de la confiture.

De manière générale, au singulier, on préfère employer des expressions telles que *un po' di* (un peu de), *un certo* (un certain).

- Vorrei **un po' di** pane.
  Je voudrais du pain.

- Quella ragazza ha **un certo** stile.
  Cette fille a de l'allure.

De manière générale, on préfère employer l'article défini lorsque la notion de quantité est secondaire.

- Dammi **l'**acqua, per favore.
  Donne-moi de l'eau, s'il te plaît.

- Vuoi **la** pizza o **gli** spaghetti?
  Veux-tu de la pizza ou des spaghettis?

Avec une préposition simple, on préfère recourir à d'autres déterminants.

- Sandro ha telefonato **ad alcuni** amici per invitarli al suo compleanno.
  Sandro a téléphoné à des amis pour les inviter à son anniversaire.

- È necessario diluire il prodotto **in un po' di** acqua.
  Il est nécessaire de diluer le produit dans de l'eau.

L'article partitif doit être omis dans les phrases négatives.

- Oggi non ho ricevuto ∅ posta.
  Aujourd'hui je n'ai pas reçu de courrier.

- Non voglio ∅ vino.
  Je ne veux pas de vin.

Notez bien

L'article partitif est admis en cas de négation partielle.

Non ho bevuto (**del**) vino rosso, ma (**del**) vino bianco.
Je n'ai pas bu du vin rouge, mais du vin blanc.

Traduction express

1 Tu préfères de la viande ou du poisson ?

2 Je ne peux pas prendre de photos, parce que j'ai oublié mon appareil.

3 Il faut mettre les pâtes dans de l'eau salée.

4 Je ne veux pas de sucre dans mon café.

5 Veux-tu de la bière ou du vin ?

6 J'ai acheté des tomates, des pommes et des épinards.

7 Il ne boit jamais de tisane le soir.

4 Le genre des noms

▷ En italien, le nom peut être masculin ou féminin.
Si le nom désigne un être animé, le genre dépend
du sexe de ce dernier.
La distinction entre les genres peut être marquée
de différentes manières.

GENRE DES NOMS DÉSIGNANT DES ÊTRES ANIMÉS

La terminaison dépend du genre

Masculin en *-o* ➜ féminin en *-a*

il ragazz**o** / la ragazz**a** (le jeune homme / la jeune fille)
l'alunn**o** / l'alunn**a** (l'élève)
l'amic**o** / l'amic**a** (l'ami / l'amie)
il maestr**o** / la maestr**a** (l'instituteur / l'institutrice)

Masculin en *-e* ➜ féminin en *-a*

il camerier**e** / la camerier**a** (le serveur / la serveuse)
l'infermier**e** / l'infermier**a** (l'infirmier / l'infirmière)
il signor**e** / la signor**a** (le monsieur / la dame)

Masculin en *-a* ou *-e* ➜ féminin en *-essa*

il poet**a** / la poet**essa** (le poète / la femme poète)
il leon**e** / la leon**essa** (le lion / la lionne)
lo studen**te** / la studen**tessa** (l'étudiant / l'étudiante)

Masculin en *-tore* ➜ féminin en *-trice*

l'at**tore** / l'at**trice** (l'acteur / l'actrice)
l'impera**tore** / l'impera**trice** (l'empereur / l'impératrice)
lo scrit**tore** / la scrit**trice** (l'écrivain / la femme écrivain)

Exception :

il dot**tore** / la dot**toressa** (le médecin / la femme médecin)

La terminaison est identique

Tous les noms en *-ista*

l'art**ista** (l'artiste), il / la farmac**ista** (le pharmacien / la pharmacienne),
il / la giornal**ista** (le / la journaliste)

Certains noms en *-e*

il / la client**e** (le client / la cliente), il / la frances**e** (le Français / la Française),
il / la nipot**e** (le neveu / la nièce ; le petit-fils / la petite-fille)

Certains noms en *-a*

l'atlet**a** (l'athlète), il / la colleg**a** (le / la collègue), l'ipocrit**a** (l'hypocrite),
l'omicid**a** (le meurtrier / la meurtrière), lo / la psichiatr**a** (le / la psychiatre)

Certains noms en *-ante* ou *-ente*, dérivés d'un participe présent

agire (agir) ➜ l'ag**ente** (l'agent), cantare (chanter) ➜ il / la cant**ante** (le chanteur /
la chanteuse), insegnare (enseigner) ➜ l'insegn**ante** (l'enseignant / l'enseignante),
amare (aimer) ➜ l'am**ante** (l'amant / la maîtresse)

Le masculin et le féminin sont indépendants

Formes totalement différentes dans les deux genres

l'uomo / la donna (l'homme / la femme), il padre / la madre (le père / la mère), il fratello / la sorella (le frère / la sœur), il marito / la moglie (le mari / la femme), il re / la regina (le roi / la reine), il dio / la dea (le dieu / la déesse)

Noms sans équivalent dans l'autre genre

il boia (le bourreau), l'ostetrica (la sage-femme)

GENRE DES NOMS DÉSIGNANT DES ENTITÉS INANIMÉES

Si le nom indique une entité inanimée, le genre est arbitraire.

Il y a, cependant, des grandes tendances :

Noms masculins

Terminaison en -o

l'albero (l'arbre), il libro (le livre), il prezzo (le prix)

Terminaison en -e

il dente (la dent), il maglione (le pull), il sole (le soleil), il mare (la mer)

Terminaison en -a

il clima (le climat), il problema (le problème), il programma (le programme), lo schema (le schéma), il sistema (le système)

Terminaison en -ore

l'amore (l'amour), il colore (la couleur), il dolore (la douleur), il fiore (la fleur)

Noms féminins

Terminaison en -a

la casa (la maison), la mela (la pomme), la penna (le stylo)

Terminaison en -e

l'emozione (l'émotion), la fine (la fin), la stazione (la gare)

Terminaison en -i

l'analisi (l'analyse), la crisi (la crise), l'oasi (l'oasis), la parentesi (la parenthèse)

Terminaison en -tà et -tù

la bontà (la bonté), la libertà (la liberté), la gioventù (la jeunesse), la virtù (la vertu)

> **NOTEZ BIEN**
>
> Tous les noms en -o sont masculins, sauf *la mano* (la main), *l'eco* (l'écho) au singulier, ainsi que les noms issus d'une abréviation : *l'auto* (l'auto), *la foto* (la photo), *la moto* (la moto), *la radio* (la radio).
>
> Tous les noms en -i sont féminins, sauf *l'alibi* (l'alibi), *il brindisi* (le toast), *il kiwi* (le kiwi) et *lo sci* (le ski).

DIFFÉRENCES DE GENRE ENTRE L'ITALIEN ET LE FRANÇAIS

Noms masculins en italien, mais féminins en français
(listes non exhaustives)

Tous les noms en -ore

il colore (la couleur), il dolore (la douleur), l'errore (l'erreur), il fiore (la fleur), il valore (la valeur)

mais

la folgore (la foudre)

Certains noms correspondant à des mots français en -tion

l'affetto (l'affection), l'annullamento (l'annulation), l'aumento (l'augmentation), il consumo (la consommation), l'inquinamento (la pollution), l'intervento (l'intervention), l'invito (l'invitation), l'obbligo (l'obligation)

Le nom des mers

l'Adriatico (la mer Adriatique), il Mar Rosso (la mer Rouge), il Mediterraneo (la Méditerranée)

Autres cas

l'aiuto (l'aide), il dato (la donnée), il dente (la dent), il foglio (la feuille de papier), l'indirizzo (l'adresse), il limite (la limite), il margine (la marge), il metodo (la méthode), il minuto (la minute), l'olio (l'huile), il paragone (la comparaison), il periodo (la période), il secondo (la seconde), il tentativo (la tentative)

Noms féminins en italien, mais masculins en français
(listes non exhaustives)

Les noms des villes

la vecchia Firenze (le vieux Florence), la Parigi romantica (le Paris romantique), la vecchia Napoli (le vieux Naples)

mais

il Cairo (le Caire)

Autres cas

l'agenda (l'agenda), l'arte (l'art), la calma (le calme), la caramella (le bonbon), la cifra (le chiffre), la coppia (le couple), la domenica (le dimanche), l'estate (l'été), l'età (l'âge), la fronte (le front du visage), la guida (le guide), la nuvola (le nuage), l'orchestra (l'orchestre), la percentuale (le pourcentage), la plastica (le plastique), la primavera (le printemps), la sabbia (le sable), la tariffa (le tarif), l'unghia (l'ongle)

EXERCICE EXPRESS

1 Mettez les noms suivants au féminin : *il conte, il professore, il marito, lo zio, il marchese, il leone, il traditore, il pessimista.*

2 Dites si les noms suivants sont masculins ou féminins : *colore, mare, stagione, povertà, fiore.*

5 Le pluriel des noms

▷ En italien, les noms au pluriel se terminent par une voyelle. Cette terminaison vocalique est différente de celle qui marque le singulier, sauf pour les noms invariables.

FORMATION DU PLURIEL DES NOMS RÉGULIERS

	SINGULIER	PLURIEL
féminin	-a	-e
masculin	-o / -a	-i
féminin ou masculin	-e	-i

la pera (la poire) → le pere
il sogno (le rêve) → i sogni
il problema (le problème) → i problemi
la chiave (la clef) → le chiavi
l'insegnante (l'enseignant) → gli / le insegnanti

NOTEZ BIEN

Deux noms féminins se terminant par **-a** ont un pluriel en **-i**: *l'ala* (l'aile) → *le ali* et *l'arma* (l'arme) → *le armi*.
Il n'y a que deux noms féminins se terminant par **-o** au singulier et par **-i** au pluriel: *la mano* (la main) → *le mani* et *l'eco* (l'écho) → *gli echi*.

NOMS MASCULINS : CAS PARTICULIERS

-ca / -ga → *-chi / -ghi*
il duca (le duc) → i duchi
il monarca (le monarque) → i monarchi
il collega (le collègue) → i colleghi
mais
il belga → i belgi (le Belge / les Belges)

-co / -go → *-chi / -ghi* (si le nom est accentué sur l'avant-dernière syllabe)
il cuoco (le cuisinier) → i cuochi
il parco (le parc) → i parchi
l'albergo (l'hôtel) → gli alberghi
il sobborgo (le faubourg) → i sobborghi
mais
l'amico (l'ami) → gli amici, il nemico (l'ennemi) → i nemici
il greco (le Grec) → i greci
il porco (le porc) → i porci

- *-co / -go* → *-ci / -gi* (si le nom est accentué sur l'avant-avant-dernière syllabe)
    - il sindaco (le maire) → i sindaci
    - il medico (le médecin) → i medici
    - il cardiologo (le cardiologue) → i cardiologi
    - lo psicologo (le psychologue) → gli psicologi

mais
    - l'arcipelago (l'archipel) → gli arcipelaghi
    - il carico (le chargement) → i carichi
    - il catalogo (le catalogue) → i cataloghi
    - il dialogo (le dialogue) → i dialoghi
    - l'epilogo (l'épilogue) → gli epiloghi
    - il monologo (le monologue) → i monologhi
    - l'obbligo (l'obligation) → gli obblighi
    - il profugo (le réfugié) → i profughi
    - il prologo (le prologue) → i prologhi
    - il rammarico (le regret) → i rammarichi

- *-io* (avec *i* tonique) → *-ii*
    - il mormorio (le murmure) → i mormorii
    - lo zio (l'oncle) → gli zii

mais
    - il dio (le dieu) → gli dèi

- *-io* (avec *i* atone) → *-i*
    - il bacio (le baiser) → i baci
    - il figlio (le fils) → i figli
    - il formaggio (le fromage) → i formaggi
    - l'occhio (l'œil) → gli occhi
    - l'olio (l'huile) → gli oli
    - il premio (le prix) → i premi

mais
    - il tempio (le temple) → i templi

- Certains noms masculins en *-o* → pluriel féminin en *-a*
    - il centinaio (la centaine) → le centinaia
    - il migliaio (le millier) → le migliaia
    - il miglio (le mille) → le miglia
    - il paio (la paire) → le paia
    - il riso (le rire) → le risa
    - l'uovo (l'œuf) → le uova

NOMS FÉMININS : CAS PARTICULIERS

■ *-ca / -ga → -che / -ghe*
   la ban**ca** (la banque) → le ban**che**
   la botte**ga** (la boutique) → le botte**ghe**

■ *-cia / -gia* (avec *i* tonique) *→ -cie / -gie*
   la farma**cia** (la pharmacie) → le farma**cie**
   la bu**gia** (le mensonge) → le bu**gie**

■ *-cia / -gia* (avec *i* atone et syllabe précédée d'une voyelle) *→ -cie / -gie*
   la cami**cia** (la chemise) → le cami**cie**
   la vali**gia** (la valise) → le vali**gie**

■ *-cia / -gia* (avec *i* atone et syllabe précédée d'une consonne) *→ -ce / -ge*
   l'aran**cia** (l'orange) → le aran**ce**
   la pio**ggia** (la pluie) → le pio**gge**

NOMS INVARIABLES

■ Les noms accentués sur la dernière syllabe
   il caff**è** (le café) → i caff**è**
   la citt**à** (la ville) → le citt**à**
   la possibilit**à** (la possibilité) → le possibilit**à**

■ Les noms monosyllabiques
   il blu (le bleu) → i blu
   il re (le roi) → i re

■ Les noms d'origine étrangère se terminant par une consonne
   l'albu**m** (l'album) → gli albu**m**
   l'autobu**s** (le bus) → gli autobu**s**
   il ba**r** (le bar) → i ba**r**
   il camio**n** (le camion) → i camio**n**
   il compute**r** (l'ordinateur) → i compute**r**
   il fil**m** (le film) → i fil**m**
   lo spor**t** (le sport) → gli spor**t**
   la sta**r** (la star) → le sta**r**
   il tra**m** (le tram) → i tra**m**

■ Les noms se terminant par *-i*
   l'anali**si** (l'analyse) → le anali**si**
   la cri**si** (la crise) → le cri**si**
   l'ipote**si** (l'hypothèse) → le ipote**si**
   la metropo**li** (la métropole) → le metropo**li**

● Les noms se terminant par -ie

    la barbarie (la barbarie) → le barbarie

    la serie (la série) → le serie

    la specie (l'espèce) → le specie

mais

    l'effigie (l'effigie) → le effigie ou le effigi

    la moglie (l'épouse) → le mogli

    la superficie (la surface) → le superficie ou le superfici

● Les noms issus d'une abréviation

    l'auto (la voiture) → le auto

    la bici (le vélo) → le bici

    il cinema (le cinéma) → i cinema

    la foto (la photo) → le foto

    il frigo (le frigo) → i frigo

    la metro (le métro) → le metro

    la moto (la moto) → le moto

    la radio (la radio) → le radio

● Certains noms masculins en -a

    il boia (le bourreau) → i boia

    il delta (le delta) → i delta

    il gorilla (le gorille) → i gorilla

    il panda (le panda) → i panda

    il pigiama (le pyjama) → i pigiama

    il sosia (le sosie) → i sosia

    il vaglia (le mandat postal) → i vaglia

● Quelques cas isolés

    la biro (le stylo bille) → le biro

    l'euro (l'euro) → gli euro

    lo shampoo (le shampooing) → gli shampoo

NOMS À DOUBLE PLURIEL

Certains noms masculins en **-o** ont un pluriel régulier en **-i** et un pluriel féminin en **-a** de sens différent.

● Noms qui appartiennent au vocabulaire du corps humain

    il braccio → **le** braccia (les bras du corps humain)

        → **i** bracci (les bras au sens figuré)

    il ciglio → **le** ciglia (les cils de l'œil)

        → **i** cigli (les bords d'une route)

    il dito → **le** dita (les doigts d'une main dans leur ensemble)

        → **i** diti (les doigts au sens figuré ou bien considérés séparément)

il ginocchio → **le** ginocchi**a** (les genoux du corps humain)
→ **i** ginocch**i** (les genoux des animaux)

il labbro → **le** labbr**a** (les lèvres de la bouche)
→ **i** labb**ri** (les bords d'un vase ou d'une blessure)

il membro → **le** membr**a** (les membres du corps humain)
→ **i** memb**ri** (les membres d'un groupe ou d'un parti)

l'osso → **le** oss**a** (les os du corps humain)
→ **gli** oss**i** (les os des animaux)

■■ Autres noms

il fondamento → **le** fondament**a** (les fondations)
→ **i** fondament**i** (les fondements)

il grido → **le** grid**a** (les cris humains)
→ **i** grid**i** (les cris des animaux)

il lenzuolo → **le** lenzuol**a** (la paire de draps)
→ **i** lenzuol**i** (les draps pris un à un)

il muro → **le** mur**a** (les remparts)
→ **i** mur**i** (les murs)

l'urlo → **le** url**a** (les hurlements humains)
→ **gli** url**i** (les hurlements des animaux)

■ PLURIEL DES NOMS COMPOSÉS

Le pluriel des noms formés par l'union de deux mots dépend de la nature des éléments qui les composent.

■■ **Noms composés invariables**

Verbe + nom au pluriel

l'apriscatole (l'ouvre-boîtes) → gli apriscatole
il cavatappi (le tire-bouchon) → i cavatappi
il portachiavi (le porte-clés) → i portachiavi

Verbe + nom féminin singulier

l'aspirapolvere (l'aspirateur) → gli aspirapolvere
il cacciavite (le tournevis) → i cacciavite
il portacenere (le cendrier) → i portacenere

Verbe + verbe

l'andirivieni (le va-et-vient) → gli andirivieni
il dormiveglia (le demi-sommeil) → i dormiveglia

Adverbe + nom

il senzatetto (le sans-abri) → i senzatetto
il retroterra (l'arrière-pays) → i retroterra

◗ **Deuxième élément au pluriel**

Verbe + nom masculin singulier

il grattacielo (le gratte-ciel) ➜ i grattacieli
il passaporto (le passeport) ➜ i passaporti

Nom + nom

l'arcobaleno (l'arc-en-ciel) ➜ gli arcobaleni
il cavolfiore (le chou-fleur) ➜ i cavolfiori
la ferrovia (le chemin de fer) ➜ le ferrovie

Adjectif + nom

l'altorilievo (le haut-relief) ➜ gli altorilievi
il francobollo (le timbre) ➜ i francobolli

Adjectif + adjectif

il sordomuto (le sourd-muet) ➜ i sordomuti

Adverbe / Préposition + nom

il sottopassaggio (le passage souterrain) ➜ i sottopassaggi
la sottoveste (la combinaison) ➜ le sottovesti

Adverbe + adverbe

il pianoforte (le piano) ➜ i pianoforti

◗ **Les deux éléments au pluriel**

Nom + adjectif

la cassaforte (le coffre-fort) ➜ le casseforti

mais

il palcoscenico (la scène) ➜ i palcoscenici

EXERCICE EXPRESS

1 Mettez les noms suivants au pluriel : *la collega, il rotocalco, il belga, il sussurrio, la bilancia, la serie, la ciliegia, il camion, il portavoce, il medico, la moglie, l'occhio, la frangia, il ginocchio del bambino.*

6 Les démonstratifs

▷ Les démonstratifs situent les choses et les êtres dans l'**espace** ou dans le **temps** par rapport à celui qui parle.

■ LES ADJECTIFS DÉMONSTRATIFS

	PROXIMITÉ		ÉLOIGNEMENT	
	masculin	féminin	masculin	féminin
singulier	questo (+ cons.) quest' (+ voy.)	questa (+ cons.) quest' (+ voy.)	quel (+ cons.) quello (+ *s* + cons., *z, x, y, pn, ps, gn* et *i* + voy.) quell' (+ voy.)	quella (+ cons. et *i* + voy.) quell' (+ voy.)
pluriel	questi	queste	quei (+ cons.) quegli (+ *s* + cons., *z, x, y, pn, ps, gn* et voy.)	quelle

L'adjectif démonstratif accompagne toujours un nom et s'accorde en genre et en nombre avec ce dernier.

● Non mi piace **questo** dolce.
  Je n'aime pas ce gâteau.

● **Quegli** alberi sono in fiore.
  Ces arbres-là sont en fleur.

■ LES PRONOMS DÉMONSTRATIFS

	PROXIMITÉ		ÉLOIGNEMENT	
	masculin	féminin	masculin	féminin
singulier	questo	questa	quello	quella
pluriel	questi	queste	quelli	quelle

Le pronom remplace un nom et s'accorde en genre et en nombre avec celui-ci.

● Non voglio quel panino, voglio **questo** con il tonno.
  Je ne veux pas ce sandwich-là, je veux celui-ci, au thon.

● Fra tutti i maglioni in vetrina, **quelli** che preferisco sono i maglioni a collo alto.
  Parmi tous les pulls en vitrine, ce sont les pulls à col roulé que je préfère.

AUTRES DÉMONSTRATIFS

▬ *Ciò*

Outre les pronoms démonstratifs *questo* et *quello*, qui traduisent
le français « ce », « ceci », « cela » ou « ça », il existe aussi un pronom
neutre ***ciò***. Invariable, il ne s'emploie qu'au singulier.

- Detto **ciò**, non vorrei essere al suo posto.
  Cela dit, je ne voudrais pas être à sa place.

- Non sono d'accordo, ma **ciò** non significa che tu abbia torto.
  Je ne suis pas d'accord, mais cela ne signifie pas que tu as tort.

▬ *Colui* (masculin singulier), *colei* (féminin singulier), *coloro* (pluriel)
Ces pronoms se réfèrent uniquement à des êtres humains.

- **Coloro** che hanno depositato una domanda d'iscrizione
  riceveranno una mail di conferma.
  Ceux qui ont déposé une demande d'inscription vont recevoir un mail
  de confirmation.

▬ *Costui* (masculin singulier), *costei* (féminin singulier), *costoro* (pluriel)
Ces pronoms se réfèrent uniquement à des êtres humains proches
du locuteur, souvent avec une valeur péjorative ou bien dans
des formules très littéraires.

- Che cosa vogliono **costoro**?
  Que veulent-ils, ceux-là ? [= ces gens-là]

➡ *Tale* (singulier), *tali* (pluriel)

Cet adjectif peut remplacer aussi bien *questo / questa* que *quello / quella*. En général, il s'emploie lorsqu'il renvoie à une chose ou un être qui ont déjà été nommés.

- **Tale** situazione è insopportabile.
  Cette situation est insupportable.

NOTEZ BIEN

Devant une proposition relative, seuls les pronoms démonstratifs *quello* ou *ciò* sont admis.

Non ha capito **quello** che gli hai detto.
Il n'a pas compris ce que tu lui as dit.

Ho fatto **ciò** che mi avevate chiesto.
J'ai fait ce que vous m'aviez demandé.

▸ CE QUE P. 164-165

TRADUCTION EXPRESS

1 Veux-tu essayer cette robe à fleurs ou bien celle à pois qui est en vitrine ?
2 À cette époque, j'étais encore étudiant.
3 Cet été, je passerai mes vacances en Italie.
4 Ce que tu affirmes est faux.

RÉPONSES
1 *Vuoi provare questo vestito a fiori oppure quello a pois che è in vetrina?*
2 *A quell'epoca, ero ancora uno studente.*
3 *Quest'estate, passerò le vacanze in Italia.*
4 *Quello / Ciò che affermi è falso.*

7 Les possessifs

▷ Les possessifs expriment l'appartenance d'un objet ou la relation entre des personnes. Ils peuvent accompagner un nom, et exercer la fonction d'adjectif, ou bien remplacer un nom, et jouer alors le rôle de pronom.

FORMES DES POSSESSIFS

		SINGULIER		PLURIEL	
		masculin	féminin	masculin	féminin
singulier	1re pers.	mio	mia	miei	mie
	2e pers.	tuo	tua	tuoi	tue
	3e pers.	suo	sua	suoi	sue
pluriel	1re pers.	nostro	nostra	nostri	nostre
	2e pers.	vostro	vostra	vostri	vostre
	3e pers.	loro	loro	loro	loro

▄ Les formes des adjectifs et des pronoms possessifs sont les mêmes, mais elles ne s'emploient pas de la même façon.

Les adjectifs peuvent être introduits par un article défini, un article indéfini ou un adjectif démonstratif.

- Dove sono **i miei** occhiali?
  Où sont mes lunettes?

- Laura è uscita con **una sua** cugina.
  Laura est sortie avec une cousine.

- Non condivido **questo tuo** modo di vedere le cose.
  Je ne partage pas cette façon que tu as de voir les choses.

Les pronoms ne peuvent être précédés que d'un article défini.

- — Hai preso tu i miei guanti? — No, questi sono **(i) miei**!
  « C'est toi qui as pris mes gants? — Non, ceux-ci sont à moi! »

▄ Le possessif s'accorde en genre et en nombre avec le nom auquel il se réfère, à l'exception du possessif de troisième personne du pluriel, *loro*, qui est invariable. Dans ce cas, seul le déterminant porte la marque du genre et du nombre.

- **La loro** storia è assurda.
  Leur histoire est absurde.

- Sandro e Laura hanno apprezzato **i nostri** regali, e noi **i loro**.
  Sandro et Laura ont apprécié nos cadeaux, et nous les leurs.

PLACE DE L'ADJECTIF POSSESSIF

Généralement l'adjectif possessif se place devant le nom.

- Francesco è **il mio** amico.
  Francesco est mon ami.

Il peut être placé après mais, dans ce cas, sans article.

Dans la langue populaire d'Italie centrale ou méridionale

- Francesco è amico **mio**.
  Francesco est mon ami.

Pour souligner la relation d'appartenance

- Ho usato l'ombrello **suo**, non il tuo.
  J'ai utilisé son parapluie à lui / à elle, pas le tien.

Dans les exclamations ou dans des tournures vocatives

- Signori **miei**, bisogna trovare una soluzione.
  Chers Messieurs, il faut trouver une solution.

- Figlio **mio**!
  Mon fils !

- Mamma **mia**! / Dio **mio**!
  Mon Dieu !

Dans certaines expressions idiomatiques

per colpa sua (à cause de lui), a casa mia (chez moi),
per conto nostro (tous seuls), di tasca loro (de leur poche),
per merito vostro (grâce à vous)

EMPLOI DE L'ARTICLE AVEC LES ADJECTIFS POSSESSIFS

L'article est obligatoire

Avec les possessifs *loro* et *proprio*

- **La loro madre** è nata in Svizzera.
  Leur mère est née en Suisse.

- Bisogna dar retta **al proprio padre**.
  Il faut écouter son père.

Avec les noms de parenté proche au pluriel

- **I miei fratelli** hanno organizzato una festa per il mio compleanno.
  Mes frères ont organisé une fête pour mon anniversaire.

Avec les noms de parenté proche au singulier, accompagnés d'un adjectif ou d'un complément

- **La mia zia di Perugia** è venuta a trovarci la settimana scorsa.
  Ma tante de Pérouse est venue nous rendre visite la semaine dernière.

- Ricordo ancora i manicaretti **della mia cara nonna** Elvira.
  Je me souviens encore des bons petits plats de ma chère grand-mère Elvira.

Avec les noms de parenté proche au singulier, modifiés par un suffixe

- **La mia nipotina** si chiama Emma.
  Ma petite nièce s'appelle Emma.

On omet l'article

Avec les noms de parenté proche au singulier, non modifiés par un suffixe ni accompagnés d'un adjectif ou d'un complément

- **Mio cugino** vive a Parigi.
  Mon cousin vit à Paris.

- **Mia sorella** lavora con **suo marito**.
  Ma sœur travaille avec son mari.

Devant les noms apposés

- Il dottor Novelli, **mio** dentista, sconsiglia lo sbiancamento dei denti.
  Le docteur Novelli, mon dentiste, déconseille le blanchiment des dents.

Devant les titres honorifiques

Sua Eccellenza (Son Excellence), Sua Eminenza (Son Éminence), Sua Maestà (Sa Majesté), Sua Altezza (Son Altesse)

L'ADJECTIF POSSESSIF *PROPRIO*

▬▬ *Proprio* peut être utilisé à la place de l'adjectif possessif de troisième personne du singulier (*suo*) ou du pluriel (*loro*), lorsqu'il se réfère au sujet de la phrase. Il sert :
– soit à renforcer un adjectif possessif ;
– soit à dissiper toute ambiguïté.

● L'hanno visto con **i (loro) propri** occhi.
Ils l'ont vu de leurs propres yeux.

● Marco ha accompagnato Antonio a Firenze con **la propria** macchina.
Marco a accompagné Antonio à Florence avec sa (propre) voiture. [= la voiture de Marco]

▬▬ L'emploi de *proprio* est **obligatoire** dans des phrases à construction impersonnelle ou à sujet indéfini.

● Bisogna considerare le conseguenze delle **proprie** scelte.
Il faut considérer les conséquences de ses choix.

● Ognuno pensi a costruirsi il **proprio** futuro.
Que chacun pense à construire son avenir.

● In democrazia, tutti possono esprimere le **proprie** opinioni.
En démocratie, tout le monde peut exprimer son opinion.

TRADUCTION EXPRESS

1 Où est ma brosse à dents (*lo spazzolino da denti*) ? Celle-ci, c'est la tienne !
2 Leur père a été licencié le mois dernier.
3 Chacun doit faire attention à son sac.
4 Giulia, mon amie d'enfance, attend un bébé.
5 Mes amis, il est grand temps de rentrer !
6 À cause de lui, je n'ai pas pu partir en vacances.
7 Notre oncle américain nous couvrait de cadeaux.
8 J'ai été élevé par mes grands-parents.
9 Chaque matin, elle accompagne son petit frère à l'école.

RÉPONSES

1 Dov'è il mio spazzolino da denti? Questo è il tuo!
2 Il loro padre è stato licenziato il mese scorso.
3 Ognuno deve stare attento alla propria borsa.
4 Giulia, (la) mia amica d'infanzia, aspetta un bambino.
5 Amici miei, è ora di tornare a casa!
6 Per colpa sua, non sono potuto / potuta andare in vacanza.
7 Il nostro zio americano ci riempiva di regali.
8 Sono stato cresciuto dai miei nonni.
9 Ogni mattina accompagna il suo fratellino a scuola.

8 Les pronoms personnels

▷ Pour s'adresser à quelqu'un ou pour ne pas répéter le nom
d'une personne dont on vient de parler, on emploie les pronoms
personnels.

FORMES DES PRONOMS PERSONNELS

	SUJETS	RÉFLÉCHIS	FORMES ATONES COD	FORMES ATONES COI	FORMES TONIQUES
1re pers. sing.	io	mi	mi	mi	me
2e pers. sing.	tu	ti	ti	ti	te
3e pers. sing.	lui, lei	si	lo / la	gli / le	lui / lei / sé
1re pers. plur.	noi	ci	ci	ci	noi
2e pers. plur.	voi	vi	vi	vi	voi
3e pers. plur.	loro	si	li / le	loro	loro / sé

Selon leur forme et fonction dans la phrase, ces éléments se distinguent
en :

▶ Pronoms sujets, pour indiquer qui accomplit l'action ;

- Signora, **Lei** è la mamma di Claudio, vero?
  Madame, vous êtes la maman de Claudio, n'est-ce pas ?

▶ Pronoms réfléchis, utilisés surtout pour montrer que l'action porte
sur son auteur ;

- Questa mattina **mi** sono svegliato tardi.
  Ce matin je me suis réveillé tard.

▶ Pronoms compléments atones, qui peuvent être « directs » (COD)
ou « indirects » (COI) ;

- **Ti** hanno cercato al telefono. [COD]
  On t'a demandé au téléphone.

- Non **ci** hanno detto la verità. [COI]
  On ne nous a pas dit la vérité.

▶ Pronoms compléments toniques, qui peuvent être précédés
d'une préposition.

- Non chiamavo **te**, ma **lui**.
  Ce n'est pas toi que j'appelais, mais lui.

- Sono partiti senza di **me**.
  Ils sont partis sans moi.

EMPLOIS DES PRONOMS PERSONNELS SUJETS

En général, les pronoms sujets sont moins utilisés qu'en français, car la terminaison du verbe conjugué porte la marque de la personne. Dans certains cas, néanmoins, leur emploi est obligatoire.

Quand on veut mettre en valeur le sujet de l'action.
Dans ce cas, on peut placer le pronom sujet après le verbe.

- Devi decidere **tu**.
  C'est toi qui dois décider.

- Lo ha detto **lui**, non **io**.
  C'est lui qui l'a dit, pas moi.

Pour marquer une opposition entre sujets différents.

- **Lui** era d'accordo, **lei** no.
  Il était d'accord, pas elle.

Au subjonctif présent (1re, 2e et 3e personnes du singulier) et au subjonctif imparfait (1re et 2e personnes du singulier), car la terminaison du verbe ne permet pas de distinguer les personnes.

- I nostri amici pensano che **io abbia** / che **tu abbia** / che **lui abbia** ragione.
  Nos amis pensent que j'ai / que tu as / qu'il a raison.

- La mamma credeva che **io fossi** / che **tu fossi** a teatro ieri sera.
  Maman croyait que j'étais / que tu étais au théâtre hier soir.

Après *anche*, *pure* (aussi) et *neanche*, *neppure*, *nemmeno* (non plus).

- **Anch'io** voglio venire all'opera con voi.
  Moi aussi je veux venir à l'opéra avec vous.

Notez bien

Les expressions « c'est moi, c'est toi… » se traduisent à l'aide du pronom sujet : *sono io* (c'est moi), *sei tu* (c'est toi), *è lui* (c'est lui), *è lei* (c'est elle), *siamo noi* (c'est nous), *siete voi* (c'est vous), *sono loro* (c'est / ce sont eux).

▸ C'EST / CE SONT P. 165-166

EMPLOIS DES FORMES DE POLITESSE *LEI* / *LORO*

Pour vouvoyer, l'italien recourt à la troisième personne du singulier,
plus rarement du pluriel. Dans la langue moderne, en effet, on préfère *voi*
à la forme *loro*, pour s'adresser à plusieurs personnes que l'on vouvoie.
Le pronom sujet est fréquemment sous-entendu.

- È la prima volta che (**Lei**) viene in Toscana? [sujet]
  C'est la première fois que vous venez en Toscane ?

- (**Voi**) volete accomodarvi? [sujet]
  (**Loro**) vogliono accomodarsi? [sujet]
  Voulez-vous vous asseoir ?

- Lo ha fatto **Lei**? [en s'adressant à une personne]
  Lo avete fatto **voi**? [en s'adressant à plusieurs personnes]
  C'est vous qui l'avez fait ?

- **La** / **Vi** informiamo che la telefonata potrebbe essere registrata. [COD]
  Nous vous informons que cet appel pourrait être enregistré.

- Siamo lieti di comunicar**Le** / comunicar**vi** che la merce è stata
  spedita. [COI]
  Nous avons le plaisir de vous informer que votre marchandise a bien été envoyée.

EMPLOIS DES PRONOMS RÉFLÉCHIS

▶ Dans la construction des verbes réfléchis.

- **Si rade** un giorno sì e un giorno no.
  Il se rase un jour sur deux.

▶ Dans la construction des verbes pronominaux.

- Mia figlia **si è ammalata**.
  Ma fille est tombée malade.

- **Vi alzate** ogni mattina alle sette?
  Vous vous levez tous les matins à sept heures ?

▶ Dans des structures réciproques.

- Io e Francesca **ci conosciamo** da molti anni.
  Francesca et moi nous nous connaissons depuis plusieurs années.

▶ Pour remplacer le possessif.

- Mettiti **il** cappello: fa freddo fuori!
  Mets ton chapeau : il fait froid dehors !

▶ Pour exprimer une notion de plaisir.

- Adesso **mi mangio** un bel gelato!
  Maintenant je vais manger une bonne glace !

EMPLOIS DES PRONOMS COMPLÉMENTS ATONES DE 3ᵉ PERSONNE

Ces pronoms peuvent être COD, lorsqu'ils s'emploient avec des verbes qui ne nécessitent pas de préposition (construction directe), ou bien COI lorsqu'ils s'emploient avec des verbes qui exigent une préposition (construction indirecte).

Contrairement au français, l'italien distingue toujours le masculin du féminin, à l'exception du pronom pluriel COI *loro*.

- **Li** hanno visti in spiaggia. [COD]
  Ils les ont vus à la plage. [= eux]

- Dove **le** avete incontrate? [COD]
  Où les avez-vous rencontrées? [= elles]

- **Le** ha chiesto di aspettarlo. [COI]
  Il lui a demandé de l'attendre. [= à elle]

- **Gli** ho raccontato tutto. [COI]
  Je lui ai tout raconté. [= à lui]

- Hanno portato **loro** le foto dell'ultimo viaggio. [COI]
  Ils leur ont apporté les photos de leur dernier voyage. [= à eux, à elles]

NOTEZ BIEN

Au lieu du pronom COI *loro*, on entend de plus en plus souvent *gli*.

Abbiamo chiesto **loro** di aiutarci.
Gli abbiamo chiesto di aiutarci.
Nous leur avons demandé de nous aider.

Devant une voyelle, les pronoms *lo* et *la* peuvent s'élider.

- **L'**ho letto sul giornale.
  Je l'ai lu dans le journal.

L'élision de *mi*, *ti*, *ci*, *vi* appartient au langage populaire ou bien au langage poétique.

- **T'**aspetto a casa mia.
  Je t'attends chez moi.

Lorsque *lo*, *la*, *li* et *le* (COD) précèdent un temps composé, l'accord du participe passé est obligatoire.

- **Le** ho trovate per caso.
  Je les ai trouvées par hasard.

L'accord du participe passé est facultatif avec les autres pronoms COD.

- **Vi** ho cercato ovunque.
  Vi ho cercati / cercate ovunque.
  Je vous ai cherchés / cherchées partout.

EMPLOIS DES PRONOMS COMPLÉMENTS TONIQUES

▬ En fonction de COI, après une préposition.

- Vieni con **me** stasera?
  Tu viens avec moi ce soir?

▬ Dans les phrases exclamatives, après un adjectif.

- Povero **te**!
  Pauvre de toi!

- Beata **lei**!
  Elle en a de la chance!

▬ En fonction de COD, après le verbe.

- Il professore ha sgridato **me**, ma stavi chiacchierando tu.
  Le professeur m'a grondé moi [= complément d'objet], mais c'est toi [= sujet] qui bavardais.

▬ Dans les phrases comparatives, après *quanto* ou *come*.

- È simpatico quanto **te**.
  Il est aussi sympathique que toi.

- Silvia ha i capelli biondi come **sua** madre.
  Silvia a les cheveux blonds comme sa mère.

▬ En fonction de sujet, après un participe passé.

- Arrivate **loro**, abbiamo iniziato a pranzare.
  Après leur arrivée, nous avons commencé à déjeuner.

LES PRONOMS GROUPÉS

On appelle «pronoms groupés», une suite d'au moins deux pronoms: généralement un pronom COI + un pronom COD, ou bien un pronom COI + un pronom adverbial, etc.

▬ Pronom personnel + pronom personnel / pronom adverbial *ne* (en)

	lo	la	li	le	ne
mi	me lo	me la	me li	me le	me ne
ti	te lo	te la	te li	te le	te ne
gli / le	glielo	gliela	glieli	gliele	gliene
ci	ce lo	ce la	ce li	ce le	ce ne
vi	ve lo	ve la	ve li	ve le	ve ne
si (réfléchi)	se lo	se la	se li	se le	se ne

- Il mio regalo **ve lo** darò domani.
  Mon cadeau, je vous le donnerai demain.

- Se i miei libri non ti servono più, **me li** potresti restituire?
  Si tu n'as plus besoin de mes livres, tu pourrais me les rendre?

- La benzina stava finendo, ma **se ne** sono accorti troppo tardi.
  Il n'y avait presque plus d'essence, mais ils s'en sont aperçus trop tard.

Lorsqu'ils sont groupés avec un autre pronom, les pronoms
de la 3e personne du pluriel *gli* et *le* ne distinguent plus le masculin
du féminin.

- Non **glielo** volevo dire, perché sapevo che ci sarebbe rimasto /
  rimasta male.
  Je ne voulais pas le lui dire, car je savais qu'il / qu'elle l'aurait mal pris.

▶ Pronom réfléchi *si* + pronom adverbial *ci* (y)

SINGULIER	PLURIEL
mi ci reco (je m'y rends)	-
ti ci rechi (tu t'y rends)	**vi ci** recate (vous vous y rendez)
ci si reca (il / elle s'y rend)	**ci si** recano (ils / elles s'y rendent)

Avec la 1re personne du pluriel, on préfère utiliser un adverbe.

- **Ci** rechiamo **là**.
  Nous nous y rendons. [litt. = Nous nous rendons là-bas.]

▶ Pronom COD + pronom adverbial *ci* (y)

SINGULIER	PLURIEL
mi ci porta (il m'y emmène)	-
ti ci porta (il t'y emmène)	**vi ci** porta (il vous y emmène)
ce lo / **ce la** porta (il l'y emmène)	**ce li** / **ce le** porta (il les y emmène)

Avec la 1re personne du pluriel, on préfère utiliser un adverbe.

- Chi **ci** porta **là**?
  Qui nous y emmène? [litt. = Qui nous emmène là-bas ?]

▶ Pronom COD + pronom impersonnel *si* (on)

SINGULIER	PLURIEL
mi si vede (on me voit)	-
ti si vede (on te voit)	**vi si** vede (on vous voit)
lo / **la si** vede (on le / la voit)	**li** / **le si** vede (on les voit)

Avec la 1re personne du pluriel, on préfère utiliser le verbe à la 3e personne
du pluriel pour exprimer la forme impersonnelle.

- **Ci** vedono.
  On nous voit. [litt. = Ils / Elles nous voient.]

➤ **Pronom COI + pronom impersonnel *si* (on)**

SINGULIER	PLURIEL
mi si parla (on me parle)	-
ti si parla (on te parle)	vi si parla (on vous parle)
gli / le si parla (on lui parle)	si parla loro (on leur parle)

Avec la 1ʳᵉ personne du pluriel, on préfère utiliser le verbe
à la 3ᵉ personne du pluriel pour exprimer la forme impersonnelle.

● **Ci parlano.**
   On nous parle. [litt. = Ils /Elles nous parlent.]

NOTEZ BIEN
Avec les verbes réfléchis, pronominaux ou réciproques, « on se » se
traduit par ***ci si***. Attention ! On ne peut jamais séparer ces deux pronoms.
Quando si lavora, **ci si** deve alzare presto.
Quand on travaille, on doit se lever tôt.

PLACE DES PRONOMS

➤ Avec les formes verbales conjuguées, les pronoms atones se placent
avant le verbe.

● Riccardo **mi** chiede spesso tue notizie.
   Riccardo me demande souvent de tes nouvelles.

➤ Ils se placent obligatoirement **après** le verbe et sont accolés à ce dernier
dans les cas qui suivent.

Avec l'infinitif

● Ho dimenticato di chiamar**la** / di portar**telo**.
   J'ai oublié de l'appeler / de te l'apporter.

NOTEZ BIEN
Avec les verbes *dovere*, *potere*, *sapere*, *volere* suivis d'un infinitif,
le pronom peut se placer soit après l'infinitif, soit avant le groupe verbal.

Devi far**lo** subito.	Non posso dir**telo**.
Lo devi fare subito.	Non **te lo** posso dire.
Tu dois le faire tout de suite.	Je ne peux pas te le dire.

Avec le gérondif

● Accompagnando**la** dal medico, ho avuto un guasto
   alla macchina.
   En l'accompagnant chez le médecin, je suis tombé(e) en panne.

● Promettendo**glielo**, hai commesso un errore.
   En le lui promettant, tu as commis une erreur.

Avec l'impératif

- **Finiscila!** Non ti sopporto più.
  Arrête! Je ne te supporte plus.

- **Passami** il sale, per favore.
  Passe-moi le sel, s'il te plaît.

- **Raccontacelo**, siamo curiosi!
  Raconte-nous ça. On est curieux!

NOTEZ BIEN

Tous les pronoms, sauf *gli,* doublent leur première consonne après les verbes *andare, dare, dire, fare* et *stare* à la 2ᵉ personne du singulier: *vacci* (vas-y), *fallo* (fais-le), *dimmelo* (dis-le-moi).

Dalle una mano a piegare le lenzuola.
Donne-lui un coup de main pour plier les draps.

A presto, Marco! **Stammi** bene!
À bientôt, Marco! Porte-toi bien!

À l'impératif négatif le pronom peut se placer avant ou après le verbe.

Non **ti** muovere! / Non muover**ti**!
Ne bouge pas!

Non **lo** fate! Non fate**lo**!
Ne le faites pas!

▸ **L'IMPÉRATIF** P. 95-97

Avec le participe passé sans auxiliaire des verbes réfléchis, pronominaux ou réciproques

- **Iscrittosi** all'università, prese un appartamento in affitto.
  Après s'être inscrit à l'université, il loua un appartement.

Avec l'adverbe présentatif *ecco* (voici, voilà)

- **Eccolo!**
  Le voilà!

___TRADUCTION EXPRESS

1 C'est moi qui ai raison, pas toi.
2 Elle non plus ne les a pas vus.
3 Monsieur, voulez-vous que je vous apporte votre manteau?
4 Vous devez le lui dire au plus vite.
5 On se voit rarement depuis qu'il a déménagé.
6 Passe-moi le vin, s'il te plaît.
7 Lavez-vous les mains avant de vous mettre à table.

Les numéraux cardinaux et ordinaux

FORMES DES CARDINAUX

0 zero	20 venti	100 cento
1 uno	21 ventuno	101 centouno
2 due	22 ventidue	102 centodue
3 tre	23 ventitré	200 duecento
4 quattro	24 ventiquattro	300 trecento
5 cinque	25 venticinque	400 quattrocento
6 sei	26 ventisei	500 cinquecento
7 sette	27 ventisette	600 seicento
8 otto	28 ventotto	700 settecento
9 nove	29 ventinove	800 ottocento
10 dieci	30 trenta	900 novecento
11 undici	31 trentuno	1 000 mille
12 dodici	32 trentadue	1 001 milleuno
13 tredici	33 trentatré	1 002 milledue
14 quattordici	40 quaranta	2 000 duemila
15 quindici	50 cinquanta	100 000 centomila
16 sedici	60 sessanta	1 000 000 un milione
17 diciassette	70 settanta	2 000 000 due milioni
18 diciotto	80 ottanta	1 000 000 000 un miliardo
19 diciannove	90 novanta	2 000 000 000 due miliardi

ORTHOGRAPHE DES CARDINAUX

▶ Les numéraux cardinaux s'écrivent en un seul mot. Seuls les chiffres qui suivent *milione* et *miliardo* sont précédés de la conjonction *e*.

un milione **e** trecentomila (un million trois cent mille)

due miliardi **e** seicentocinquantamila (deux milliards six cent cinquante mille)

▶ Les chiffres composés avec *tre* sont accentués.

ventitré (23), trentatré (33), centotré (103)…

▶ À partir de *venti* (vingt), les dizaines suivies de *uno* ou de *otto* perdent leur voyelle finale (apocope).

vent**u**no, vent**o**tto, trent**u**no, trent**o**tto…

mais

cent**o**uno, cent**o**otto

▶ À partir de *venti* (vingt), les dizaines suivies du mot *anni* peuvent être élidées.

vent'anni (vingt ans), trent'anni (trente ans), quarant'anni (quarante ans), cent'anni (cent ans)…

▶ Devant les noms commençant par une voyelle, les chiffres composés avec *uno* peuvent perdre la voyelle finale (apocope).

cinquantun anni (cinquante-et-un an)

▶ Les numéraux cardinaux sont invariables, à l'exception de *uno*, qui possède les formes de l'article indéfini, et de *mille*, dont le pluriel est *mila*.

● Nella classe in cui insegno ci sono **dieci** maschi e **dieci** femmine.
Dans la classe où j'enseigne, il y a dix garçons et dix filles.

● Versare in **una** ciotola il succo di **un** limone e di **un**'arancia.
Versez dans un bol le jus d'un citron et d'une orange.

● Questa costruzione risale ad almeno **mille** / **duemila** anni fa.
Cette construction date d'au moins mille / deux mille ans.

NOTEZ BIEN
Devant les numéraux employés comme noms qui indiquent un pourcentage ou une date, il faut employer l'article défini.

Il 53% degli elettori si è astenuto.
53 % des électeurs se sont abstenus.

Il 2011 è stato un anno ricco di belle sorprese.
2011 a été une année riche en belles surprises.

FORMES DES ORDINAUX

1° primo	50° cinquantesimo
2° secondo	60° sessantesimo
3° terzo	70° settantesimo
4° quarto	80° ottantesimo
5° quinto	90° novantesimo
6° sesto	100° centesimo
7° settimo	101° centunesimo
8° ottavo	200° duecentesimo
9° nono	300° trecentesimo
10° decimo	400° quattrocentesimo
11° undicesimo	500° cinquecentesimo
12° dodicesimo	600° seicentesimo
13° tredicesimo	700° settecentesimo
14° quattordicesimo	800° ottocentesimo
15° quindicesimo	900° novecentesimo
16° sedicesimo	1 000° millesimo
17° diciassettesimo	2 000° duemillesimo
18° diciottesimo	10 000° diecimillesimo
19° diciannovesimo	100 000° centomillesimo
20° ventesimo	1 000 000° milionesimo
21° ventunesimo	ultimo (dernier)
30° trentesimo	penultimo (avant-dernier)
40° quarantesimo	terzultimo (avant-avant-dernier)

NOTEZ BIEN

À partir de onze, les ordinaux se forment en ajoutant le suffixe *-esimo* au cardinal qui perd sa voyelle finale, sauf s'il se termine par *tre* ou par *sei*.

diciottesimo (dix-huitième)

mais

ventitreesimo (vingt-troisième), trentaseiesimo (trente-sixième)

PLACE DES NUMÉRAUX DANS LA PHRASE

Place des cardinaux

Généralement les cardinaux précèdent le nom.

● Al loro matrimonio sono state invitate **duecento** persone.
Deux cents personnes ont été invitées à leur mariage.

Les cardinaux qui suivent le nom ont la même valeur que les ordinaux.

● Il treno per Venezia è in partenza dal binario **tre** [= *dal terzo binario*].
Le train pour Venise partira voie 3.

● Sono le ore **tredici** [= *la tredicesima ora*].
Il est treize heures.

Lorsqu'il est accompagné des adjectifs *primo* (premier), *ultimo* (dernier), *prossimo* (prochain) et *altro* (autre), l'adjectif numéral cardinal précède immédiatement le nom, contrairement au français. Comparez :

● Ho letto **le prime dieci** pagine.
J'ai lu les dix premières pages.

● Studiate **gli ultimi quattro** capitoli.
Étudiez les quatre derniers chapitres.

● Vorrei **altri due** cubetti di ghiaccio.
Je voudrais deux autres glaçons.

● Sarò via per **i prossimi tre** giorni.
Je serai absent(e) les trois prochains jours.

NOTEZ BIEN

L'expression «tous / toutes les deux / trois... » se traduit en italien en remplaçant l'article défini par la conjonction de coordination : *tutti / tutte e due / e tre.*
Ambedue et *entrambi / entrambe* traduisent également «tous / toutes les deux».

Place des ordinaux

Comme les cardinaux, les ordinaux précèdent généralement le nom.

- Abitiamo al **terzo** piano.
  Nous habitons au troisième étage.

- Abbiamo festeggiato il nostro **trentesimo** anniversario di matrimonio.
  Nous avons fêté notre trentième anniversaire de mariage.

Concernant les siècles, l'ordinal précède généralement le nom, mais il peut également le suivre.

il diciottesimo secolo (le XVIIIe siècle)

il secolo ventunesimo (le XXIe siècle)

Les ordinaux se placent après le nom d'un souverain ou d'un pape.

Luigi XIV [= *quattordicesimo*] (Louis XIV)

Vittorio Emanuele II [= *secondo*] (Victor Emmanuel II)

Papa Giovanni XXIII [= *ventitreesimo*] (Jean XXIII)

Papa Benedetto XVI [= *sedicesimo*] (Benoît XVI)

Lorsqu'ils indiquent des chapitres, des alinéas ou des actes de théâtre, les ordinaux se placent souvent après le nom.

- Il capitolo **nono** dei *Promessi Sposi* di Manzoni.
  Le chapitre IX des *Fiancés* de Manzoni.

- Il canto **ventiseiesimo** dell'*Inferno* di Dante.
  Le chant XXVI de l'*Enfer* de Dante.

- Atto **terzo**, scena **quarta**.
  Acte III, scène quatre.

EXPRESSION DES SIÈCLES

Les siècles peuvent être exprimés, comme en français, à l'aide de l'ordinal.

XIII (tredicesimo) secolo	XVII (diciassettesimo) secolo
XIV (quattordicesimo) secolo	XVIII (diciottesimo) secolo
XV (quindicesimo) secolo	XIX (diciannovesimo) secolo
XVI (sedicesimo) secolo	XX (ventesimo) secolo

Les cardinaux sont couramment employés à partir du XIIIe siècle. Ils s'écrivent alors avec une majuscule et sous-entendent *mille*.

1200-1299	il Duecento	1600-1699	il Seicento
1300-1399	il Trecento	1700-1799	il Settecento
1400-1499	il Quattrocento	1800-1899	l'Ottocento
1500-1599	il Cinquecento	1900-1999	il Novecento

NOTEZ BIEN

La préposition française « à » utilisée devant les siècles se traduit par *in*.

Alessandro Manzoni è vissuto **nell'**Ottocento.
Alessandro Manzoni a vécu au XIXᵉ siècle.

▸ TOUS LES / TOUTES LES P. 214

TRADUCTION EXPRESS

1 Le spectacle commence à vingt-et-une heures.

2 Mon grand-père a soixante-et-onze ans.

3 Elles s'est mariée à trente-trois ans.

4 Ils habitent au cinquième étage.

5 Humbert II a été le dernier roi d'Italie.

6 Il a fait très chaud ces deux dernières semaines.

7 L'art baroque s'est développé au XVIIᵉ siècle.

7 L'arte barocca si è sviluppata nel XVII (diciassettesimo) secolo / nel Seicento.
6 Ha fatto molto caldo queste ultime due settimane.
5 Umberto II (secondo) è stato l'ultimo re d'Italia.
4 Abitano al quinto piano.
3 Si è sposata a trentatré anni.
2 Mio nonno ha settantun anni.
1 Lo spettacolo comincia alle ventuno.

RÉPONSES

ABITIAMO AL TERZO PIANO.

10 Les indéfinis

▷ Les adjectifs et les pronoms indéfinis indiquent de manière imprécise la quantité ou la qualité du nom qu'ils déterminent ou qu'ils remplacent.

■ LES PRINCIPAUX INDÉFINIS

Voici la liste des indéfinis traités dans ce chapitre.

alcuni(-e) quelques	**parecchio(-a, -i, -e)** plusieurs,
alcuno(-a) aucun(e)	pas mal (de)
chicchessia n'importe qui, personne	**poco(-a, - chi, -che)** peu (de)
chiunque n'importe qui	**qualche** quelques
ciascuno(-a) chaque	**qualsiasi** n'importe quel(le)
molto(-a, -i, -e) beaucoup (de)	**qualunque** n'importe quel(le)
nessuno(-a) aucun(e)	**tanto(-a, -i, -e)** beaucoup (de)
niente rien	**troppo(-a, -i, -e)** trop de
nulla rien	**tutto(-a, -i, -e)** tout(e, -s, es)
ogni chaque	

■ *ALCUNO* ET *NESSUNO*

━ Les indéfinis *alcuno(-a)* et *nessuno(-a)* correspondent à l'adjectif et pronom « aucun(-e) » et ne s'emploient qu'au **singulier**. Tout comme leur équivalent français, ils sont utilisés dans des **phrases négatives**, où ils sont placés après le verbe. Seul *nessuno(-a)* peut être placé avant le verbe. Dans ce cas, la négation *non* ne doit pas être employée.

- A causa dello sciopero, **non** è venuto **alcuno / nessuno** studente a lezione. [adjectif]
  A causa dello sciopero, **nessuno** studente è venuto a lezione. [adjectif]
  À cause de la grève, aucun étudiant n'est venu en cours.

- Tu hai molta stima del nostro capo, io **non** ne ho **alcuna / nessuna**. [pronom]
  Toi, tu as beaucoup d'estime pour notre chef, moi, je n'en ai aucune.

━ Le pronom invariable *nessuno* correspond à l'indéfini « personne » et peut lui aussi être placé **avant** le verbe d'une phrase affirmative ou **après** le verbe d'une phrase négative.

- A lezione non c'era **nessuno**.
  Il n'y avait personne en cours.

- **Nessuno** ha stima del nostro capo.
  Personne n'estime notre chef.

NOTEZ BIEN

Le pronom *nessuno* peut traduire « quelqu'un » dans la question
« Il y a quelqu'un ? » : *C'è nessuno?*

QUALCHE ET ALCUNI

Qualche est un adjectif invariable toujours suivi d'un nom au **singulier**.
Alcuni(-e) s'accorde en genre et ne s'emploie qu'au **pluriel** aussi bien
comme adjectif que comme pronom.

- L'abbiamo incontrato **qualche** volta. [adjectif]
  L'abbiamo incontrato **alcune** volte. [adjectif]
  Nous l'avons rencontré quelques fois.

- Sul tavolo c'erano molte caramelle e ne ho prese **alcune**. [pronom]
  Sur la table il y avait beaucoup de bonbons et j'en ai pris quelques-uns.

Le pronom invariable *alcuni* correspond à « certains ».

- **Alcuni** pensano che lui sia timido, ma non è vero.
  Certains pensent qu'il est timide, mais ce n'est pas vrai.

NOTEZ BIEN

Lorsque *qualcosa* (quelque chose) est suivi de *altro*, il est élidé :
qualcos'altro (quelque chose d'autre).

OGNI ET CIASCUNO

Ogni, adjectif invariable, précède toujours un nom singulier,
sauf s'il est suivi d'un numéral cardinal.

- Compro il giornale **ogni** mattina.
  J'achète le journal tous les matins.

- Ci vado **ogni** tre giorni.
  J'y vais tous les trois jours.

Ciascun(o) / ciascuna ne s'emploie qu'au singulier, mais s'accorde
en genre. En fonction d'adjectif, il est plus rare que *ogni*.
Comme pronom, il équivaut au français « chacun(-e) ».

- **Ciascun** bambino / **Ciascuna** bambina ha avuto una caramella.
  [adjectif]
  Chaque enfant a eu un bonbon.

- A **ciascuno** / **ciascuna** di noi è stato affidato un compito. [pronom]
  On a confié une tâche à chacun / chacune de nous.

POCO, PARECCHIO, MOLTO, TANTO, TROPPO, TUTTO

■ Tous ces indéfinis s'accordent en genre et en nombre avec le nom auquel ils se réfèrent. Contrairement au français, comme adjectifs ils ne sont jamais suivis de la particule *de*. Seul l'adjectif *tutto* est suivi d'un article ou d'un démonstratif, comme en français.

● Mi dispiace, ma oggi ho **poco** tempo da dedicarti. [adjectif]
Je suis désolé(e), mais j'ai peu de temps à te consacrer aujourd'hui.

● Adoro la cioccolata, ma ne mangio **poca** per non ingrassare.
[pronom]
J'adore le chocolat, mais j'en mange peu pour ne pas grossir.

● In questo periodo abbiamo **parecchio** lavoro. [adjectif]
Dans cette période, nous avons pas mal de travail.

● Cerchi una macchina di seconda mano? Ce ne sono **parecchie** in vendita. [pronom]
Tu cherches une voiture d'occasion? Il y en a pas mal en vente.

● Abbiamo **molti** amici in Germania. [adjectif]
Nous avons beaucoup d'amis en Allemagne.

● **Molti** di loro si sono sposati e hanno dei figli. [pronom]
Beaucoup d'entre eux se sont mariés et ont des enfants.

● Al matrimonio c'erano **tutte le** zie di mia madre. [adjectif]
Au mariage, il y avait toutes les tantes de ma mère.

● Verrete **tutti** al funerale? [pronom]
Vous viendrez tous à l'enterrement?

■ Lorsqu'ils exercent la fonction de pronoms, ils se placent, aux temps composés, après le participe passé.

● Di gialli ne ho letti **tanti**, ma questo è sicuramente il più intrigante.
Des romans policiers, j'en ai lu beaucoup, mais celui-ci est sûrement le plus intrigant.

● Abbiamo finito **tutto**.
Nous avons tout fini.

QUALSIASI ET QUALUNQUE

■ Ces deux adjectifs invariables se traduisent par « n'importe quel(le) » ou « tout(e), tous » s'ils sont placés avant un nom obligatoirement singulier.

● Può capitare in **qualsiasi** momento / in **qualunque** momento.
Cela peut arriver à n'importe quel moment / à tout moment.

Lorsqu'ils sont placés après, ils acquièrent souvent une valeur péjorative et peuvent se traduire par « quelconque ». Dans ce cas, le nom peut être au pluriel.

- Non sono cani **qualunque** / cani **qualsiasi**: sono pastori tedeschi!
  Ce ne sont pas des chiens quelconques : ce sont des bergers allemands !

NOTEZ BIEN

Si *qualunque* et *qualsiasi* sont suivis de *cosa*, ils traduisent :
– soit le pronom indéfini « n'importe quoi » ;

Farei **qualsiasi** cosa / **qualunque** cosa per te.
Je ferais **n'importe quoi** pour toi.

– soit la locution concessive « quoi que » (suivie du subjonctif).

Qualunque cosa / **Qualsiasi** cosa tu dica, non cambierò idea.
Quoi que tu dises, je ne changerai pas d'avis.

NIENTE ET NULLA

Si ces deux pronoms sont placés avant le verbe, la négation *non* ne doit pas être employée. Dans le cas contraire, *non* précède le verbe.

- **Niente** / **Nulla** gli fa paura.
  Non gli fa paura **niente** / **nulla**.
  Rien ne lui fait peur.

Contrairement à la syntaxe française, aux temps composés, *niente* et *nulla* se placent après le participe passé. Comparez :

- Non hai mangiato **niente**.
  Tu n'as **rien** mangé.

Dans les phrases interrogatives, *niente* et *nulla* peuvent avoir le sens de « quelque chose ». Dans ce cas, il ne faut pas employer la négation *non*.

- Ti ha detto **nulla** Sandro?
  Sandro t'a dit quelque chose ?

CHIUNQUE ET *CHICCHESSIA*

Les pronoms invariables ***chiunque*** et ***chicchessia*** ne peuvent se référer qu'à des personnes. Dans les phrases affirmatives, ***chicchessia*** est synonyme de ***chiunque***, bien que plus rare. Dans les phrases négatives, il signifie « personne ».

- **Chiunque** potrebbe farlo.
  N'importe qui pourrait le faire.

- Non voglio vedere **chicchessia**.
  Je ne veux voir personne.

TRADUCTION EXPRESS

1 Aucun ferry *(il traghetto)* ne part pour Lipari aujourd'hui.

2 J'ai visité quelques musées lors de mon séjour en Italie.

3 J'ai mal à la tête : j'ai bu trop de vin !

4 Tu regardes le journal télévisé tous les soirs ?

5 Il était trop tard : nous avons dû manger dans un restaurant quelconque.

6 N'importe qui te le dirait.

7 « Tu veux des cerises ? — J'en ai déjà mangé quelques-unes. »

RÉPONSES

1 *Nessun traghetto parte per Lipari oggi.*
Non parte nessun / alcun traghetto per Lipari oggi.

2 *Ho visitato qualche museo / alcuni musei durante il mio soggiorno in Italia.*

3 *Mi fa male la testa: ho bevuto troppo vino!*

4 *Guardi il telegiornale ogni sera?*

5 *Era troppo tardi: abbiamo dovuto mangiare in un ristorante qualunque / qualsiasi.*

6 *Chiunque te lo direbbe.*

7 *— Vuoi delle ciliegie? — Ne ho già mangiate alcune.*

11 Les adjectifs qualificatifs

▷ Les adjectifs qualificatifs indiquent une qualité ou un aspect du nom qu'ils déterminent.

FORMES DE L'ADJECTIF QUALIFICATIF

1ʳᵉ classe : -o / -i, -a / -e

	SINGULIER	PLURIEL
masculin	**-o** l'inverno fredd**o** (l'hiver froid)	**-i** gli inverni fredd**i**
féminin	**-a** la bell**a** ragazza (la belle fille)	**-e** le bell**e** ragazze

2ᵉ classe : -e / -i

	SINGULIER	PLURIEL
masculin et féminin	**-e** l'appuntamento important**e** (le rendez-vous important) la casa grand**e** (la grande maison)	**-i** gli appuntamenti important**i** le case grand**i**

3ᵉ classe : -a / -i, -a / -e

	SINGULIER	PLURIEL
masculin	**-a** l'uomo egoist**a** (l'homme égoïste)	**-i** gli uomini egoist**i**
féminin	**-a** la donna ottimist**a** (la femme optimiste)	**-e** le donne ottimist**e**

PLURIELS PARTICULIERS

-go → -ghi

il fiume lun**go** (le long fleuve) → i fiumi lun**ghi**
il giro lar**go** (le grand détour) → i giri lar**ghi**

mais

antropo**fago** (anthropophage) → antropo**fagi**

-co → -chi (si l'adjectif est accentué sur l'avant-dernière syllabe)

il borgo anti**co** (l'ancien bourg) → i borghi anti**chi**
il bambino stan**co** (l'enfant fatigué) → i bambini stan**chi**
l'uomo ric**co** (l'homme riche) → gli uomini ric**chi**

mais

ami**co** (ami) → ami**ci**, gre**co** (grec) → gre**ci**, nemi**co** (ennemi) → nemi**ci**

- **-co → -ci** (si l'adjectif est accentué sur l'avant-avant-dernière syllabe)

  il mezzo econo**co** (le moyen économique) → i mezzi econo**ci**

  il ragazzo simpa**co** (le jeune homme sympathique) → i ragazzi simpa**ci**

  il lavoro arti**co** (le travail artistique) → i lavori arti**ci**

  mais

  cari**co** (chargé) → cari**chi**

  dimenti**co** (oublieux) → dimenti**chi**

  rau**co** (rauque) → rau**chi**

- **-ca / -ga → -che / -ghe**

  la copia iden**ca** (la copie identique) → le copie iden**che**

  la gonna lar**ga** (la jupe large) → le gonne lar**ghe**

- **-io / -ia** (avec *i* atone) → **-i / -ie**

  il ragazzo se**rio** (le jeune homme sérieux) → i ragazzi se**ri**

  la persona so**bria** (la personne sobre) → le persone so**brie**

- **-io / -ia** (avec *i* tonique) → **-ii / -ie**

  l'uomo p**io** (l'homme pieux) → gli uomini p**ii**

  la crema stan**tia** (la crème rance) → le creme stan**tie**

- **-cia / -gia → -cie / -gie** (si la syllabe est précédée d'une voyelle)

  la maglietta sudi**cia** (le t-shirt sale) → le magliette sudi**cie**

  la busta gri**gia** (l'enveloppe grise) → le buste gri**gie**

- **-cia / -gia → -ce / -ge** (si la syllabe est précédée d'une consonne)

  la risposta spic**cia** (la réponse rapide) → le risposte spic**ce**

  la decisione sag**gia** (la sage décision) → le decisioni sag**ge**

> **NOTEZ BIEN**
>
> L'adjectif **belga** devient **belghe** au pluriel féminin,
> mais **belgi** au pluriel masculin. ▸ LE PLURIEL DES NOMS P. 24-29

ADJECTIFS INVARIABLES

- *Pari* (pair) et ses dérivés *dispari* (impair) et *impari* (impair, inégal).

  un numero pari (un nombre pair) → dei numeri pari

  una lotta impari (une lutte inégale) → delle lotte impari

- Certains adjectifs de couleur : *arancio* (orange), *indaco* (indigo), *lilla* (lilas), *malva* (mauve), *nocciola* (noisette), *rosa* (rose), *viola* (violet).

  il fiore rosa (la fleur rose) → i fiori rosa

- Tous les adjectifs de couleur qualifiés par un autre adjectif ou substantif.

  il vestito rosso scuro (la robe rouge foncé) → i vestiti rosso scuro

  il maglione verde bottiglia (le pull vert bouteille) → i maglioni verde bottiglia

● Les adjectifs formés par *anti* + nom.

> la pompa antincendio (la pompe à incendie) → le pompe anticendio
>
> il prodotto antiruggine (le produit antirouille) → i prodotti antiruggine

● Les locutions adverbiales à valeur d'adjectif.

> la ragazza perbene (la jeune fille bien) → le ragazze perbene

ADJECTIFS PARTICULIERS

Bello, *buono*, *santo* et *grande* se comportent de manière particulière lorsqu'ils précèdent le nom qu'ils qualifient.

● *Bello* suit les règles de l'article partitif *del*.

	MASCULIN	FÉMININ
singulier	**bel** (+ cons.) **bello** (+ s + cons., z, x, y, pn, ps, gn et i + voy.) **bell'** (+ voy.)	**bella** (+ cons. et i + voy.) **bell'** (+ voy.)
pluriel	**bei** (+ cons.) **begli** (+ s + cons., z, x, y, pn, ps, gn et voy.)	**belle**

● Chi è quel **bel** ragazzo che ti ha accompagnata alla festa?
Ha davvero dei **begli** occhi.
Qui est ce beau garçon qui t'a accompagnée à la fête ? Il a vraiment de beaux yeux.

Lorsque *bello* suit le nom qu'il qualifie, il se comporte comme tous les adjectifs de la 1re classe.

● *Buono*, devant un nom singulier, suit les règles de l'article indéfini *uno*.

	MASCULIN	FÉMININ
singulier	**buon** (+ cons. ou voy.) **buono** (+ s + cons., z, x, y, pn, ps, gn et i + voy.)	**buona** (+ cons. et i + voy.) **buon'** (+ voy.)
pluriel	**buoni**	**buone**

● Sua madre ci preparava sempre un **buon** dolce per la colazione.
Sa mère nous préparait toujours un bon gâteau pour le petit déjeuner.

Lorsque *buono* suit le nom qu'il qualifie, il se comporte comme tous les adjectifs de la 1re classe.

Santo

	MASCULIN	FÉMININ
singulier	**san** (+ cons. ou *i* + voy.) **santo** (+ *s* + cons.) **sant'** (+ voy.)	**santa** (+ cons. et *i* + voy.) **sant'** (+ voy.)
pluriel	**santi**	**sante**

San Carlo (Saint Charles), San Zeno (Saint Zénon),
Santo Stefano (Saint Étienne), Sant'Ignazio (Saint Ignace),
San Iacopo (Saint Jacques), Santa Caterina (Sainte Catherine),
Sant'Anna (Sainte Anne)

Lorsque **santo** suit le nom qu'il qualifie, il se comporte comme
tous les adjectifs de la 1re classe.

Grande peut se comporter comme un adjectif régulier de la 2e classe
ou suivre des règles qui lui sont propres.

	MASCULIN / FÉMININ
singulier	**gran** (+ cons.) **grande / gran** (+ *s* + cons., *z, x, y, pn, ps, gn* et *i* + voy.) **grand'** (+ voy.)
pluriel	**gran** (+ cons.) **grandi** (+ *s* + cons., *z, x, y, pn, ps, gn* et *i* + voy.)

● Leonardo da Vinci fu un **gran** pittore e un **grand**'ingegnere.
  Leonardo da Vinci fu un **grande** pittore e un **grande** ingegnere.
  Léonard de Vinci fut un grand peintre et un grand ingénieur.

Lorsque **grande** suit le nom qu'il qualifie, il se comporte comme tous
les adjectifs de la 2e classe.

TRADUCTION EXPRESS

1 Luisa a de beaux yeux noisette.
2 Saint François d'Assise et Sainte Catherine de Sienne sont les saints
  patrons de l'Italie.
3 Il fait une grande chaleur *(il caldo)* !
4 Elle a acheté une paire de gants vert foncé.
5 Nous vous souhaitons une bonne année.

▷ Le comparatif exprime un rapport de supériorité, d'infériorité
ou d'égalité entre deux termes.
Le superlatif, quant à lui, exprime une qualité – bonne
ou mauvaise – au plus haut degré.

CONSTRUCTIONS COMPARATIVES : SUPÉRIORITÉ ET INFÉRIORITÉ

Più (supériorité) / *meno* (infériorité) ... *di*... lorsqu'on compare des noms
ou pronoms non précédés d'une préposition.

- Luca è **meno** alto **di** Paolo.
  Luca est moins grand que Paolo.

- Lucia studia **più di** te!
  Lucia travaille plus que toi!

Più (supériorité) / *meno* (infériorité) ... *che*... lorsqu'on compare :

– des noms ou pronoms précédés d'une préposition ou indiquant
des quantités ;

- A Firenze ci sono **meno** abitanti **che** a Roma.
  À Florence, il y a moins d'habitants qu'à Rome.

- In questa classe ci sono **meno** maschi **che** femmine.
  Dans cette classe, il y a moins de garçons que de filles.

– des adjectifs ;

- Giuseppe è **più** simpatico **che** romantico.
  Giuseppe est plus sympathique que romantique.

– des adverbes ;

- In genere andiamo a dormire **più** sul tardi **che** sul presto.
  En général, nous nous couchons plutôt tard que tôt.

– des verbes.

- Per me, è **più** gratificante dare **che** ricevere.
  Pour moi, il est plus gratifiant de donner que de recevoir.

Più (supériorité) / *meno* (infériorité) ... *di quanto* (+ subjonctif
de préférence) lorsque le deuxième terme de la comparaison
est constitué d'un verbe conjugué.

- Lo spettacolo è stato **più** interessante **di quanto** avessi
  immaginato.
  Le spectacle a été plus intéressant que je ne l'avais imaginé.

▸ PLUS P. 201-202 ET MOINS P. 190-191

CONSTRUCTIONS COMPARATIVES : ÉGALITÉ

(Così)... come... ou bien *(tanto)... quanto...* lorsqu'on compare :

– des noms ou pronoms ;

- Stefania è (**così**) simpatica **come** te / **come** Giulia!
  Stefania è (**tanto**) simpatica **quanto** te / **quanto** Giulia!
  Stefania est aussi sympathique que toi / que Giulia !

– des adjectifs.

- Viaggiare con te è stato (**così**) interessante **come** divertente.
  Viaggiare con te è stato (**tanto**) interessante **quanto** divertente.
  Voyager avec toi a été aussi intéressant qu'amusant.

Tanto... quanto... lorsqu'on compare des quantités.
Dans ce cas *tanto* et *quanto* s'accordent obligatoirement
avec les noms auxquels ils se réfèrent.

- Ho comprato **tanti** zucchini **quante** patate.
  J'ai acheté autant de courgettes que de pommes de terre.

SUPERLATIFS RELATIF ET ABSOLU

La qualité exprimée au plus haut degré par le superlatif peut être
en rapport avec un autre terme (superlatif relatif) ou bien considérée
de manière indépendante (superlatif absolu).

Le superlatif relatif

Article défini (+ nom) + *più / meno* + adjectif

- *La Gioconda* è **il più famoso** dipinto di Leonardo da Vinci.
  La Joconde est le plus célèbre tableau de Léonard de Vinci.

- È **la casa più bella** che abbia mai visto.
  C'est la plus belle maison que j'aie jamais vue.

> **NOTEZ BIEN**
> Contrairement au français, lorsque l'adjectif suit le nom,
> l'article n'est pas répété.
> La Gioconda è il dipinto ∅ più famoso di Leonardo da Vinci.
> La Joconde est le tableau le plus célèbre de Léonard de Vinci.

● **Le superlatif absolu**

Il existe plusieurs manières de former le superlatif absolu en italien :

Adjectif + suffixe -*issimo*

- Ho trascorso una **bellissima** serata!
  J'ai passé une très belle soirée !

Molto + adjectif

- Ci hanno fatto assaggiare un piatto **molto piccante**.
  On nous a fait goûter un plat très épicé.

Redoublement de l'adjectif (structure particulièrement utilisée à l'oral)

- Questa pianta produce dei fiori **piccoli piccoli**!
  Cette plante produit des fleurs très petites !

COMPARATIFS ET SUPERLATIFS PARTICULIERS

	COMPARATIF DE SUPÉRIORITÉ	SUPERLATIF RELATIF DE SUPÉRIORITÉ	SUPERLATIF ABSOLU
bene (bien)	**meglio**	**il meglio**	**benissimo /** ottimamente
male (mal)	**peggio**	**il peggio**	**malissimo /** pessimamente
buono (bon)	più buono / **migliore**	**il migliore**	buonissimo / **ottimo**
cattivo (mauvais, méchant)	più cattivo / **peggiore**	**il peggiore**	cattivissimo / **pessimo**
grande (grand)	più grande / **maggiore**	**il maggiore**	grandissimo / **massimo**
piccolo (petit)	più piccolo / **minore**	**il minore**	piccolissimo / **minimo**
alto (haut, grand)	più alto / **superiore**	il più alto	altissimo / **supremo, sommo**
basso (bas, petit)	più basso / **inferiore**	il più basso	bassissimo / **infimo**

	SUPERLATIF ABSOLU
acre (âcre)	**acerrimo**
celebre (célèbre)	**celeberrimo**
integro (intègre, intact)	**integerrimo**
misero (misérable)	**miserrimo**
salubre (salubre)	**saluberrimo**

PER ME, È PIÙ GRATIFICANTE DARE CHE RICEVERE!

13 Les pronoms relatifs

▷ Les pronoms relatifs introduisent une proposition subordonnée en faisant référence à un nom ou à un pronom qui précède (l'antécédent).

FORMES DES PRONOMS RELATIFS

	SUJET OU OBJET DIRECT	OBJET INDIRECT
invariables	che chi	préposition + cui préposition + chi
masc. sing.	il quale	préposition + il quale
fém. sing.	la quale	préposition + la quale
masc. plur.	i quali	préposition + i quali
fém. plur.	le quali	préposition + le quali

FONCTIONS DES PRONOMS RELATIFS

Le pronom relatif remplace un nom antécédent, tout en permettant de raccorder deux propositions.

● Il ragazzo parla. + Il ragazzo è fiorentino. → Il ragazzo **che** parla è fiorentino.
Le jeune homme parle. + Le jeune homme est florentin. → Le jeune homme qui parle est florentin.

LE PRONOM *CHE*

Le pronom *che* remplace soit le nom ayant la fonction de sujet, soit le nom ayant la fonction de complément d'objet.

● La bambina **che** piange si chiama Paola. [sujet]
La petite fille qui pleure s'appelle Paola.

● La bambina **che** vedi si chiama Paola. [complément d'objet]
La petite fille que tu vois s'appelle Paola.

Précédé de l'article (*il che*), il traduit la locution « ce qui », lorsque celle-ci renvoie à une proposition.

● Abbiamo deciso di stabilirci a Roma, **il che** ci rende molto felici!
Nous avons décidé de nous installer à Rome, ce qui nous rend très heureux !

Dans un registre plus familier *il che* peut être remplacé par *cosa che*, qui traduit aussi « ce que ».

● È possibile dimagrire usando dei farmaci, **cosa che** sconsiglio.
On peut maigrir en utilisant des médicaments, ce que je déconseille.

➤ Dans la langue orale, et dans un contexte d'emploi familier et informel, *che* peut acquérir une valeur temporelle et remplacer *in cui* (où).

● La sera **che** ci hai telefonato, avevamo ospiti a cena.
  Le soir où tu nous as téléphoné, nous avions des invités à dîner.

LE PRONOM *CHI*

Possédant à la fois une valeur de démonstratif («celui qui / que») et de relatif («qui»), *chi* ne se réfère qu'à des êtres animés.

● **Chi** tace acconsente.
  Qui ne dit mot consent.

● Ascoltate **chi** ha più esperienza di voi.
  Écoutez ceux qui ont plus d'expérience que vous.

LE PRONOM *CUI*

➤ *Cui* ne s'emploie que comme complément indirect. Il est généralement accompagné d'une préposition. Seule la préposition *a*, qui introduit le complément d'attribution, peut être omise.

● L'amico **da cui** andiamo a pranzo è argentino.
  L'ami chez qui nous allons déjeuner est argentin.

● È un medico **in cui** ho fiducia.
  C'est un médecin en qui j'ai confiance.

● Ecco il libro **di cui** ti ho parlato.
  Voici le livre dont je t'ai parlé.

● Sono gli amici **con cui** siamo andati in Sicilia.
  Ce sont les amis avec qui nous sommes partis en Sicile.

● La persona **(a) cui** ho mandato un'e-mail è un cliente importante.
  La personne à qui j'ai envoyé un e-mail est un client important.

➤ Placé entre un article et un nom, *cui* acquiert une valeur de complément du nom et correspond soit à «dont», soit à «duquel / de laquelle / desquels / desquelles».

● Sophia Loren è un'attrice **la cui** fama è internazionale.
  Sophia Loren est une actrice dont la renommée est internationale.

● Mauro è un bambino **i cui** genitori hanno appena divorziato.
  Mauro est un enfant dont les parents viennent de divorcer.

● È una grande villa **nel cui** garage ci sono tre posti macchina.
  C'est une grande villa dans le garage de laquelle il y a trois places.

LE PRONOM *IL QUALE*

Variable en genre et en nombre, *il quale* s'inscrit dans un registre de langue plus soutenu ; il est recommandé dans les cas qui suivent.

▸ Lorsqu'il peut y avoir ambiguïté sur l'antécédent.

- Ho incontrato la nipote del vicino, **la quale** studia a Bologna.
  J'ai rencontré la nièce du voisin, qui fait ses études à Bologne.

▸ Afin d'éviter la répétition de *che*.

- Lucia mi ha detto che sua sorella, **la quale** vive a Milano, ha divorziato.
  Lucia m'a dit que sa sœur, qui vit à Milan, a divorcé.

▸ Lorsque le relatif est éloigné de son antécédent.

- Ho visto un film, premiato qualche anno fa alla Mostra di Venezia, **il quale** narra la storia di due fratelli.
  J'ai vu un film, récompensé il y a quelques années au festival de Venise, qui raconte l'histoire de deux frères.

▸ Utilisé comme complément indirect, c'est-à-dire précédé d'une préposition (*cui*).

- La situazione **nella quale** [= in cui] ti trovi è complicata.
  La situation dans laquelle tu te trouves est compliquée.

NOTEZ BIEN

L'adverbe *dove* (où) peut prendre une valeur de relatif lorsqu'il met en relation deux propositions.

Siamo tornati nella città **dove** [= in cui / nella quale] ci siamo conosciuti.
Nous sommes retournés dans la ville où nous nous sommes connus.

TRADUCTION EXPRESS

1 Le livre que j'ai lu et dont je t'ai parlé a gagné un prix littéraire.

2 C'est une recette dont les ingrédients doivent être très frais.

3 Le Pô, le plus long fleuve d'Italie, qui prend sa source au Monviso, se jette *(sfociare)* dans l'Adriatique.

4 Ils ont rencontré la fille de Gianni, qui vient de rentrer des États-Unis.

5 Voici l'appartement dont la terrasse donne *(affacciarsi)* sur les toits de la ville.

RÉPONSES

1 Il libro che ho letto e di cui ti ho parlato ha vinto un premio letterario.
2 È una ricetta i cui ingredienti devono essere freschissimi.
3 Il Po, il fiume più lungo d'Italia che / il quale nasce dal Monviso, sfocia nel mare Adriatico.
4 Hanno incontrato la figlia di Gianni, la quale è appena tornata dagli Stati Uniti.
5 Ecco l'appartamento il cui terrazzo si affaccia sui tetti della città.

14 Interrogatifs et exclamatifs

▷ Les interrogatifs sont des mots qui servent à formuler une question. Les exclamatifs sont des mots qui servent à exprimer une forte émotion ou une vive impression. Les formes des interrogatifs correspondent à celles des exclamatifs.

FORMES DES INTERROGATIFS ET DES EXCLAMATIFS

	SINGULIER		PLURIEL	
	masculin	féminin	masculin	féminin
pronoms	chi	chi	chi	chi
pronoms et adjectifs	che quale quanto	che quale quanta	che quali quanti	che quali quante

	MANIÈRE	LIEU	TEMPS	QUANTITÉ	CAUSE
adverbes	come	dove	quando	quanto	perché

Les pronoms et adjectifs interrogatifs s'utilisent aussi bien dans des phrases interrogatives directes qu'indirectes. Les pronoms peuvent remplacer des noms ayant la fonction soit de sujet soit de complément.

EMPLOIS DES INTERROGATIFS

Chi (« qui ») est invariable et ne se réfère qu'à des êtres animés. Il fonctionne uniquement comme pronom et jamais comme adjectif.

- **Chi** verrà alla tua festa di compleanno?
  Qui viendra à ton anniversaire ?

- Non so **chi** sia stato invitato al loro matrimonio.
  Je ne sais pas qui a été invité à leur mariage.

Che est invariable.

En tant que pronom, il correspond à « que », « qu'est-ce que » et ne se réfère qu'à des choses.

- **Che** [= Che cosa] è successo?
  Que s'est-il passé ?

- Aiutami, non so **che** fare.
  Aide-moi, je ne sais pas quoi faire.

En tant qu'adjectif, il signifie « quel(s) / quelle(s) ».

- **Che** regalo ti hanno fatto?
  Quel cadeau t'ont-ils offert ?

- Andrò all'università, ma non ho ancora deciso **che** facoltà scegliere.
  J'irai à l'université, mais je n'ai pas encore décidé quelle faculté choisir.

▸ *Quale* s'accorde en nombre et se réfère à des choses ou à des êtres animés.

En tant que pronom, il correspond à « lequel / laquelle, lesquel(le)s ».

- Tra i film in programmazione, **quale** vuoi vedere?
  Parmi les films à l'affiche, lequel veux-tu voir ?

- — Vorrei provare i pantaloni in vetrina. — **Quali** esattamente?
  « Je voudrais essayer le pantalon en vitrine. — Lequel exactement ? »

- Una di queste sciarpe è per te. Dimmi **quale** preferisci.
  Une de ces écharpes est pour toi. Dis-moi laquelle tu préfères.

En tant qu'adjectif, il signifie « quel(s) / quelle(s) ».

- **Quali** scarpe metto con questo vestito?
  Quelles chaussures vais-je mettre avec cette robe ?

- Spiegaci **qual** è il procedimento migliore per preparare questo piatto.
  Explique-nous quelle est la meilleure façon de préparer ce plat.

NOTEZ BIEN
Devant les noms commençant par *e-* et devant les formes *è* (est) et *era* (était) du verbe *essere*, *quale* perd son *-e* final.
Qual è la loro intenzione?
Quelle est leur intention ?

▸ *Quanto* s'accorde en genre et en nombre et se réfère à des choses ou à des êtres animés.

En tant que pronom, il correspond à « combien ».

- Di zucchero, **quanto** ne vuoi?
  Du sucre, tu en veux combien ?

- **Quant'**è?
  C'est combien ?

En tant qu'adjectif, il correspond à « combien de ».

- **Quanti** giorni hai trascorso a Sorrento?
  Combien de jours as-tu passés à Sorrente ?

- **Quanti** anni hai?
  Quel âge as-tu ? [littéralement : combien d'années as-tu ?]

Les adverbes *come* (comment), *dove* (où), *quando* (quand), *quanto* (combien) et *perché* (pourquoi) introduisent des interrogations relatives à la manière, au lieu, au temps, à la quantité ou à la cause.

- **Come** è andato il tuo appuntamento?
  Comment s'est passé ton rendez-vous?

- **Dove** si sono conosciuti?
  Où se sont-ils rencontrés?

- **Quando** venite a trovarci?
  Quand venez-vous nous rendre visite?

- **Quanto** costa questa borsa?
  Combien coûte ce sac?

EMPLOIS DES EXCLAMATIFS

Les adjectifs et les pronoms exclamatifs s'emploient aussi bien dans les phrases exclamatives directes qu'indirectes.

Chi (« qui »), invariable, est un pronom et ne se réfère qu'à des êtres animés.

- A **chi** lo dice, Signora!
  À qui le dites-vous, Madame!

Che, invariable, traduit « que », « qu'est-ce que » en tant que pronom, « quel(s) / quelle(s) » en tant qu'adjectif.

- **Che** mi tocca fare! [pronom]
  Qu'est-ce qu'il ne faut pas faire!

- **Che** serata! [adjectif]
  Quelle soirée!

➡ *Quale*, en tant qu'exclamatif, fonctionne uniquement comme adjectif. Moins usité et de registre plus soutenu que *che*, il s'accorde en nombre et se réfère aussi bien à des choses qu'à des êtres animés.

● **Quale** orrore!
Quelle horreur!

● **Quale** artista straordinario!
Quel artiste extraordinaire!

➡ *Quanto* se réfère aussi bien à des choses qu'à des êtres animés.

En tant que pronom, il varie en genre et en nombre et correspond à «combien».

● **Quanti** ne ho avuti di pazienti come Lei!
Combien j'en ai eu, des patients comme vous!

En tant qu'adjectif, il varie en genre et en nombre et correspond à «que de», «combien de».

● **Quanta** gente!
Que de gens!

En tant qu'adverbe, il est invariable et correspond à «que», «ce que», «qu'est-ce que», «comme», «combien».

● **Quanto** ci siamo divertiti!
Qu'est-ce que nous nous sommes amusés!

➡ *Come*, comme *quanto*, est un adverbe qui peut introduire une phrase exclamative et correspond à «comme», «comment», «combien».

● **Come** sei cresciuto!
Comme tu as grandi!

TRADUCTION EXPRESS

1 Quel âge a-t-il?
2 Parmi ces cartes postales, lesquelles choisirais-tu?
3 Quelle chaleur!
4 Regarde qui arrive!
5 Combien de pommes as-tu achetées?

RÉPONSES
1 *Quanti anni ha?*
2 *Tra queste cartoline, quali sceglieresti?*
3 *Che caldo!*
4 *Guarda chi arriva!*
5 *Quante mele hai comprato?*

15 L'indicatif présent

▷ On classe les verbes italiens en trois groupes principaux,
selon leur terminaison à l'infinitif présent : verbes en ***-are***
(voyelle thématique : *-a-*), verbes en ***-ere*** (voyelle thématique : *-e-*)
et verbes en ***-ire*** (voyelle thématique : *-i-*).
En règle générale, le présent de l'indicatif exprime un fait
qui se déroule au moment où on le relate.

FORMES DES PRÉSENTS RÉGULIERS

	RADICAL	TERMINAISON
1er groupe	**parl-**(are) (parler)	-o, -i, -a, -iamo, -ate, -ano
2e groupe	**cred-**(ere) (croire)	-o, -i, -e, -iamo, -ete, -ono
3e groupe	**part-**(ire) (partir)	-o, -i, -e, -iamo, -ite, -ono
	fin-(ire) (finir)	-isco, -isci, -isce, -iamo, -ite, -iscono

Se conjuguent comme ***finire*** : *agire* (agir), *capire* (comprendre), *contribuire*
(contribuer), *costruire* (construire), *definire* (définir), *diminuire*
(diminuer), *favorire* (favoriser), *ferire* (blesser), *garantire* (garantir),
guarire (guérir), *percepire* (percevoir), *preferire* (préférer), *restituire*
(restituer), *sostituire* (remplacer), *sparire* (disparaître), *spedire* (expédier,
envoyer), *subire* (subir), *tradire* (trahir), *unire* (unir), etc.

PARTICULARITÉS ORTHOGRAPHIQUES

● Les verbes en ***-care*** et ***-gare*** gardent le son /k/ ou /g/ de l'infinitif.
À l'écrit un *-h-* est donc nécessaire devant la voyelle *-i-*.

> **cerc-**(are) (chercher) : cerco, cerchi, cerca, cerchiamo, cercate, cercano
> **pag-**(are) (payer) : pago, paghi, paga, paghiamo, pagate, pagano

Se conjuguent comme ***cercare*** ou ***pagare*** : *criticare* (critiquer),
dimenticare (oublier), *educare* (éduquer), *evocare* (évoquer), *giocare*
(jouer), *negare* (nier), *obbligare* (obliger), *piegare* (plier), *spiegare*
(expliquer), *sporcare* (salir), etc.

● Les verbes en ***-ciare*** et ***-giare*** ne redoublent le *-i-* du radical
ni à la 2e personne du singulier ni à la 1re du pluriel.

> **cominci-**(are) (commencer) : comincio, cominci, comincia, cominciamo,
> cominciate, cominciano
> **mangi-**(are) (manger) : mangio, mangi, mangia, mangiamo, mangiate,
> mangiano

Se conjuguent comme ***cominciare*** ou ***mangiare*** : *annunciare* (annoncer), *denunciare* (dénoncer), *indugiare* (tarder), *lanciare* (lancer), *lasciare* (laisser), *rinunciare* (renoncer), *viaggiare* (voyager), etc.

FORMES DES PRÉSENTS IRRÉGULIERS

▬▶ Verbes auxiliaires et modaux (verbes suivis d'un infinitif ou d'un gérondif)

> **avere** (avoir) : ho, hai, ha, abbiamo, avete, hanno
> **essere** (être) : sono, sei, è, siamo, siete, sono
> **dovere** (devoir) : devo (debbo), devi, deve, dobbiamo, dovete, devono (debbono)
> **potere** (pouvoir) : posso, puoi, può, possiamo, potete, possono
> **volere** (vouloir) : voglio, vuoi, vuole, vogliamo, volete, vogliono

▬▶ Verbes en ***-anno*** à la 3ᵉ personne du pluriel

> **andare** (aller) : vado, vai, va, andiamo, andate, **vanno**
> **avere** (avoir) : ho, hai, ha, abbiamo, avete, **hanno**
> **dare** (donner) : do, dai, dà, diamo, date, **danno**
> **fare** (faire) : faccio, fai, fa, facciamo, fate, **fanno**
> **sapere** (savoir) : so, sai, sa, sappiamo, sapete, **sanno**
> **stare** (être, rester) : sto, stai, sta, stiamo, state, **stanno**

▬▶ Verbes calqués sur l'infinitif latin

> **bere** (boire) : bevo, bevi, beve, beviamo, bevete, bevono [de *bevere*]
> **dire** (dire) : dico, dici, dice, diciamo, dite, dicono [de *dicere*]
> **fare** (faire) : faccio, fai, fa, facciamo, fate, fanno [de *facere*]
> **tradurre** (traduire) : traduco, traduci, traduce, traduciamo, traducete, traducono [de *traducere*]

Se conjuguent comme *tradurre* tous les verbes en ***-durre*** : *condurre* (mener), *dedurre* (déduire), *produrre* (produire), *sedurre* (séduire), etc.

▬▶ Verbes introduisant un *-g-* à la 1ʳᵉ personne du singulier et à la 3ᵉ personne du pluriel

> **tenere** (tenir) : tengo, tieni, tiene, teniamo, tenete, tengono
> **venire** (venir) : vengo, vieni, viene, veniamo, venite, vengono
> **comporre** (composer) : compongo, componi, compone, componiamo, componete, compongono
> **distrarre** (distraire) : distraggo, distrai, distrae, distraiamo, distraete, distraggono

Se conjuguent sur le modèle de ***venire*** ou ***tenere***, mais sans aucune modification du radical : *rimanere* (rester), *salire* (monter), *valere* (valoir), etc.

Se conjuguent comme *comporre* tous les verbes en *-porre* : *deporre* (déposer), *esporre* (exposer), *opporre* (opposer), *proporre* (proposer), *supporre* (supposer), etc.

Se conjuguent comme *distrarre* tous les verbes en *-trarre* : *contrarre* (contracter), *estrarre* (extraire), *protrarre* (prolonger), etc.

▶ Verbes à inversion *-gl-/-lg-* et *-gn-/-ng-* à la 1re personne du singulier et à la 3e personne du pluriel

> **scegliere** (choisir) : scelgo, scegli, sceglie, scegliamo, scegliete, scelgono
> **spegnere** (éteindre) : spengo, spegni, spegne, spegniamo, spegnete, spengono

Se conjuguent comme **scegliere** : *cogliere* (cueillir), *sciogliere* (défaire), *togliere* (enlever), etc.

▶ Verbes ayant des formes diphtonguées (*-o-* → *-uo-* ; *-e-* → *-ie-*)

> **morire** (mourir) : muoio, muori, muore, moriamo, morite, muoiono
> **possedere** (posséder) : possiedo, possiedi, possiede, possediamo, possedete, possiedono
> **tenere** (tenir) : tengo, tieni, tiene, teniamo, tenete, tengono
> **venire** (venir) : vengo, vieni, viene, veniamo, venite, vengono

Se conjuguent comme **possedere** : *sedere* (s'asseoir), *soprassedere* (surseoir), etc.

▶ Verbes dont la voyelle du radical change

> **udire** (entendre) : odo, odi, ode, udiamo, udite, odono
> **uscire** (sortir) : esco, esci, esce, usciamo, uscite, escono

▶ Verbes changeant le *-r-* en *-i-* à la 1re personne du singulier (et parfois du pluriel) et à la 3e personne du pluriel

> **apparire** (apparaître) : appaio, appari, appare, appariamo, apparite, appaiono
> **parere** (paraître) : paio, pari, pare, paiamo, parete, paiono

Se conjuguent comme **apparire** : *comparire* (apparaître, comparaître), *scomparire* (disparaître), *trasparire* (transparaître), etc.

▶ Verbes redoublant le *c* à la 1re personne du singulier (et parfois du pluriel) et à la 3e personne du pluriel

> **nuocere** (nuire) : n(u)occio, nuoci, nuoce, n(u)ociamo, n(u)ocete, n(u)occiono
> **tacere** (se taire) : taccio, taci, tace, tacciamo, tacete, tacciono

Se conjuguent comme **tacere** : *giacere* (être étendu), *piacere* (plaire), *dispiacere* (déplaire), etc.

EMPLOIS DU PRÉSENT

Le présent situe généralement l'action au moment où l'on parle. Néanmoins, ce laps de temps, qui comprend l'action de parler, peut s'étendre au passé ou au futur.

- Oggi **sto** a casa perché **piove**.
  Aujourd'hui je reste à la maison parce qu'il pleut.

- **Studio** l'italiano da due anni.
  J'étudie l'italien depuis deux ans.

- **Parto** in Giappone l'anno prossimo.
  Je pars au Japon l'année prochaine.

Il exprime aussi une habitude ou une vérité atemporelle.

- La mattina **mi alzo** alle sette.
  Le matin je me lève à sept heures.

- La terra **gira** intorno al sole.
  La terre tourne autour du soleil.

Il exprime des faits passés, lorsqu'on veut rendre le récit plus efficace et percutant.

- Nel 1860 Garibaldi **organizza** una spedizione per conquistare il Regno delle Due Sicilie.
  En 1860, Garibaldi organise une expédition pour conquérir le Royaume des Deux-Siciles.

- La settimana scorsa **vado** dal dentista e indovina chi **incontro**? Marco!
  La semaine dernière je vais chez le dentiste et devine qui je rencontre? Marco!

Le présent peut remplacer l'impératif.

- Tu adesso **esci** da questa stanza e **mi lasci** in pace!
  Maintenant tu sors de cette pièce et tu me laisses tranquille!

TRADUCTION EXPRESS

1 Hier je rencontre Fabrizio et il me dit qu'il déménage *(traslocare)* la semaine prochaine.

2 Maintenant tu mets ton pyjama et tu vas au lit!

3 Dante meurt à Ravenne en 1321.

4 Demain j'ai un entretien d'embauche : je dois me coucher tôt pour être en forme.

5 Ils vont au cinéma tous les mercredis.

RÉPONSES

1 Ieri incontro Fabrizio e mi dice che trasloca la settimana prossima.
2 Adesso ti metti il pigiama e vai a letto!
3 Dante muore a Ravenna nel 1321.
4 Domani ho un colloquio di lavoro: devo andare a letto presto per essere in forma.
5 Vanno al cinema ogni mercoledì / tutti i mercoledì.

L'indicatif imparfait et plus-que-parfait

▷ En règle générale, l'imparfait et le plus-que-parfait de l'indicatif expriment un fait qui a eu lieu dans le passé, en mettant l'accent sur sa durée.

FORMES DE L'IMPARFAIT RÉGULIER

	RADICAL	TERMINAISON
1er groupe	parla-	
2e groupe	crede-	-vo, -vi, -va, -vamo, -vate, -vano
3e groupe	fini-	

Les terminaisons sont les mêmes pour les trois groupes, si ce n'est que chacun conserve la voyelle du radical qui le caractérise.

FORMES DE L'IMPARFAIT IRRÉGULIER

● L'auxiliaire *essere*

essere (être) : ero, eri, era, eravamo, eravate, erano

● Verbes calqués sur l'infinitif latin

bere (boire) : bevevo, bevevi, beveva, bevevamo, bevevate, bevevano [de *bevere*]
dire (dire) : dicevo, dicevi, diceva, dicevamo, dicevate, dicevano [de *dicere*]
fare (faire) : facevo, facevi, faceva, facevamo, facevate, facevano [de *facere*]
tradurre (traduire) : traducevo, traducevi, traduceva, traducevamo, traducevate, traducevano [de *traducere*]
comporre (composer) : componevo, componevi, componeva, componevamo, componevate, componevano [de *componere*]
distrarre (distraire) : distraevo, distraevi, distraeva, distraevamo, distraevate, distraevano [de *distrahere*]

EMPLOIS DE L'IMPARFAIT

● L'imparfait exprime une action considérée dans sa durée et qui est antérieure au moment où l'on parle.

● I miei nonni **abitavano** in campagna.
Mes grands-parents habitaient à la campagne.

● Da piccola **ero** molto timida.
Quand j'étais petite, j'étais très timide.

🔴 Il exprime la répétition dans le passé.

- Ogni mattina, a Roma, **prendevamo** un cappuccino al bar
  La tazza d'oro.
  Tous les matins, à Rome, nous prenions un cappuccino au bar *La tazza d'oro*.

🔴 Il exprime deux actions simultanées dans le passé.

- Mentre Gianluca **puliva** i vetri, Fabio **lavava** il pavimento.
  Pendant que Gianluca nettoyait les vitres, Fabio lavait le sol.

🔴 Il exprime une action en cours à l'intérieur de laquelle s'inscrit
une nouvelle action.

- **Ero** sotto la doccia, quando Marina ha telefonato.
  J'étais sous la douche lorsque Marina a téléphoné.

🔴 Dans la narration, l'imparfait confère un ton plus épique.

- Nel 1968 **scoppiava** la contestazione studentesca.
  En 1968 éclatait la révolte estudiantine.

🔴 Dans la langue orale, il peut remplacer:

- le conditionnel passé;

- Immaginavo che **andava** a finire così.
  [= *Immaginavo che sarebbe andata a finire così.*]
  Je me doutais que cela se terminerait ainsi.

- **Potevi** dirmelo prima. [= *Avresti potuto dirmelo prima.*]
  Tu aurais pu me le dire plus tôt.

- le subjonctif plus-que-parfait.

- Se lo **sapevo**, te lo dicevo. [= *Se lo avessi saputo, te lo avrei detto.*]
  Si je l'avais su, je te l'aurais dit.

MENTRE GIANLUCA PULIVA I VETRI, FABIO LAVAVA IL PAVIMENTO.

Le plus-que-parfait se construit avec l'auxiliaire *essere* ou *avere*
à l'imparfait + le participe passé du verbe.

AUXILIAIRE À L'IMPARFAIT	PARTICIPE PASSÉ
avevo, avevi, aveva, avevamo, avevate, avevano	parlato / creduto / finito
ero, eri, era	partito / partita
eravamo, eravate, erano	partiti / partite

Il exprime une action antérieure à une autre action du passé.

- Quando Giuseppe ha telefonato, **avevamo** già **finito**
  di mangiare.
  Nous avions déjà terminé de manger quand Giuseppe a téléphoné.

- Pietro ha letto il libro che la nonna gli **aveva regalato** a Natale.
  Pietro a lu le livre que sa grand-mère lui avait offert pour Noël.

CONJUGAISON EXPRESS

Conjuguez les verbes suivants à l'imparfait de l'indicatif aux personnes
indiquées entre parenthèses.

1 *bere* (1re pers. du sing. et du plur.) : ..., ...

2 *essere* (3e pers. du sing. et du plur., 2e pers. du plur.) : ..., ..., ...

3 *dire* (1re pers. du sing, 1re et 3e pers. du plur) : ..., ..., ...

4 *condurre* (2e pers. du sing, 3e pers. du plur.) : ..., ...

5 *avere* (3e pers. du sing., 1re pers. du plur.):..., ...

RÉPONSES
1 bere: bevevo, bevevamo
2 essere: era, erano, eravate
3 dire: dicevo, dicevamo, dicevano
4 condurre: conducevi, conducevano
5 avere: aveva, avevamo

TRADUCTION EXPRESS

1 Où étiez-vous ?

2 Nous étions partis à l'avance, mais inutilement.

3 À Venise, nous prenions un apéritif tous les soirs sur la place Saint-Marc.

4 La mariée avait choisi une robe qui lui allait très bien.

5 Elle mettait la table *(apparecchiare)*, pendant qu'il préparait le dîner.

6 Léonard de Vinci mourait à Amboise en 1519.

7 Quand nous avions terminé de dîner, notre père nous lisait une histoire.

RÉPONSES
1 Dove eravate?
2 Eravamo partiti in anticipo, ma inutilmente.
3 A Venezia, prendevamo l'aperitivo ogni sera in piazza San Marco.
4 La sposa aveva scelto un vestito che le stava benissimo.
5 Lei apparecchiava la tavola, mentre lui preparava la cena.
6 Leonardo da Vinci moriva a Amboise nel 1519.
7 Quando avevamo terminato di cenare, nostro padre ci leggeva una storia.

Passé composé, simple et antérieur

▷ En règle générale, ces trois temps expriment un fait qui a eu lieu dans le passé et qui est achevé.

FORMES DU PASSÉ COMPOSÉ

Le passé composé se forme avec le présent de l'auxiliaire *essere* ou *avere* + le participe passé du verbe.

AUXILIAIRE AU PRÉSENT	PARTICIPE PASSÉ
ho, hai, ha, abbiamo, avete, hanno	parlato / creduto / finito
sono, sei, è siamo, siete, sono	partito / partita partiti / partite

FORMES DU PASSÉ SIMPLE RÉGULIER

	RADICAL	TERMINAISON
1er groupe	parl-	-ai, -asti, -ò, -ammo, -aste, -arono
2e groupe	cred-	-ei (-etti), -esti, -é (-ette), -emmo, -este, -erono (-ettero)
3e groupe	fin-	-ii, -isti, -ì, -immo, -iste, -irono

Tous les verbes conservent leur voyelle thématique (*-a*, *-e*, *-i*), sauf ceux du 1er groupe à la 3e personne du singulier.

Les verbes du 2e groupe ont deux formes équivalentes à la 1re personne du singulier et aux 3e personnes du singulier et du pluriel.

FORMES DU PASSÉ SIMPLE IRRÉGULIER

Verbes totalement irréguliers

dare (donner) : diedi (detti), desti, diede (dette), demmo, deste, diedero (dettero)
essere (être) : fui, fosti, fu, fummo, foste, furono
fare (faire) : feci, facesti, fece, facemmo, faceste, fecero
stare (être, rester) : stetti, stesti, stette, stemmo, steste, stettero

⬛ Verbes irréguliers uniquement à la 1re personne du singulier
et aux 3e personnes du singulier et du pluriel.

La dernière consonne du radical est redoublée.

> **avere** (avoir): **ebbi**, avesti, **ebbe**, avemmo, aveste, **ebbero**
> **bere** (boire): **bevvi**, bevesti, **bevve**, bevemmo, beveste, **bevvero**
> **rompere** (casser): **ruppi**, rompesti, **ruppe**, rompemmo, rompeste, **ruppero**
> **sapere** (savoir): **seppi**, sapesti, **seppe**, sapemmo, sapeste, **seppero**
> **volere** (vouloir): **volli**, volesti, **volle**, volemmo, voleste, **vollero**

Se conjuguent sur ce modèle: *cadere* (tomber), *tenere* (tenir), *venire*
(venir), *volere* (vouloir).

La dernière consonne du radical se transforme en *-s-*.

> **chiedere** (demander): **chiesi**, chiedesti, **chiese**, chiedemmo, chiedeste,
> **chiesero**

Se conjuguent sur ce modèle: *chiudere* (fermer), *concludere* (conclure),
decidere (décider), *esplodere* (exploser), *piangere* (pleurer).

Les deux dernières consonnes du radical se transforment en *-s-*.

> **mettere** (mettre): **misi**, mettesti, **mise**, mettemmo, metteste, **misero**
> **prendere** (prendre): **presi**, prendesti, **prese**, prendemmo, prendeste, **presero**

Se conjuguent sur ce modèle: *accendere* (allumer), *difendere* (défendre),
rispondere (répondre), *scendere* (descendre).

La dernière consonne du radical se transforme en *-ss-*.

> **condurre** (conduire): **condussi**, conducesti, **condusse**, conducemmo,
> conduceste, **condussero**
> **dire** (dire): **dissi**, dicesti, **disse**, dicemmo, diceste, **dissero**
> **scrivere** (écrire): **scrissi**, scrivesti, **scrisse**, scrivemmo, scriveste, **scrissero**

Se conjuguent sur ce modèle: *discutere* (discuter), *vivere* (vivre).

Les deux dernières consonnes du radical se transforment en *-ss-*.

> **leggere** (lire): **lessi**, leggesti, **lesse**, leggemmo, leggeste, **lessero**

Se conjuguent sur ce modèle: *distruggere* (détruire), *proteggere*
(protéger).

Les groupes *-gli-* et *-gn-* du radical se tranforment en *-ls-* et *-ns-*.

> **scegliere** (choisir): **scelsi**, scegliesti, **scelse**, scegliemmo, sceglieste, **scelsero**
> **spegnere** (éteindre): **spensi**, spegnesti, **spense**, spegnemmo, spegneste,
> **spensero**

Se conjuguent comme *scegliere*: *cogliere* (cueillir), *sciogliere* (défaire),
togliere (enlever).

Le groupe *-qu-* est inséré entre le radical et la terminaison.

> **tacere** (se taire) : **tacqui,** tacesti, **tacque,** tacemmo, taceste, **tacquero**

Se conjuguent sur ce modèle : *giacere* (être étendu), *nascere* (naître, *nacqui*), *piacere* (plaire).

EMPLOIS DES PASSÉS SIMPLE ET COMPOSÉ

➥ Le passé simple est davantage utilisé en italien qu'en français, où il appartient désormais à la langue écrite. Cependant, il est plutôt employé dans l'Italie centrale et méridionale, alors que dans l'Italie du nord on lui préfère le passé composé.

➥ Pourtant, passé simple et passé composé possèdent une différence de sens.
Le **passé simple** exprime une action révolue dans le passé, une action chronologiquement ou psychologiquement lointaine qui n'a plus de répercussions sur le présent.
Le **passé composé** exprime une action passée qui peut encore avoir des répercussions sur le présent.

Comparez :

PASSÉ COMPOSÉ	PASSÉ SIMPLE
Leonardo **è nato** nel 2008.	Petrarca **nacque** nel 1304.
Leonardo est né en 2008.	Pétrarque nacquit en 1304.
[Leonardo est encore bel et bien vivant.]	[Pétrarque n'est plus depuis longtemps.]

➥ Le passé composé peut être employé à l'oral à la place du futur antérieur.

● Appena **hai finito** di lavorare, chiamami.
[= *Appena avrai finito di lavorare, chiamami.*]
Dès que tu auras terminé de travailler, appelle-moi.

FORMES ET EMPLOIS DU PASSÉ ANTÉRIEUR

➥ Le passé antérieur se construit avec l'auxiliaire *essere* ou *avere* au passé simple + le participe passé du verbe.

AUXILIAIRE AU PASSÉ SIMPLE	PARTICIPE PASSÉ
ebbi, avesti, ebbe, avemmo, aveste, ebbero	parlato / creduto / finito
fui, fosti, fu	partito /partita
fummo, foste, furono	partiti /partite

Le passé antérieur indique une action qui en précède une autre exprimée au passé simple. Il est essentiellement employé dans les propositions subordonnées de temps, introduites par des conjonctions telles que *dopo che* (après que), *non appena* (dès que), *finché* (jusqu'à ce que)...

- Non appena **ebbero finito** di lavorare, gli operai rientrarono nelle loro case.
  Dès qu'ils eurent terminé de travailler, les ouvriers rentrèrent chez eux.

CONJUGAISON EXPRESS

Conjuguez les verbes suivants au passé simple aux personnes indiquées entre parenthèses.

1 *dire* (1re pers. du sing. et du plur.) : ..., ...

2 *fare* (2e pers du sing. et 3e pers. du sing. et du plur.) : ..., ..., ...

3 *andare* (2e et 3e pers. du sing.) : ..., ...

4 *potere* (1re et 3e pers. du sing.) : ..., ...

5 *prendere* (2e et 3e pers. du plur.) : ..., ...

TRADUCTION EXPRESS

1 Hier soir nous sommes allés au restaurant.

2 Dès qu'il fut parti, il se sentit mieux.

3 Avant de mourir, il voulut revoir ses enfants.

4 As-tu fait tes devoirs ?

5 Les prix ont encore augmenté.

6 L'orage éclata juste après que nous fûmes rentrés.

18 Futur et conditionnel

▷ En règle générale, le futur exprime un fait qui n'a pas encore
eu lieu. Quant au conditionnel, il exprime surtout le souhait
ou la possibilité qu'un fait se réalise.
Comme en français, ces deux formes verbales se construisent
avec le même radical : « j'arriverai, tu arriveras, il arrivera… »
(futur), « j'arriverais, tu arriverais, il arriverait » (conditionnel).

FORMES DU FUTUR SIMPLE ET DU CONDITIONNEL PRÉSENT

Formes régulières

	RADICAL	TERMINAISON
futur	**parler- / creder- / finir-**	-ò, -ai, -à, -emo, -ete, -anno
conditionnel	**parler- / creder- / finir-**	-ei, -esti, -ebbe, -emmo, -este, -ebbero

Les verbes du 1er groupe changent leur voyelle thématique (le *-a-* de *-are*)
en *-e-*, sauf les verbes *dare* (donner), *fare* (faire) et *stare* (rester, être), qui
conservent la voyelle *-a-* : *darò / dar**ei**…, farò / far**ei**…, starò / star**ei**…*

> **NOTEZ BIEN**
> Attention à ne pas confondre le futur avec le conditionnel
> à la 1re personne du pluriel : *parleremo* (nous parlerons) ≠ *parleremmo*
> (nous parlerions).

Formes irrégulières

Seize verbes présentent une irrégularité dans le radical aussi bien
au futur qu'au conditionnel. Les terminaisons sont identiques à celles
des formes régulières.

essere (être) → **sarò**… / **sar**ei…	avere (avoir) → **avrò**… / **avr**ei…
bere (boire) → **berrò**… / **berr**ei…	andare (aller) → **andrò**… / **andr**ei…
parere (paraître) → **parrò**… / **parr**ei…	cadere (tomber) → **cadrò**… / **cadr**ei…
rimanere (rester) → **rimarrò**… / **rimarr**ei…	dovere (devoir) → **dovrò**… / **dovr**ei…
tenere (tenir) → **terrò**… / **terr**ei…	potere (pouvoir) → **potrò**… / **potr**ei…
valere (valoir) → **varrò**… / **varr**ei…	sapere (savoir) → **saprò**… / **sapr**ei…
venire (venir) → **verrò**… / **verr**ei…	vedere (voir) → **vedrò**… / **vedr**ei…
volere (vouloir) → **vorrò**… / **vorr**ei…	vivere (vivre) → **vivrò**… / **vivr**ei…

> **NOTEZ BIEN**
> Attention à ne pas confondre *verrò* (je viendrai) avec *vedrò* (je verrai)
> et *verrei* (je viendrais) avec *vedrei* (je verrais).

FORMES DU FUTUR ANTÉRIEUR ET DU CONDITIONNEL PASSÉ

Le futur antérieur se construit avec l'auxiliaire *essere* ou *avere* au futur + le participe passé du verbe.

	AUXILIAIRE AU FUTUR	PARTICIPE PASSÉ
futur antérieur	avrò, avrai, avrà, avremo, avrete, avranno	parlato / creduto / finito
	sarò, sarai, sarà saremo, sarete, saranno	partito / partita partiti / partite

Le conditionnel passé se forme avec l'auxiliaire *essere* ou *avere* au conditionnel + le participe passé du verbe.

	AUXILIAIRE AU CONDITIONNEL	PARTICIPE PASSÉ
conditionnel passé	avrei, avresti, avrebbe, avremmo, avreste, avrebbero	parlato / creduto / finito
	sarei, saresti, sarebbe saremmo, sareste, sarebbero	partito / partita partiti / partite

EMPLOIS DU FUTUR

Le futur simple exprime une action postérieure au moment où l'on parle. Le futur antérieur exprime une action future qui précède une autre action future.

- Quando Giulia **arriverà** a Roma, noi **saremo** già **partiti** per la Grecia.
  Quand Giulia arrivera à Rome, nous serons déjà partis pour la Grèce.

NOTEZ BIEN

La périphrase «aller + infinitif» exprimant un futur proche en français se traduit en italien soit par un présent soit par un futur simple.

Ceniamo / Ceneremo verso le otto e mezzo.
Nous allons dîner vers huit heures et demie.

Les futurs simple et antérieur peuvent exprimer le **doute** ou la **probabilité**.

- Ho dimenticato l'orologio, ma **saranno** le cinque.
  J'ai oublié ma montre, mais il doit être cinq heures.

- Luisa non c'è: **sarà andata** da Andrea.
  Luisa n'est pas là : elle a dû aller chez Andrea.

⬤ Ils peuvent exprimer une restriction ou une opposition.

- Paolo **sarà** anche simpatico, ma quanto chiacchiera!
  Paolo est peut-être sympathique, mais qu'est-ce qu'il est bavard !

⬤ Ils peuvent exprimer un ordre, comme le futur français.

- Prima di andare a letto, **ti laverai** i denti.
  Tu te laveras les dents avant d'aller au lit.

EMPLOIS DU CONDITIONNEL

⬤ Le conditionnel exprime une action dont la réalisation est soumise
à une ou plusieurs conditions.

   – Le **conditionnel présent** exprime toujours une action qui pourrait
se produire dans le présent ou dans le futur.

- Se ci fossero ancora biglietti disponibili, **verrei** a teatro con voi.
  S'il y avait encore des billets disponibles, je viendrais au théâtre avec vous.

   – Le **conditionnel passé** exprime toujours une action qui aurait pu
se produire dans le passé.

- Se ci fossero stati ancora biglietti disponibili, **sarei venuto**
  a teatro con voi.
  S'il y avait eu encore des billets disponibles, je serais venu au théâtre avec vous.

⬤ Le conditionnel présent sert à formuler une **demande** ou un **conseil**
de manière plus courtoise.

- Mi **accompagneresti** all'aeroporto domattina?
  Pourrais-tu m'accompagner à l'aéroport demain matin ?

⬤ Le conditionnel présent peut exprimer une **information non confirmée**.

- Domani ci **dovrebbe** essere lo sciopero degli autobus.
  Demain il devrait y avoir grève des bus.

⬤ Le conditionnel présent ou passé peut exprimer un **doute**.

- **Sarebbe** meglio andargli incontro oppure aspettarlo qui?
  Il vaudrait mieux aller à sa rencontre ou bien l'attendre ici ?

- Forse **avrei dovuto** chiamarlo prima di andarlo a trovare.
  J'aurais peut-être dû l'appeler avant d'aller le voir.

⬤ Le conditionnel passé peut exprimer la notion de futur dans une phrase
au passé (**futur dans le passé**), tandis qu'en français on emploie
le conditionnel présent.

PRÉSENT	PASSÉ
Dicono che **torneranno** tardi. Ils disent qu'ils rentreront tard.	Hanno detto che **sarebbero tornati** tardi. Ils ont dit qu'ils rentreraient tard.
Ti prometto che **verrò** a prenderti all'aeroporto. Je te promets que je viendrai te chercher à l'aéroport.	Ti avevo promesso che **sarei venuto** a prenderti all'aeroporto. Je t'avais promis que je viendrais te chercher à l'aéroport.
Sono sicura che **andrà** tutto bene. Je suis sûre que tout se passera bien.	Ero sicura che **sarebbe andato** tutto bene. J'étais sûre que tout se passerait bien.

CONJUGAISON EXPRESS

Conjuguez les verbes suivants au futur et au conditionnel aux personnes indiquées entre parenthèses.

1 *venire* (1re pers. du sing., 2e pers. du plur.) : …, … / …, …

2 *fare* (2e et 3e pers. du sing., 1re pers. du plur.) : …, …, … / …, …, …

3 *sapere* (2e pers. du sing. et du plur.) : …, … / …, …

4 *imparare* (1re pers. du sing., 3e pers. du plur.) : …, … / …, …

5 *bere* (3e pers. du sing., 2e pers. du plur.) : …, … / …, …

RÉPONSES

Futur
1 *venire: verrò, verrete*
2 *fare: farai, farà, faremo*
3 *sapere: saprai, saprete*
4 *imparare: imparerò, impareranno*
5 *bere: berrà, berrete*

Conditionnel
venire: verrei, verreste
fare: faresti, farebbe, faremmo
sapere: sapresti, sapreste
imparare: imparerei, imparerebbero
bere: berrebbe, berreste

TRADUCTION EXPRESS

1 Demain il sera trop tard.

2 Je n'aurais pas dû t'écouter.

3 Il a dû sortir acheter son journal.

4 Ils ont dit qu'ils n'arriveraient pas avant dîner.

5 Vous vous laverez les mains avant le goûter.

6 À ma place, quelle robe choisirais-tu ?

7 Elle a promis à son petit garçon qu'elle lui achèterait une petite voiture.

RÉPONSES

1 *Domani sarà troppo tardi.*
2 *Non avrei dovuto ascoltarti. / Non ti avrei dovuto ascoltare.*
3 *Sarà uscito a comprare il giornale.*
4 *Hanno detto che non sarebbero arrivati prima di cena.*
5 *Prima di fare merenda vi laverete le mani.*
6 *Al posto mio, che vestito sceglieresti?*
7 *Ha promesso al suo bambino che gli avrebbe comprato una macchinina.*

Le subjonctif et la concordance des temps

▷ En règle générale, le subjonctif est un mode qui exprime un fait comme possible, supposé, souhaité ou redouté.
Le mode et le temps de la subordonnée sont liés au mode et au temps de la principale. Cette série de règles prend le nom de «concordance des temps».

FORMES DU SUBJONCTIF PRÉSENT RÉGULIER

	RADICAL	TERMINAISON
1er groupe	parl-	-i, -i, -i, -iamo, -iate, -ino
2e groupe	cred-	-a, -a, -a, -iamo, -iate, -ano
3e groupe	part-	-a, -a, -a, -iamo, -iate, -ano
	fin-	-isca, -isca, -isca, -iamo, -iate, -iscano

● Le subjonctif présent se construit à partir de la 1re personne du singulier de l'indicatif présent : *finisco* (je finis) → *finisca* (je finisse).
Les terminaisons des trois premières personnes du singulier sont identiques, il faut donc exprimer le pronom sujet en cas d'ambiguïté.

● La 1re personne du pluriel du subjonctif présent est identique à celle de l'indicatif présent.

● Le radical de la 2e personne du pluriel est toujours identique à celui de la 1re personne du pluriel.

NOTEZ BIEN

Les verbes en *-care* et *-gare* prennent un *h* devant toutes les terminaisons.

toccare (toucher) → tocchi, tocchi, tocchi, tocchiamo, tocchiate, tocchino
pagare (payer) → paghi, paghi, paghi, paghiamo, paghiate, paghino

FORMES DU SUBJONCTIF PRÉSENT IRRÉGULIER

● Tous les verbes irréguliers au présent de l'indicatif.

bere : **bev**o (je bois) → **bev**a, **bev**a, **bev**a, **bev**iamo, **bev**iate, **bev**ano
dire : **dic**o (je dis) → **dic**a, **dic**a, **dic**a, **dic**iamo, **dic**iate, **dic**ano
tenere : **teng**o (je tiens) → **teng**a, **teng**a, **teng**a, **ten**iamo, **ten**iate, **teng**ano
venire : **veng**o (je viens) → **veng**a, **veng**a, **veng**a, **ven**iamo, **ven**iate, **veng**ano
scegliere : **scelg**o (je choisis) → **scelg**a, **scelg**a, **scelg**a, sceglíamo, scegliate, **scelg**ano
uscire : **esc**o (je sors) → **esc**a, **esc**a, **esc**a, usciamo, usciate, **esc**ano

- Les auxiliaires et quelques semi-auxiliaires (verbes suivis d'un infinitif ou d'un gérondif)

> **avere** (avoir) : **abb**ia, **abb**ia, **abb**ia, **abb**iamo, **abb**iate, **abb**iano
> **essere** (être) : **si**a, **si**a, **si**a, **si**amo, **si**ate, **si**ano
> **dovere** (devoir) : **debb**a, **debb**a, **debb**a, dobbiamo, dobbiate, **debb**ano
> **potere** (pouvoir) : **poss**a, **poss**a, **poss**a, **poss**iamo, **poss**iate, **poss**ano
> **sapere** (savoir) : **sapp**ia, **sapp**ia, **sapp**ia, **sapp**iamo, **sapp**iate, **sapp**iano
> **volere** (vouloir) : **vogli**a, **vogli**a, **vogli**a, **vogli**amo, **vogli**ate, **vogli**ano

- Certains verbes en -*are*

> **andare** (aller) : **vad**a, **vad**a, **vad**a, andiamo, andiate, **vad**ano
> **dare** (donner) : **di**a, **di**a, **di**a, **di**amo, **di**ate, **di**ano
> **fare** (faire) : **facci**a, **facci**a, **facci**a, **facci**amo, **facci**ate, **facci**ano
> **stare** (rester, être) : **sti**a, **sti**a, **sti**a, **sti**amo, **sti**ate, **sti**ano

FORMES DU SUBJONCTIF IMPARFAIT

- **Formes régulières**

	RADICAL	TERMINAISON
1er groupe	parla-	
2e groupe	crede-	-ssi, -ssi, -sse, -ssimo, -ste, -ssero
3e groupe	fini-	

Les deux premières personnes du singulier ont la même terminaison.
Il faut donc exprimer le pronom sujet en cas d'ambiguïté.

- **Formes irrégulières**
Les verbes irréguliers à l'imparfait de l'indicatif

> **essere** (être) : **foss**i, **foss**i, **foss**e, **foss**imo, **fost**e, **foss**ero
> **bere** (boire) : **bev**essi, **bev**essi, **bev**esse, **bev**essimo, **bev**este, **bev**essero
> **dire** (dire) : **dic**essi, **dic**essi, **dic**esse, **dic**essimo, **dic**este, **dic**essero
> **fare** (faire) : **fac**essi, **fac**essi, **fac**esse, **fac**essimo, **fac**este, **fac**essero
> **tradurre** (traduire) : **traduc**essi, **traduc**essi, **traduc**esse, **traduc**essimo, **traduc**este, **traduc**essero
> **comporre** (composer) : **compon**essi, **compon**essi, **compon**esse, **compon**essimo, **compon**este, **compon**essero
> **distrarre** (distraire) : **distra**essi, **distra**essi, **distra**esse, **distra**essimo, **distra**este, **distra**essero

Certains verbes en -*are*

> **dare** (donner) : **d**essi, **d**essi, **d**esse, **d**essimo, **d**este, **d**essero

Se conjugue comme *dare* : *stare*.

FORMES DES SUBJONCTIFS PASSÉ ET PLUS-QUE-PARFAIT

▸ Le subjonctif passé se forme avec l'auxiliaire *essere* ou *avere* au subjonctif présent + le participe passé du verbe.

AUXILIAIRE AU SUBJONCTIF PRÉSENT	PARTICIPE PASSÉ
abbia, abbia, abbia, abbiamo, abbiate, abbiano	parlato / creduto / finito
sia, sia, sia siamo, siate, siano	partito / partita partiti / partite

▸ Le subjonctif plus-que-parfait se forme avec l'auxiliaire *essere* ou *avere* au subjonctif imparfait + le participe passé du verbe.

AUXILIAIRE AU SUBJONCTIF IMPARFAIT	PARTICIPE PASSÉ
avessi, avessi, avesse, avessimo, aveste, avessero	parlato / creduto / finito
fossi, fossi, fosse fossimo, foste, fossero	partito / partita partiti / partite

La concordance des temps implique un choix précis du temps et du mode du verbe de la phrase subordonnée en fonction du verbe de la phrase principale.

PRINCIPALE	SUBORDONNÉE
[indicatif présent] Penso che Je pense que	antériorité : subj. imparfait ou passé Giulia **studiasse** molto al liceo. Giulia travaillait beaucoup au lycée. Giulia **abbia studiato** molto al liceo. Giulia a beaucoup travaillé au lycée. simultanéité : subj. présent oggi Giulia **studi** molto. aujourd'hui Giulia travaille beaucoup. postériorité : futur Giulia **studierà** molto all'università. Giulia travaillera beaucoup à l'université.
[indicatif imparfait] Pensavo che Je pensais que	antériorité : subj. plus-que parfait Giulia **avesse studiato** per l'esame. Giulia avait travaillé pour son examen. simultanéité : subj. imparfait Giulia **studiasse** per l'esame. Giulia travaillait pour son examen. postériorité : conditionnel passé Giulia **avrebbe studiato** per l'esame. Giulia travaillerait pour son examen.
[conditionnel passé] Avrei voluto che J'aurais voulu que	antériorité : subj. plus-que parfait Giulia **avesse studiato** di più. Giulia ait travaillé davantage. simultanéité ou postériorité : subj. imparfait Giulia **studiasse** di più. Giulia travaille davantage.
[conditionnel présent] Vorrei che Je voudrais que	simultanéité ou postériorité : subj. imparfait Giulia **studiasse** di più. Giulia travaille davantage.

CONJUGAISON EXPRESS

Conjuguez les verbes suivants aux subjonctifs présent et imparfait aux personnes indiquées entre parenthèses.

1 *dare* (3ᵉ pers. du sing. et 2ᵉ pers. du plur.) : .../ ... ; .../ ...

2 *sapere* (1ʳᵉ pers. du sing. et 3ᵉ pers. du plur.) : .../ ... ; .../ ...

3 *andare* (2ᵉ pers. du sing. et du plur.): .../ ... ; .../ ...

4 *fare* (1ʳᵉ et 2ᵉ pers. du plur.) : .../ ... ; .../ ...

5 *bere* (2ᵉ pers. du sing. et du plur.): .../ ... ; .../ ...

TRADUCTION EXPRESS

1 Je croyais que tu avais compris.

2 Pietro voudrait qu'ils restent.

3 Nous aimerions qu'il aille étudier à l'étranger.

4 Elle croit qu'il l'aime.

20 Les emplois du subjonctif

▷ Le subjonctif est le mode par lequel on indique qu'une action ou un état sont pensés (désirés, redoutés, supposés) par quelqu'un et non décrits comme réels.
De manière générale, à chaque fois que le subjonctif est employé en français, il l'est également en italien. En revanche, le subjonctif est plus largement utilisé en italien qu'en français.

DANS LES PHRASES INDÉPENDANTES

Le subjonctif exprime un souhait, un espoir.

- Che la fortuna vi **assista**!
  Que la chance vous accompagne!

Le subjonctif exprime un désir ou un regret.

- **Potessi** tornare indietro!
  Si je pouvais revenir en arrière!

Le subjonctif exprime un ordre.

- Non **faccia** il furbo e ci **dica** la verità!
  Ne faites pas le malin et dites-nous la vérité!

Le subjonctif exprime un doute.

- Che **abbia** la batteria del cellulare scarica?
  La batterie de son téléphone portable ne serait-elle pas déchargée?

DANS LES SUBORDONNÉES COMPLÉTIVES

La subordonnée complétive sert de complément au verbe de la phrase principale: elle le complète. Elle est introduite par la conjonction de subordination *che*.

Après un verbe exprimant une volonté.

- Voglio che mi **telefoni** appena arrivi.
  Je veux que tu me téléphones dès que tu arrives.

Après un verbe exprimant un souhait, un espoir.

- Speravo che **partecipassi** anche tu alla riunione.
  J'espérais que toi aussi tu participerais à la réunion.

Après un verbe exprimant un désir.

- Preferirei che **andassimo** a vedere la mostra di pittura sui Macchiaioli.
  Je préférerais que nous allions voir l'exposition de peinture sur les Macchiaioli.

BESCHERELLE ▸ l'italien pour tous

▸ Après un verbe exprimant une nécessité.

- È necessario che **prendiate** appuntamento dal medico.
  Il est nécessaire que vous preniez rendez-vous chez le médecin.

▸ Après un verbe exprimant une attente.

- Biancaneve aspettava che il Principe Azzurro la **baciasse**.
  Blanche-Neige attendait que le Prince Charmant l'embrasse.

▸ Après un verbe exprimant une appréciation personnelle.

- Sono contento che tu **abbia deciso** di restare.
  Je suis content que tu aies décidé de rester.

▸ Après un verbe exprimant une crainte.

- Temo che **abbiamo sbagliato** strada!
  Je crains que nous nous soyons trompés de route !

▸ Après un verbe exprimant un doute.

- Dubito che Giovanni **si sia ricordato** di prenotare.
  Je doute que Giovanni ait pensé à réserver.

▸ Après un verbe exprimant une incertitude.

- Non sono sicuro che Paola e Lucia **possano** ottenere
  un trasferimento l'anno prossimo.
  Je ne suis pas sûr que Paola et Lucia puissent obtenir leur mutation
  l'année prochaine.

▸ Après un verbe exprimant une opinion subjective.

- Pensano che **sia** facile educare i bambini !
  Ils pensent que c'est facile d'élever des enfants !

DANS LES CONSTRUCTIONS IMPERSONNELLES

Dans les constructions impersonnelles, le sujet, toujours exprimé
à la 3e personne du singulier, n'est pas déterminé.

Après des verbes comme *parere* (paraître) ou *sembrare* (sembler),
piacere (aimer) ou *dispiacere* (regretter), *bisognare* (falloir)
ou *occorrere* (falloir), *bastare* (suffire) ou *valere la pena* (valoir la peine).

- Mi sembra che la pasta **sia** scotta.
  J'ai l'impression que les pâtes sont trop cuites.

- Mi dispiace che Mara e Carlo non **possano** venire alla nostra
  festa.
  Je regrette que Mara et Carlo ne puissent pas venir à notre fête.

- Bisogna che **chiamiate** urgentemente l'idraulico.
  Il faut que vous appeliez le plombier de toute urgence.

- Per superare l'esame, basta che tu **studi** di più.
  Pour avoir ton examen, il suffit que tu travailles davantage.

Après les constructions « *essere* + adjectif + *che* »
ou « *essere* + nom + *che* ».

- È probabile che questo ingorgo **sia dovuto** a un incidente.
  Il est probable que ce bouchon soit dû à un accident.

- È il colmo che tu **non riesca** mai ad arrivare in orario!
  C'est un comble que tu ne parviennes jamais à être à l'heure !

▸ Après l'expression *si dice che.*

- Si dice che Maria **abbia lasciato** Michele per questioni di soldi.
  On dit que Maria a quitté Michele pour des raisons d'argent.

DANS LES SUBORDONNÉES RELATIVES

On emploie le subjonctif lorsque l'on souhaite exprimer une éventualité dans une proposition relative.

- Voglio regalargli un libro che **possa** appassionarlo.
  Je veux lui offrir un livre qui puisse le passionner.

NOTEZ BIEN

La structure italienne « nom / pronom + *che* + subjonctif imparfait » correspond au français « nom / pronom + *qui* + conditionnel présent ».

Gli studenti che **volessero** seguire questo corso, dovranno iscriversi entro il 30 settembre.
Les étudiants qui voudraient suivre ce cours devront s'inscrire avant le 30 septembre.

DANS LES SUBORDONNÉES DE CONDITION

▸ Si la condition est **improbable,** la subordonnée se construit avec le subjonctif imparfait.

- Se **ritrovassi** il suo indirizzo, gli manderei una cartolina.
  Si je retrouvais son adresse, je lui enverrais une carte postale.

▸ Si la condition est **irréalisable,** la subordonnée se construit avec le subjonctif plus-que-parfait.

- Se mi **avessi chiesto** di aiutarti, lo avrei fatto volentieri.
  Si tu m'avais demandé de t'aider, je l'aurais fait avec plaisir.

NOTEZ BIEN

Si la condition est **réalisable,** la subordonnée se construit avec l'indicatif.

Se mi **dà** il Suo numero di telefono, La **faccio** richiamare. [double présent]
Si vous me donnez votre numéro de téléphone, je vous ferai rappeler.

Se **ritrovo** il suo indirizzo, gli **mando** una cartolina. [double présent]
Si je retrouve son adresse, je lui envoie une carte postale.

Se **sarà eletto**, **sarà** sicuramente un buon sindaco. [double futur]
S'il est élu, il fera sûrement un bon maire.

▸ SI (CONJONCTION) P. 210-211

AVEC CERTAINES CONJONCTIONS DE SUBORDINATION

Certaines conjonctions de subordination entraînent obligatoirement l'emploi du subjonctif. Voici les principales :

■ La conjonction de **comparaison** *di quanto* (que)

- È più caro di quanto **pensassi**.
  C'est plus cher que je ne le croyais.

- La situazione è più complicata di quanto **non sembri**.
  La situation est plus compliquée qu'il n'y paraît.

■ Les conjonctions *a meno che* (à moins que), *prima che* (avant que), *senza che* (sans que)

- Fallo prima che **sia** troppo tardi.
  Fais-le avant qu'il ne soit trop tard.

▸ **AUTRES CONJONCTIONS ENTRAÎNANT LE SUBJONCTIF P. 137-144**

TRADUCTION EXPRESS

1 J'espère qu'il n'oubliera pas d'acheter le pain.

2 Il est inutile qu'ils viennent.

3 Il suffit que sa mère sorte pour que le bébé pleure.

4 Il paraît qu'il buvait trop.

5 Elle criait comme si elle était devenue folle.

6 Si elle me le demandait, j'irais la voir.

7 Nous pensons que ce n'est pas nécessaire.

RÉPONSES

1 *Spero che non dimentichi di comprare il pane.*

2 *È inutile che vengano.*

3 *Basta che sua madre esca perché il bambino / la bambina pianga.*

4 *Sembra che bevesse troppo.*

5 *Urlava come se fosse diventata pazza / se fosse impazzita.*

6 *Se me lo chiedesse, andrei a trovarla.*

7 *Pensiamo che non sia necessario.*

21 L'impératif

▷ En règle générale, l'impératif est un mode qui exprime un ordre, une exhortation.

FORMES DE L'IMPÉRATIF

TU	LEI	NOI	VOI	LORO
parla!	parli!	parliamo!	parlate!	parlino!
credi!	creda!	crediamo!	credete!	credano!
parti!	parta!	partiamo!	partite!	partano!
finisci!	finisca!	finiamo!	finite!	finiscano!
non parlare!	non parli!	non parliamo!	non parlate!	non parlino!
non credere!	non creda!	non crediamo!	non credete!	non credano!
non partire!	non parta!	non partiamo!	non partite!	non partano!
non finire!	non finisca!	non finiamo!	non finite!	non finiscano!

● À la 2e personne du singulier, seule la forme des verbes du 1er groupe ne correspond pas aux formes du présent de l'indicatif.

● À la 2e personne du singulier, l'impératif négatif se construit avec *non* + **infinitif**.

● L'impératif de politesse (*Lei* et *Loro*) se construit avec les formes du subjonctif présent.

NOTEZ BIEN

La forme *Loro*, qui sert à vouvoyer plusieurs personnes, est devenue rare. Elle a été supplantée par la forme *voi*.

Si accomodino! → Accomodatevi!
Installez-vous!

● Trois verbes sont irréguliers à la 2e personne du singulier et du pluriel.

	TU	VOI
avere	abbi	abbiate
essere	sii	siate
sapere	sappi	sappiate

● Cinq verbes possèdent une forme monosyllabique à la 2e personne du singulier.

andare:	va'! ou vai!
dare:	da'! ou dai!
fare:	fa'! ou fai!
stare:	sta'! ou stai!
dire:	di'!

PLACE DES PRONOMS AVEC L'IMPÉRATIF

À l'impératif affirmatif, avec *tu*, *noi* et *voi*, les pronoms sont **obligatoirement** placés **après** le verbe et s'écrivent accolés.

- Chiudi quella scatola e metti**la** a posto! [pronom COD]
  Ferme cette boîte et range-la !

- Dai, lancia**mi** la palla! [pronom COI]
  Allez, envoie-moi la balle !

- È un documento urgente: manda**glielo** via fax.
  [pronom personnel COI + COD]
  C'est un document urgent : envoie-le-lui par fax.

- Sbriga**ti**! È già tardi. [pronom réfléchi]
  Dépêche-toi ! Il est déjà tard.

- C'è ancora molta pasta. Prendete**ne** ancora! [pronom adverbial]
  Il y a encore beaucoup de pâtes. Prenez-en encore !

- La sera in quel negozio c'è sempre folla. Va**cci** la mattina!
  [pronom adverbial]
  Le soir ce magasin est toujours bondé. Vas-y le matin !

> ### Notez bien
> Tous les pronoms, sauf *gli*, redoublent leur première consonne lorsqu'ils suivent l'un des cinq verbes monosyllabiques.
> va**cci** (vas-y)
> fa**llo** (fais-le)
> di**mm**elo (dis-le-moi)
> da**cc**elo (donne-le-nous)
>
> **Dicci** la verità: ti sei innamorato?
> Dis-nous la vérité : est-ce que tu es tombé amoureux ?
>
> **Stammi** bene a sentire!
> Écoute-moi bien !

À l'impératif de politesse, étant donné que l'on emploie les formes du subjonctif, tous les pronoms se placent **avant** le verbe.

- **Lo** faccia e **glielo** dica al più presto!
  Faites-le et dites-le-lui au plus vite !

À l'impératif négatif, les pronoms (simples ou groupés) peuvent soit être accolés au verbe, soit être placés entre *non* et le verbe.

- Non dir**lo**.
  Non **lo** dire.
  Ne le dis pas.

- Non andiamo**ci**.
  Non **ci** andiamo.
  N'y allons pas.

EMPLOI DE L'IMPÉRATIF

L'impératif sert à donner des ordres ou des conseils au présent.

- **Finisci** di fare colazione in fretta e **va'** a vestirti!
  Termine vite ton petit déjeuner et va t'habiller!

- **Inserisca** il codice.
  Saisissez votre code.

NOTEZ BIEN

Pour des ordres au futur, on emploie le futur de l'indicatif.

Chiederai al professore come risolvere il problema.
Tu demanderas à ton professeur comment résoudre le problème.

Dans les modes d'emploi, les recettes ou les annonces, on emploie l'infinitif.

Aggiungere la farina e **mescolare**.
Ajoutez la farine et mélangez.

Lasciare libero il passo.
Ne pas stationner.

TRADUCTION EXPRESS

1 Ne lui raconte pas tout!

2 Dis-le-nous!

3 Madame, calmez-vous!

4 Sortie obligatoire: tournez à gauche.

5 Aie confiance en elle!

6 Messieurs, sachez que je ne suis pas d'accord.

RÉPONSES

1 Non gli raccontare tutto! / Non raccontargli tutto!
2 Diccelo!
3 Signora, si calmi!
4 Uscita obbligatoria: svoltare a sinistra.
5 Abbi fiducia in lei!
6 Signori, sappiate che non sono d'accordo.

22 Infinitif, gérondif et participe

▷ En règle générale, l'infinitif est le mode qui exprime une action sans en déterminer le sujet.
Le gérondif est un mode qui fonctionne comme un complément circonstanciel de cause, de condition, de manière, de temps, etc.
Le participe possède les mêmes caractéristiques de genre et de nombre qu'un adjectif ou un nom. Le participe passé permet de former les temps composés.

FORMES ET EMPLOIS DE L'INFINITIF

	INFINITIF PRÉSENT	INFINITIF PASSÉ
1er groupe	parlare	aver parlato
2e groupe	credere	aver creduto
3e groupe	partire	essere partito

● L'infinitif présent exprime une relation de **simultanéité** ou de **postériorité** par rapport à la phrase principale.

- Marta dice di **avere** il raffreddore e di non **poter** venire a sciare.
  Marta dit qu'elle a le rhume et qu'elle ne pourra pas venir skier.

● L'infinitif passé exprime un rapport d'**antériorité**.

- Lei dice di **aver preso** il raffreddore ieri sera.
  Elle dit qu'elle a attrapé un rhume hier soir.

● Après un verbe déclaratif (*affermare*, *dire*, *negare*), de doute (*dubitare*, *sospettare*, *temere*), de souhait (*sperare*, *augurarsi*), d'opinion (*pensare*, *credere*, *ritenere*) ou de connaissance (*sapere*), si le sujet de la principale est le même que celui de la subordonnée, l'infinitif est précédé de la préposition *di*.

- **Pensi di** aver ragione?
  Tu penses avoir raison?

- **Sappiamo di** aver sbagliato.
  Nous savons que nous nous sommes trompé(e)s.

● Lorsqu'il dépend d'une construction impersonnelle, c'est-à-dire après « *essere* + adjectif» ou des formes verbales comme *occorre / bisogna / serve* (il faut), l'infinitif n'est précédé d'aucune préposition.

- Non è **facile** capirlo.
  Il n'est pas facile de le comprendre.

- **Basta** dirglielo.
  Il suffit de le lui dire.

Lorsqu'il suit un verbe de mouvement, l'infinitif est précédé de la préposition *a*.

- **Vado a** prenderlo alla stazione.
  Je vais le chercher à la gare.

- **Esco a** comprare il pane.
  Je sors acheter du pain.

Précédé de l'article, l'infinitif acquiert une valeur de nom. Il s'agit d'une tournure très fréquente en italien.

- **Il sorgere** del sole è uno spettacolo bellissimo.
  Le lever du soleil est un très beau spectacle.

- Tra **il dire** e **il fare** c'è di mezzo il mare.
  Entre dire et faire il y a tout un monde.

Précédé de la préposition *a* + article, *con* + article ou *in* + article, l'infinitif acquiert une valeur de simultanéité ou de cause comme le gérondif.

- **Al vederlo**, fu commossa.
  En le voyant, elle fut émue.

- **Con il dirlo**, hai peggiorato la situazione.
  En le disant, tu as aggravé la situation.

- **Nel raccontargli** le mie vacanze, gli ho svelato un segreto.
  En lui racontant mes vacances, je lui ai dévoilé un secret.

L'infinitif sert à donner des instructions dans les modes d'emploi, les recettes ou les annonces.

- **Usare** il freno motore.
  Utilisez le frein moteur.

- **Montare** le uova con lo zucchero.
  Montez les œufs avec le sucre.

- Per maggiori informazioni, **telefonare** ore pasti.
  Pour plus d'informations, téléphonez aux heures de repas.

L'infinitif sert également à construire l'impératif négatif.

- **Non** disturbarmi!
  Ne me dérange pas !

FORMES DU GÉRONDIF

Formes régulières

	RADICAL	TERMINAISON
1er groupe	parl-	**-ando**
2e groupe	cred-	**-endo**
3e groupe	fin-	**-endo**

Formes irrégulières

bere (boire) : **bevendo** [du latin *bevere*]
dire (dire) : **dicendo** [du latin *dicere*]
fare (faire) : **facendo** [du latin *facere*]
produrre (produire) : **producendo** [du latin *pro-ducere*]
proporre (proposer) : **proponendo** [du latin *pro-ponere*]
distrarre (distraire) : **distraendo** [du latin *dis-trahere*]

Au gérondif, les pronoms sont **obligatoirement** placés **après** le verbe et s'écrivent accolés.

- **Guardandola** bene, ho capito che era la sorella di Gloria.
  En la regardant bien, j'ai compris que c'était la sœur de Gloria.

- **Parlandole**, è riuscito a tranquillizzarla.
  En lui parlant, il a réussi à la tranquilliser.

EMPLOIS DU GÉRONDIF

Dans les subordonnées de temps : le gérondif exprime la simultanéité d'une action par rapport à la phrase principale.

- Studi **ascoltando** la musica?
  Tu travailles en écoutant de la musique?

- **Tornando** a casa, abbiamo incontrato Paola.
  En rentrant à la maison, nous avons rencontré Paola.

Dans les subordonnées de cause

- **Essendo arrivati** in ritardo, hanno perso il treno.
  Étant arrivés en retard, ils ont raté leur train.

NOTEZ BIEN

Attention à l'ordre des mots dans les subordonnées participiales :
en italien le gérondif précède le nom sujet, pas en français. Comparez :

Essendo Carla un'amante del vino bianco, le ho portato una bottiglia di Verdicchio.
Carla étant une passionnée de vin blanc, je lui ai apporté une bouteille de Verdicchio.

Dans les subordonnées de concession : dans ce cas le gérondif est précédé de *pur*.

- **Pur mangiando** pochissimi dolci, Sara non riesce a dimagrire.
  Même en mangeant très peu de gâteaux, Sara n'arrive pas à maigrir.

Dans les subordonnées de manière

- Un mio amico ha imparato l'italiano **guardando** i film di Antonioni.
  Un de mes amis a appris l'italien en regardant les films d'Antonioni.

◗ Dans les subordonnées de condition

- **Studiando** più assiduamente, otterresti migliori risultati.
  Si tu travaillais plus assidûment, tu obtiendrais de meilleurs résultats.

◗ Dans la construction «*stare* + gérondif» (durée)

- Non mi disturbate, **sto parlando** al telefono.
  Ne me dérangez pas, je suis en train de parler au téléphone.

◗ Dans la construction «*andare* + gérondif» (progression)

- Le sue condizioni di salute **andavano migliorando**.
  Son état de santé s'améliorait.

FORMES DU PARTICIPE

◗ Formes régulières du participe présent

	RADICAL	TERMINAISON
1er groupe	parl-	-ante
2e groupe	cred-	-ente
3e groupe	fin-	-ente

◗ Formes régulières du participe passé

	RADICAL	TERMINAISON
1er groupe	parl-	-ato
2e groupe	cred-	-uto
3e groupe	fin-	-ito

◗ Formes irrégulières du participe passé

Les verbes calqués sur l'infinitif latin

-durre → -dotto	condurre → condotto produrre → prodotto
-porre → -posto	comporre → composto proporre → proposto
-trarre → -tratto	distrarre → distratto sottrarre → sottratto

Quelques verbes du 1er et du 3e groupes

fare → fatto	dire → detto
apparire → apparso	morire → morto
aprire → aperto	offrire → offerto
coprire → coperto	venire → venuto

De nombreux verbes du 2ᵉ groupe

-dere → -so	chiudere → chiuso
	decidere → deciso
	(sor)ridere → (sor)riso
-dere → -sto	chiedere → chiesto
	rispondere → risposto
-endere → -eso	prendere → preso
	scendere → sceso
	sorprendere → sorpreso
	spendere → speso
	mais : vendere → venduto
-istere → -istito	consistere → consistito
	esistere → esistito
	insistere → insistito
-(g)gere → -(t)to	aggiungere → aggiunto
	correggere → corretto
	dipingere → dipinto
	leggere → letto
	spingere → spinto
	stringere → stretto
-gliere → -lto	cogliere → colto
	scegliere → scelto
	togliere → tolto
(-)correre → (-)corso	percorrere → percorso
	soccorrere → soccorso
(-)mettere → (-)messo	ammettere → ammesso
	scommettere → scommesso
(-)vincere → (-)vinto	avvincere → avvinto
	convincere → convinto

EMPLOIS DU PARTICIPE

Le **participe présent** italien s'accorde en nombre.

● Si tratta di reperti **provenienti** [= *che provengono*] dagli scavi di Pompei.
Il s'agit de pièces provenant [= *qui proviennent*] des fouilles de Pompéi.

Il sert surtout à former des adjectifs ou des noms, car en fonction verbale on lui préfère souvent la proposition relative.

accattivante (captivant / captivante), divertente (amusant / amusante), sorprendente (surprenant / surprenante), sorridente (souriant / souriante)…

il cantante (le chanteur), il presidente (le président), l'insegnante (l'enseignant), lo studente (l'étudiant)…

● Le **participe passé** s'emploie dans de nombreux cas.

Dans les temps composés : *essere* ou *avere* + participe passé

● Lo **abbiamo aspettato** fino alle due di notte.
Nous l'avons attendu jusqu'à deux heures du matin.

● Maria **era** già **uscita** a fare la spesa quando **sono arrivato**.
Maria était déjà sortie faire les courses quand je suis arrivé.

Pour former la voix passive : *essere* ou *venire* + participe passé des verbes transitifs.

● Questa lettera le **è stata scritta** da un ammiratore.
Cette lettre lui a été écrite par un admirateur.

● I rifiuti riciclabili **vengono raccolti** una volta alla settimana.
Les déchets recyclables sont ramassés une fois par semaine.

Comme subordonnée de temps (participe passé absolu) : **en début de phrase et sans auxiliaire, le participe passé exprime l'antériorité ou la simultanéité par rapport à l'action de la principale.**

● **Udite** le parole della moglie, decise di partire e di non tornare mai più.
Ayant entendu les propos de sa femme, il décida de partir et de ne plus jamais revenir.

Comme subordonnée de cause (participe passé absolu) : **en début de phrase et sans auxiliaire, le participe passé exprime la cause.**

● **Condannato** ingiustamente, l'imputato fuggì all'estero.
Injustement condamné, l'accusé s'enfuit à l'étranger.

Comme subordonnée de concession : **dans ce cas, le participe passé est précédé de *pur se*, *benché* ou *anche se*.**

● **Pur se annoiati**, restarono fino alla fine dello spettacolo.
Malgré l'ennui, ils restèrent jusqu'à la fin du spectacle.

TRADUCTION EXPRESS

1 En me montrant cette lettre, il s'est trahi *(tradire)*.
2 J'ai acheté un livre qui contient toutes les nouvelles de Pirandello.
3 Tout en travaillant beaucoup, il ne parvient pas à obtenir de bonnes notes.
4 Il est nécessaire de le lui dire.
5 Après l'avoir écouté attentivement, elle lui annonça qu'elle partait.

23 Le choix des auxiliaires

▷ Souvent, dans les temps composés, le français et l'italien recourent au même auxiliaire (avoir / *avere*, être / *essere*). Il existe toutefois quelques différences qu'il faut connaître.

EMPLOIS DE L'AUXILIAIRE *AVERE*

L'auxiliaire ***avere*** s'emploie dans les cas suivants :

- Avec le verbe *avere*.

  - **Hanno avuto** paura di non farcela.
    Ils ont eu peur de ne pas y arriver.

- Avec tous les verbes transitifs, c'est-à-dire les verbes qui peuvent se construire avec un complément d'objet.

  - **Abbiamo ascoltato** la guida con molta attenzione.
    Nous avons écouté notre guide très attentivement.

- Avec les verbes *dovere*, *potere* et *volere*.

  Lorsqu'ils sont employés seuls

  - Lo avrei aiutato, ma non **ha voluto**.
    Je l'aurais aidé, mais il n'a pas voulu.

  Lorsqu'ils sont suivis de *essere*

  - Per fortuna, **ha potuto essere avvertito** per tempo.
    Heureusement, il a pu être prévenu à temps.

  Lorsqu'ils sont suivis d'un infinitif se construisant avec *avere*

  - I genitori di Sara **hanno voluto accompagnarmi** a casa.
    Les parents de Sara ont voulu m'accompagner à la maison.

- Avec certains verbes intransitifs dont l'action implique un mouvement, tels que *camminare* (marcher), *cenare* (dîner), *conversare* (converser), *giocare* (jouer), *nuotare* (nager), *passeggiare* (se promener), *piangere* (pleurer), *pranzare* (déjeuner), *ridere* (rire), *sbadigliare* (bâiller), *tossire* (tousser), *viaggiare* (voyager), etc.

EMPLOIS DE L'AUXILIAIRE *ESSERE*

L'auxiliaire **_essere_** s'emploie :

▬▶ Avec le verbe *essere*.

- **Siamo stati** all'isola di Capraia per una settimana.
  Nous avons été sur l'île de Capraia pendant une semaine.

- **È stato accolto** a braccia aperte. [forme passive de *accogliere* ➜ *essere accolto*]
  Il a été accueilli à bras ouverts.

▬▶ Avec tous les verbes pronominaux.

- Gianni **si è arrabbiato** con suo fratello.
  Gianni s'est fâché avec son frère.

▬▶ Avec tous les verbes impersonnels.

- **È piovuto** tutta la notte.
  Il a plu toute la nuit.

- **È bastato** compilare un modulo per ottenere un pass turistico.
  Il a suffi de remplir un formulaire pour obtenir un pass touristique.

> **N**OTEZ BIEN
>
> Avec les verbes météorologiques tels que *grandinare* (grêler),
> *piovere* (pleuvoir), *nevicare* (neiger), *tuonare* (tonner),
> l'auxiliaire *avere* est désormais également possible.
>
> Même lorsqu'ils sont employés de manière personnelle, les verbes
> impersonnels se forment avec l'auxiliaire *essere* aux temps composés.
>
> Quel tipo mi è **sembrato** poco affidabile.
> Ce type m'a semblé peu fiable.

▬▶ Avec tous les verbes indiquant un changement d'état.

- I prezzi non **sono** affatto **diminuiti**.
  Les prix n'ont pas du tout diminué.

- La situazione economica del paese è **peggiorata** con l'ultimo
  governo.
  La situation économique du pays a empiré avec le dernier gouvernement.

- Con questa nuova dieta, mia sorella è **dimagrita** molto.
  Avec ce nouveau régime, ma sœur a beaucoup maigri.

- I miei nipotini **sono cresciuti** molto dall'ultima volta che
  li ho visti.
  Mes neveux ont beaucoup grandi depuis la dernière fois que je les ai vus.

▬▶ Avec les verbes intransitifs indiquant un mouvement tels que
andare (aller), *arrivare* (arriver), *cadere* (tomber), *entrare* (entrer),
partire (partir), *scappare* (s'enfuir), *tornare* (revenir, rentrer),
uscire (sortir), *venire* (venir), etc.

➥ Avec les verbes *dovere*, *potere* et *volere*, lorsqu'ils sont suivis d'un infinitif se construisant avec *essere*.

● **Sono dovuta** andare dal dottore, perché non mi sentivo bene.
J'ai dû aller chez le médecin car je ne me sentais pas bien.

NOTEZ BIEN

Si on accolle un pronom à l'infinitif qui suit les verbes *dovere*, *potere* et *volere*, on utilise l'auxiliaire *avere*.

Ci sono dovuta andare.
Ho dovuto andar**ci**.
J'ai dû y aller.

➥ Avec de nombreux verbes intransitifs tels que *arrossire* (rougir), *dipendere* (dépendre), *diventare* (devenir), *esistere* (exister), *morire* (mourir), *nascere* (naître), *restare / rimanere* (rester), *riuscire* (réussir), etc.

VERBES SE CONSTRUISANT AVEC *ESSERE* OU *AVERE*

De très nombreux verbes se construisent avec les deux auxiliaires : *avere* lorsqu'ils sont employés avec un sens transitif et *essere* lorsqu'ils sont employés avec un sens intransitif.

- **Ho cominciato** a leggere il suo ultimo romanzo.
  J'ai commencé à lire son dernier roman.

- Il film **è cominciato** in ritardo.
  Le film a commencé en retard.

- Stefano **ha finito** gli studi l'anno scorso.
  Stefano a fini ses études l'année dernière.

- La loro storia **è finita**.
  Leur histoire est finie.

- Questo atleta **ha migliorato** rapidamente i suoi risultati.
  Cet athlète a amélioré ses résultats rapidement.

- La situazione **è migliorata**.
  La situation s'est améliorée.

Les principaux verbes qui se comportent de cette manière sont *annegare* (noyer / se noyer), *arricchire* (enrichir / s'enrichir), *aumentare* (augmenter), *avanzare* (avancer), *bruciare* (brûler), *cambiare* (changer), *cessare* (cesser), *crescere* (élever / grandir), *correre* (courir), *diminuire* (diminuer), *esplodere* (exploser / tirer), *fallire* (rater / échouer), *fuggire* (fuir), *giungere* (joindre / arriver), *guarire* (guérir), *invecchiare* (vieillir), *mancare* (manquer), *passare* (réussir / passer), *salire* (monter), *saltare* (sauter), *scendere* (descendre), *suonare* (jouer / sonner), *terminare* (terminer), *variare* (varier), etc.

TRADUCTION EXPRESS

1 Leur maison a brûlé dans l'incendie.

2 J'ai brûlé les mauvaises herbes.

3 Les roses que tu m'as achetées ont déjà fané (*appassire*).

4 Marisa n'a pas pu partir car tous les vols pour Berlin ont été annulés.

5 Il a plu pendant deux semaines.

RÉPONSES

1 *La loro casa è bruciata nell'incendio.*
2 *Ho bruciato le erbacce.*
3 *Le rose che mi hai comprato sono già appassite.*
4 *Marisa non è potuta partire perché tutti i voli per Berlino sono stati cancellati.*
5 *È / Ha piovuto per due settimane.*

▷ Les adverbes servent à apporter des précisions quant
au sens du verbe, de l'adjectif, d'un autre adverbe
ou de la proposition qu'ils accompagnent. Ils donnent
des informations sur la manière, le lieu, le temps, la qualité
et la quantité. Ils sont invariables.

LES ADVERBES DE MANIÈRE

Adverbes en -*mente*

De nombreux adverbes de manière se forment à partir du féminin
singulier de l'adjectif auquel on ajoute le suffixe -***mente***.

- Devi esporgli la situazione **chiaramente**. [*chiaro* → *chiara* + *mente*]
  Tu dois lui exposer clairement la situation.

- Per fortuna, si è ferito **lievemente**. [*lieve* + *mente*]
  Heureusement, il ne s'est blessé que légèrement.

> **NOTEZ BIEN**
> Les adjectifs se terminant par -*le* ou -*re* perdent leur -*e* final
> devant le suffixe -*mente*.
> difficile → difficilmente (difficilement)
> particolare → particolarmente (particulièrement)
> Certains adjectifs en -*lo* ou -*ro* perdent également leur -*o* final.
> benevolo → benevolmente (avec bienveillance)
> malevolo → malevolmente (avec malveillance)
> ridicolo → ridicolmente (ridiculement)
> leggero → leggermente (légèrement)

> **NOTEZ BIEN**
> Deux adverbes ont un suffixe en -***menti*** : *altrimenti* (autrement)
> et *parimenti* (pareillement).

Adverbes en -*oni*

Certains adverbes se forment à partir d'un nom ou d'un verbe
auquel on ajoute le suffixe -***oni***. Ils indiquent une position du corps :

> bocca → (a) bocconi (à plat ventre)
> ginocchio → (a) ginocchioni (à genoux)
> carpare → (a) carponi (à quatre pattes)
> cavalcare → (a) cavalcioni (à califourchon)
> ruzzolare → (a) ruzzoloni (en dégringolant)
> tentare → (a) tentoni (à tâtons)

► **Autres adverbes et locutions adverbiales de manière**

apposta (exprès)	volentieri (volontiers)
bene (bien)	a caso (au hasard)
così (comme ça)	a casaccio (à tort et à travers)
insieme (ensemble)	alla svelta (rapidement)
invano (en vain)	a memoria (par cœur)
male (mal)	di corsa, in fretta e furia (à toute allure)
meglio (mieux)	per caso (par hasard)
peggio (plus mal)	sul serio (sérieusement)

LES ADVERBES DE LIEU

► **Adverbes exprimant la proximité**

Qui et *qua* indiquent un espace proche du locuteur.

- Vieni **qui**.
  Viens ici.

- Che cosa succede **qua**?
  Que se passe-t-il ici ?

Quassù (ici, en haut) et *quaggiù* (ici, en bas) précisent la position du locuteur par rapport au sujet de l'énoncé.

- Sono **quassù** in soffitta: adesso scendo! [*je* : position élevée]
  Je suis ici, en haut, au grenier : je descends !

- Venite **quaggiù** in cantina! [*vous* : position élevée ≠ *je* : position basse]
  Venez en bas dans la cave !

► **Adverbes exprimant l'éloignement**

Lì et *là* indiquent un espace éloigné du locuteur.

- Non stare impalato **là**! Avvicinati e raccontami tutto!
  Ne reste pas planté là ! Approche-toi et raconte-moi tout !

Lassù (là-haut) et *laggiù* (là, en bas, là-bas) précisent la position du locuteur par rapport au sujet de l'énoncé.

- Il gatto è salito **lassù** e non vuole più scendere!
  [*chat* : position élevée ≠ *je* : position basse]
  Le chat est monté là-haut et ne veut plus descendre !

Pronoms adverbiaux de lieu, se référant à un lieu déjà exprimé :
ci / vi (y, ici, là), *ne* (de là)

- — Vai spesso al cinema? — **Ci** vado due volte al mese.
  « Vas-tu souvent au cinéma ? — J'y vais deux fois par mois. »

- In Sicilia? **Vi** passeremo le vacanze di Pasqua.
  En Sicile ? Nous y passerons les vacances de Pâques.

- La clinica dove Cecilia ha appena partorito si trova in Piazza della Vittoria: **ne** sono appena uscita!
  La clinique où Cecilia vient d'accoucher se trouve Piazza della Vittoria : j'en sors à l'instant !

NOTEZ BIEN
Vi appartient à un registre plus soutenu que *ci.*

Autres adverbes et locutions adverbiales de lieu

accanto (à côté)	lontano (loin)
altrove (ailleurs)	sopra (dessus)
davanti (devant)	sotto (dessous)
dappertutto (partout)	vicino (près)
dentro (dedans)	avanti e indietro (de long en large)
dietro (derrière)	di fronte a (en face de)
(d)ovunque (partout, n'importe où)	per di qua (par ici)
fuori (dehors)	per di là (par là)
intorno (autour)	

LES ADVERBES DE TEMPS

Adverbes précisant le moment de l'action

adesso (maintenant)	ora (maintenant)
allora (alors)	presto (tôt)
domani (demain)	stamattina / stamani (ce matin)
dopo (tout à l'heure)	stanotte (cette nuit)
già (déjà)	stasera (ce soir)
ieri (hier)	subito (tout de suite)
mai (jamais)	tardi (tard)
oggi (aujourd'hui)	

Adverbes précisant la durée de l'action

ancora (encore)	ormai (désormais)
finora (jusqu'à présent)	tuttora (toujours, encore)

Adverbes précisant la répétition de l'action

ancora (encore)	sempre (toujours)
nuovamente (de nouveau)	spesso (souvent)
raramente (rarement)	talvolta (parfois)

Adverbes précisant l'ordre de succession des actions

dapprima (tout d'abord, dans un premier temps)	intanto (entre-temps)
	poi (puis, ensuite)
dopo (après, ensuite)	precedentemente (précédemment)
finalmente (enfin)	prima (avant)
infine (finalement)	quindi (puis)

➧ **Autres locutions adverbiales de temps**

all'improvviso (soudainement)	nello stesso tempo (dans le même
a lungo (longtemps)	temps)
a volte (parfois)	ogni tanto (de temps en temps)
da poco (depuis peu)	poco dopo (peu après)
di nuovo (de nouveau)	poco fa (il y a un instant)
fin d'adesso (à partir de maintenant)	poco prima (peu avant)
fra poco (dans un moment)	prima o poi (tôt ou tard)
nel frattempo (entre-temps)	una volta / un tempo (autrefois)

LES ADVERBES D'ÉVALUATION

➧ **Adverbes d'affirmation**

Ils servent à répondre de manière affirmative ou à souligner
une affirmation.

appunto (justement, précisément)	esattamente (exactement)
assolutamente (tout à fait)	indubbiamente (sans aucun doute)
certamente (certainement)	ovviamente (évidemment)
certo (certes)	sì (oui, si)
davvero (vraiment)	sicuramente (sûrement)
evidentemente (de toute évidence)	veramente (vraiment)

➧ **Adverbes de négation**

Ils servent à répondre de manière négative à une question ou à renforcer
une négation.

affatto / assolutamente (pas du tout)
neanche / nemmeno / neppure (même pas)
no (non)

NOTEZ BIEN

Lorsque les adverbes *sì* et *no* suivent un verbe déclaratif,
ils sont précédés de la prépostion *di*.

Francesco e Chiara hanno detto **di no**.
Francesco et Chiara ont dit non.

➧ **Adverbes de doute**

apparentemente (apparemment)	magari (peut-être, éventuellement)
eventualmente (éventuellement)	probabilmente (probablement)
forse / può darsi (peut-être)	

NOTEZ BIEN

«Peut-être que» correspond à *può darsi che* ou à *forse, magari,
probabilmente* (sans *che*).

Forse domani andrò a studiare in biblioteca.
Peut-être que demain j'irai travailler à la bibliothèque.

di sicuro (sûrement)	per l'appunto (précisément, justement)
di certo (certainement)	per niente / per nulla (nullement,
neanche per idea (jamais de la vie)	absolument pas)
neanche per sogno (jamais de la vie)	senz'altro (sans aucun doute)

LES ADVERBES DE QUANTITÉ

abbastanza (assez)	molto (beaucoup)
affatto (pas du tout)	parecchio (pas mal)
alquanto (quelque peu)	poco (peu)
altrettanto (autant)	pressappoco (à peu près)
ancora (encore)	quasi (presque)
appena (à peine)	tanto (beaucoup)
assai (beaucoup)	troppo (trop)
circa (environ)	

NOTEZ BIEN

Alquanto, *altrettanto*, *molto*, *parecchio*, *poco*, *tanto*, *troppo* peuvent aussi être adjectifs ou pronoms indéfinis. Dans ce cas, ils s'accordent avec le nom auquel ils se réfèrent.

Abbastanza est toujours invariable.

▸ ADJECTIFS ET PRONOMS INDÉFINIS P. 50-54

LA PLACE DE L'ADVERBE DANS LA PHRASE

En général, l'adverbe peut se placer en début ou en fin de proposition. Si on le place à la fin, c'est pour donner plus d'importance à l'information qu'il véhicule.

- **Quest'anno** andremo in vacanza in Sardegna. [pour répondre à la question « Où partirez-vous en vacances, cette année ? »]
  Cette année nous partirons en vacances en Sardaigne.

- I nostri amici sono arrivati **ieri**. [pour répondre à la question « Vos amis, quand sont-ils arrivés ? »]
  Nos amis sont arrivés hier.

Les adverbes de manière et de quantité se placent plutôt après le groupe verbal.

- Cammina più **lentamente**, non riesco a starti dietro.
  Marche plus lentement, je n'arrive pas à te suivre.

- Al ristorante abbiamo mangiato **troppo**.
  Au restaurant, nous avons trop mangé.

■ Les adverbes *ancora*, *già*, *mai*, *quasi* et *sempre* se placent, dans les temps composés, entre l'auxiliaire et le participe passé.

● Giuseppe non ha **ancora** finito di fare i compiti.
Giuseppe n'a pas encore terminé ses devoirs.

● Tuo figlio non ha **mai** voluto ascoltarti.
Ton fils n'a jamais voulu t'écouter.

● Hanno **quasi** finito i lavori nella casa nuova.
Ils ont presque terminé les travaux dans leur nouvelle maison.

● Nadia ha **sempre** rimpianto di aver interrotto gli studi.
Nadia a toujours regretté d'avoir arrêté ses études.

■ Les adverbes *bene* et *male* se placent après le verbe conjugué ou l'infinitif.

● Avete capito **male**.
Vous avez mal compris.

● Dovevi pensarci **bene** prima di agire.
Il fallait bien réfléchir avant d'agir.

TRADUCTION EXPRESS

1 Tu dois analyser la situation avec attention.

2 Jusqu'à présent les choses se sont bien passées.

3 Je t'ai déjà dit ce que je pense.

4 J'espère que cette nuit je vais bien dormir.

5 Peut-être que nous irons lui rendre visite la semaine prochaine.

6 Je le rencontre souvent dans le bus.

RÉPONSES

1 *Devi analizzare la situazione attentamente.*
2 *Finora le cose sono andate bene.*
3 *Ti ho già detto che cosa penso.*
4 *Spero che questa notte dormirò bene.*
5 *Forse andremo a trovarlo la settimana prossima.*
6 *Lo incontro spesso sull'autobus.*

Les prépositions *di*, *a* et *in*

▷ La préposition est un mot invariable qui relie un complément à un autre mot, en exprimant un rapport de destination, de lieu, de matière, de moyen, de temps, etc.

PRINCIPAUX EMPLOIS DE *DI*

▬ Pour exprimer la **possession**.

- **Di** chi sono questi guanti?
  À qui sont ces gants?

▬ Pour introduire le **complément de nom**.

- *Romanzo criminale* è un film **di** azione.
  Romanzo criminale est un film d'action.

- Ho già bevuto tre tazzine **di** caffè.
  J'ai déjà bu trois tasses de café.

▬ Pour exprimer la **matière**.

- Prima i bambini avevano giocattoli **di** legno.
  Autrefois les enfants avaient des jouets en bois.

▬ Pour exprimer le **temps**.

- **Di** notte, la temperatura scende a zero gradi.
  La nuit, la température descend à zéro degré.

- **D**'estate, trascorriamo due settimane al mare.
  L'été, nous passons deux semaines au bord de la mer.

- **Di** sabato, molta gente va a fare compere.
  Beaucoup de gens vont faire leurs courses le samedi.

▬ Pour exprimer la **comparaison** entre deux noms ou pronoms.

- Lui è più giovane **di** suo fratello.
  Il est plus jeune que son frère.

- Il suo telefonino ha più funzionalità **del** mio.
  Son téléphone portable a plus de fonctionnalités que le mien.

▬ Après des prépositions telles que *contro* (contre), *dopo* (après), *fra* (entre, parmi), *prima* (avant), *senza* (sans), *sopra* (sur, au-dessus), *sotto* (sous, en-dessous), *su* (sur) suivies d'un pronom personnel tonique.

- Non può vivere senza **di** lei.
  Il ne peut pas vivre sans elle.

- Dopo **di** me ci sono altri quattro candidati.
  Après moi, il y a quatre autres candidats.

■ Avant l'infinitif qui suit certains verbes tels que *credere* (croire), *dire* (dire), *pensare* (penser), *sperare* (espérer), *ricordare* (rappeler), *sospettare* (soupçonner).

- Penso **di** terminare il lavoro entro stasera.
  Je pense terminer ce travail d'ici ce soir.

- Non ricordi **di** averlo detto?
  Tu ne te souviens pas de l'avoir dit?

ON N'EMPLOIE PAS *DI*

■ Dans les constructions «*essere* + adjectif + infinitif».

- **È impossibile crederlo**: racconta sempre frottole.
  C'est impossible de le croire : il raconte toujours des histoires.

- **È facile imparare** l'italiano se si studia un po'.
  Il est facile d'apprendre l'italien si on travaille un peu.

■ Après certains verbes tels que *bastare* (suffire), *cambiare* (changer) ou *sognare* (rêver).

- **Basta guardarlo** per capire!
  Il suffit de le regarder pour comprendre !

- Fabio **ha cambiato** lavoro.
  Fabio a changé de travail.

- **Ho sognato** mia nonna.
  J'ai rêvé de ma grand-mère.

PRINCIPAUX EMPLOIS DE *A*

■ Pour exprimer **la localisation spatiale** ou **le mouvement**.

- Siccome pioveva, sono rimasto **a** casa.
  Comme il pleuvait, je suis resté à la maison.

- Quando arrivi **alla** rotonda, prendi la prima strada **a** destra.
  Lorsque tu arrives au rond-point, tu prends la première rue à droite.

- L'estate prossima vado **a** Verona, per vedere l'*Aida* **all'**Arena.
  L'été prochain, je vais à Vérone pour voir *Aïda* aux Arènes.

■ Pour exprimer **la localisation temporelle**.

- **A** Natale andiamo dai miei genitori.
  À Noël, nous allons chez mes parents.

- Dovrò passare l'esame **a** giugno.
  Je devrai passer mon examen en juin.

- Partivano sempre **ai** primi di luglio.
  Ils partaient toujours début juillet.

▶ Pour exprimer **la simultanéité.**

- **Al** vederlo, fui commossa.
  En le voyant, je fus émue.

▶ Pour exprimer la **forme.**

- Hai ancora i pantaloni **a** righe che indossavi nella foto?
  Est-ce que tu as encore le pantalon à rayures que tu portais sur la photo?

- Per il suo compleanno le abbiamo regalato un pendente **a** goccia.
  Pour son anniversaire, nous lui avons offert un pendentif en forme de goutte.

▶ Pour exprimer la **manière** ou l'**attitude.**

- Luigi parla sempre **a** voce alta.
  Luigi parle toujours fort.

- Sono arrivate **a** mani vuote.
  Elles sont arrivées les mains vides.

- Guardalo, ascolta la musica **ad** occhi chiusi.
  Regarde-le, il écoute la musique les yeux fermés.

▶ Pour exprimer la **distribution.**

- Andiamo a teatro una volta **al** mese.
  Nous allons au théâtre une fois par mois.

- I turisti sono arrivati in città **a** centinaia.
  Les touristes sont arrivés en ville par centaines.

- I bambini hanno ricevuto tre caramelle **a** testa.
  Les enfants ont reçu trois bonbons chacun.

▶ Avant l'infinitif qui suit un **verbe de mouvement.**

- Siamo andati **a** vedere *La Traviata* alla Scala.
  Nous sommes allés voir *La Traviata* à la Scala de Milan.

- Sono andati **a** correre nel parco.
  Ils sont partis courir au parc.

PRINCIPAUX EMPLOIS DE *IN*

▶ Pour exprimer **le mouvement** ou **la localisation spatiale.**

- È andata **in** banca.
  Elle est allée à la banque.

- Gli studenti studiano **in** biblioteca.
  Les étudiants travaillent à la bibliothèque.

- Sono **in** camera mia.
  Je suis dans ma chambre.

- Abitano **in** via San Francesco.
  Ils habitent via San Francesco.

NOTEZ BIEN

On emploie la préposition *in* devant les noms de continents, de pays et de régions, tandis qu'on utilise *a* devant les noms de villes ou d'îles mineures.

Per le vacanze andremo **in** Italia: resteremo qualche giorno **a** Catania e poi trascorreremo una settimana **alle** Eolie.
Nous irons en Italie pour les vacances: nous resterons quelques jours à Catane et puis nous passerons une semaine aux îles Éoliennes.

Pour exprimer **la localisation temporelle.**

- Si sono conosciuti **nel** novembre 1998.
  Ils se sont connus en novembre 1998.

Pour exprimer **la durée.**

- Ha fatto tutto **in** cinque minuti.
  Il a tout fait en cinq minutes.

Pour exprimer le **moyen.**

- Hanno viaggiato **in** treno.
  Ils ont voyagé en train.

- Abbiamo pagato **in** contanti.
  Nous avons payé comptant.

Pour exprimer la **simultanéité** avec une autre action.

- **Nel** raccontare l'accaduto, il giornalista ha omesso molti particolari.
  En racontant ce qui s'était passé, le journaliste a omis de nombreux détails.

TRADUCTION EXPRESS

1 Le dimanche, nous allons déjeuner chez mes parents.
2 Il est arrivé avant moi.
3 Elle espère le revoir bientôt.
4 Les cours se terminent en juin.
5 Le Royaume d'Italie a été proclamé en 1861.
6 C'est important d'écouter.
7 Nous habitons place Garibaldi.

RÉPONSES
1 Di domenica andiamo a pranzo dai miei genitori.
2 È arrivato prima di me.
3 Spera di rivederlo presto.
4 Le lezioni terminano a giugno.
5 Il Regno d'Italia è stato proclamato nel 1861.
6 È importante ascoltare.
7 Abitiamo in Piazza Garibaldi.

26 Les prépositions *da*, *su*, *per* et *fra* / *tra*

PRINCIPAUX EMPLOIS DE *DA*

▶ Pour exprimer le **point de départ** (spatial et temporel).

● Giulio e Federica hanno fatto un lungo viaggio: arrivano **dall**'Australia.
Giulio et Federica ont fait un long voyage : ils arrivent d'Australie.

● Gli Appennini si estendono **dalla** Liguria fino alla Calabria.
Les Apennins s'étendent depuis la Ligurie jusqu'à la Calabre.

● Questo negozio è aperto **dalle** 8.30 alle 12.30 e **dalle** 16.00 alle 20.00.
Ce magasin est ouvert de 8h30 à 12h30 et de 16h00 à 20h00.

▶ Pour traduire « **depuis** ».

● Non lo vedo **dall**'estate scorsa.
Je ne l'ai pas revu depuis l'été dernier.

▶ Pour traduire « **chez** ».

● Ci ritroviamo **da** Francesco stasera alle otto.
Nous nous retrouvons chez Francesco ce soir à huit heures.

▶ Pour introduire le **complément d'agent**.

● *Il giorno della civetta* è stato scritto **da** Leonardo Sciascia.
Le jour de la chouette a été écrit par Leonardo Sciascia.

▶ Pour exprimer la **caractéristique**.

● Quel ragazzo **dai** capelli riccioluti è mio fratello.
Ce garçon aux cheveux frisés est mon frère.

▶ Pour exprimer le **but**, la **destination** ou la **cause**.

● Che cosa Le servo **da** bere? [but]
Qu'est-ce que je vous sers à boire ?

● Il setter è un buon cane **da** caccia. [destination]
Le setter est un bon chien de chasse.

● Piange **dal** dolore. [cause]
Elle pleure de douleur.

EMPLOIS SPÉCIFIQUES DE *SU*

▶ Pour exprimer l'**approximation**.

● Suo figlio avrà **sui** quindici anni.
Son fils doit avoir à peu près quinze ans.

- Quell'appartamento costerà **sui** trecentomila euro.
  Cet appartement doit coûter environ trois cent mille euros.

- È dimagrito: peserà **sui** settantacinque chili.
  Il a maigri : il doit peser dans les soixante-quinze kilos.

▰ Pour exprimer la **proximité spatiale.**

- Hanno trascorso le vacanze **sul** lago Trasimeno.
  Ils ont passé leurs vacances au bord du lac Trasimène.

▰ Pour exprimer la **localisation** dans un train, un bus, un avion
ou un journal.

- Sono saliti **sul** treno appena in tempo!
  Ils sont montés dans le train juste à temps !

- Ho incontrato Martina **sull'**autobus.
  J'ai rencontré Martina dans le bus.

- Ho letto la notizia **sul** giornale.
  J'ai lu la nouvelle dans le journal.

EMPLOIS SPÉCIFIQUES DE *PER*

▰ Pour exprimer la **durée.**

- Staremo a Venezia **per** cinque giorni.
  Nous resterons à Venise pendant cinq jours.

- Suo cugino ha guardato la tivù **per** tutta la serata.
  Son cousin a regardé la télé pendant toute la soirée.

▰ Pour exprimer la **cause.**

- Laura è rimasta a casa una settimana **per** l'influenza.
  Laura est restée à la maison une semaine à cause de la grippe.

- Ho pianto **per** la gioia.
  J'ai pleuré de joie.

PRINCIPAUX EMPLOIS DE *TRA* OU *FRA*

Les deux prépositions sont interchangeables.

▰ Pour exprimer la **localisation spatiale.**

- La banca si trova **tra** / **fra** la farmacia e la tabaccheria.
  La banque se trouve entre la pharmacie et le bureau de tabac.

- L'aria fresca passa **tra** / **fra** le fessure della finestra.
  L'air frais passe à travers les interstices de la fenêtre.

- Ho ritrovato una tua fotografia **tra** / **fra** le mie carte.
  J'ai retrouvé une photo de toi dans / parmi mes papiers.

■ Pour exprimer la **distance spatiale ou temporelle.**

● La prossima stazione di servizio è **tra** / **fra** tre chilometri.
La prochaine station-service est dans trois kilomètres.

● Il treno per Napoli parte **tra** / **fra** venti minuti.
Le train pour Naples part dans vingt minutes.

■ Pour exprimer l'**ensemble d'appartenance.**

● **Tra** / **Fra** i nostri amici, Luigi è il più permaloso.
Parmi nos amis, Luigi est le plus susceptible.

TRADUCTION EXPRESS

1 Il a encore beaucoup de choses à faire.

2 Nous rentrons à Paris dans quinze jours.

3 Il fait très froid depuis la semaine dernière.

4 Depuis longtemps il est interdit de fumer dans les trains.

5 Ils partent au ski pendant une semaine.

6 Elle a rendez-vous ce matin chez le médecin.

7 Il a pêché un bar *(la spigola* ou *il branzino)* d'environ huit kilos.

8 Qui est cette fille aux yeux bleus ?

9 Il a agi par dépit *(dispetto)*.

10 J'ai regardé les prévisions météo dans le journal.

11 Je n'ai plus de papier à lettres.

27 Les phrases déclaratives, interrogatives et exclamatives

▷ La phrase déclarative raconte un fait, expose une idée, que ce soit de manière affirmative ou négative.
La phrase interrogative pose une question.
La phrase exclamative exprime une émotion forte, comme la joie, la surprise, la colère, etc.

LA PHRASE DÉCLARATIVE AFFIRMATIVE

▸ Le sujet précède généralement le verbe.

- Gianni e Lucia festeggiano il capodanno a Bologna.
  Gianni et Lucia fêtent le Jour de l'an à Bologne.

▸ L'inversion verbe-sujet est toutefois fréquente. Elle permet d'insister sur le sujet de l'action.

- Tuo fratello ha scritto.
  Ton frère a écrit.

- Ha scritto tuo fratello.
  Ton frère a écrit. / C'est ton frère qui a écrit.

▸ L'inversion est fréquente et sans valeur d'insistance lorsqu'elle accompagne des verbes de mouvement ou des verbes à construction indirecte comme *(non) mi piace*, *(non) mi serve...*

- Arrivano i nostri amici!
  Nos amis arrivent!

- Scende la notte.
  La nuit tombe.

- Mi piace molto il suo nuovo taglio di capelli.
  Sa nouvelle coupe de cheveux me plaît beaucoup.

LA PHRASE DÉCLARATIVE NÉGATIVE

▸ La phrase déclarative négative se construit en faisant précéder le verbe de la particule *non*.

- Gianni e Lucia **non** festeggeranno il capodanno a Bologna insieme a noi.
  Gianni et Lucia ne vont pas fêter le Jour de l'an à Bologne avec nous.

- Da quando è partito, Paolo **non** ha mai scritto.
  Depuis qu'il est parti, Paolo n'a jamais écrit.

La déclarative négative peut être renforcée par les adverbes ou les locutions adverbiales **affatto**, **mica**, **per niente** ou **per nulla**.

- **Non** sono **affatto** d'accordo con te!
  Je ne suis pas du tout d'accord avec toi !

- **Non** puoi **mica** fare sempre come ti pare!
  Tu ne peux tout de même pas n'en faire toujours qu'à ta tête !

- Stasera i bambini **non** hanno **per niente** voglia di andare a dormire.
  Ce soir les enfants n'ont absolument pas envie d'aller se coucher.

Lorsqu'un autre élément négatif précède le verbe, *non* est omis.

- **Nessuno ha** risposto alla mia domanda.
  Non ha risposto **nessuno** alla mia domanda.
  Personne n'a répondu à ma question.

- **Nemmeno** Luisa **ha** ricevuto l'invito.
  Non ha ricevuto l'invito **nemmeno** Luisa.
  Luisa non plus n'a pas reçu d'invitation.

- **Niente** può fermarlo.
  Non può fermarlo **niente**.
  Rien ne peut l'arrêter.
  ▸ LES INDÉFINIS P. 50-54

LA PHRASE INTERROGATIVE

La phrase interrogative n'entraîne pas un ordre particulier des mots dans l'énoncé, le sujet pouvant soit précéder soit suivre le verbe. La phrase interrogative est caractérisée, à l'oral, par une intonation ascendante ; à l'écrit elle se termine par un point d'interrogation.

- Giulio verrà in montagna con noi?
  Est-ce que Giulio viendra avec nous à la montagne ?

- Riuscirà il nostro eroe a ritrovare la sua principessa?
  Notre héros parviendra-t-il à retrouver sa princesse ?

L'interrogative totale

L'interrogation totale porte sur l'ensemble de l'énoncé.

La réponse est alors :
- affirmative (*sì* : oui, *certo* : certainement, *d'accordo* : d'accord…) ;
- négative (*no* : non, *affatto* : pas du tout…) ;
- dubitative (*forse* : peut-être, *magari* : éventuellement…).

- — Hai già fatto riparare il computer? — Certo.
  « Tu as déjà fait réparer ton ordinateur ? — Bien sûr. »

- — C'era traffico in autostrada? — No, affatto.
  « Y avait-il de la circulation sur l'autoroute ? — Non, pas du tout. »

L'interrogative partielle

La question est introduite par un pronom, un adjectif ou un adverbe interrogatifs et ne porte que sur une partie de l'énoncé.
La réponse est alors plus complète.

- — Quanti anni ha la figlia di Simona? — Ha già tre anni.
  « Quel âge a la fille de Simona ? — Elle a déjà trois ans. »

- — Chi ha spedito questi documenti? — Il tuo collega di Milano.
  « Qui a envoyé ces documents ? — Ton collègue de Milan. »

▸ LES INTERROGATIFS P. 66-68

LA PHRASE EXCLAMATIVE

La phrase exclamative permet d'exprimer une réaction ou un sentiment.
Elle est caractérisée, à l'oral, par une intonation descendante ;
à l'écrit elle se termine par un point d'exclamation.

Elle peut être introduite par des pronoms, des adjectifs ou des adverbes exclamatifs tels que *chi*, *quanto*, *che*, *come*, *quale* ou *quando*.

▸ LES EXCLAMATIFS P. 66 ET 68-69

- **Quanto** nevica!
  Comme il neige !

- **Che** risate!
  Qu'est-ce qu'on a rigolé !

- **Com**'è bello!
  Qu'il est beau !

Elle peut aussi être introduite par des mots tels que *magari* ou *peccato*.

- **Magari** l'avessi saputo prima!
  Si seulement je l'avais su avant !

- **Peccato** che sia così tardi!
  Dommage qu'il soit si tard !

TRADUCTION EXPRESS

1 Ce n'est pas Luigi qui a répondu au téléphone.

2 Le train de midi est arrivé.

3 J'ai besoin *(servire)* d'un nouveau manteau.

4 Nous n'avons pas faim du tout.

5 Personne ne nous a prévenus *(avvertire)*.

6 Il ne peut rien t'arriver, si tu fais attention.

7 Veux-tu un coup de main *(una mano)* ?

8 Comment s'appelle ton ami brésilien ?

9 Qui l'eût cru !

10 Quelle honte !

RÉPONSES

1 *Non è stato Luigi a rispondere al telefono.*

2 *È arrivato il treno di mezzogiorno.*

3 *Mi serve un cappotto nuovo.*

4 *Non abbiamo affatto / per niente / per nulla fame.*

5 *Nessuno ci ha avvertiti. / Non ci ha avvertito nessuno.*

6 *Niente può succederti / Non può succederti niente, se fai attenzione.*

7 *Vuoi una mano?*

8 *Come si chiama il tuo amico brasiliano?*

9 *Chi l'avrebbe mai creduto!*

10 *Che vergogna!*

28 Les phrases passives et impersonnelles

▷ Dans les phrases passives, le sujet n'accomplit pas l'action mais la subit.
Les phrases impersonnelles se construisent avec un verbe conjugué à la 3ᵉ personne du singulier qui ne renvoie à aucun sujet réel.

LA PHRASE PASSIVE

La phrase passive se construit avec l'auxiliaire *essere* + le participe passé du verbe accordé en genre et en nombre avec le sujet.
Le complément d'agent est introduit par la préposition *da*.

	VOIX ACTIVE	VOIX PASSIVE
présent	Questo meccanico **ripara** bene le moto. Ce garagiste répare bien les motos.	Le moto **sono riparate** bene **da** questo meccanico. Les motos sont bien réparées par ce garagiste.
imparfait	La cameriera del bar **serviva** anche i clienti del ristorante. La serveuse du bar servait aussi les clients du restaurant.	Anche i clienti del ristorante **erano serviti dalla** cameriera del bar. Les clients du restaurant aussi étaient servis par la serveuse du bar.
passé composé	Quale giornalista **ha scritto** l'articolo? Quel journaliste a écrit cet article ?	**Da** quale giornalista **è stato scritto** l'articolo? Par quel journaliste a été écrit cet article ?
futur	Il medico **prescriverà** il farmaco appropriato. Le médecin prescrira le bon médicament.	Il farmaco appropriato **sarà prescritto dal** medico. Le bon médicament sera prescrit par le médecin.
conditionnel passé	In altre circostanze, i suoi genitori **avrebbero mantenuto** la promessa. Dans d'autres circonstances, ses parents auraient tenu leur promesse.	In altre circostanze, la promessa **sarebbe stata mantenuta dai** suoi genitori. Dans d'autres circonstances, cette promesse aurait été tenue par ses parents.

Les temps simples (présent, imparfait, futur) au passif peuvent également être formés avec *venire* + le participe passé du verbe accordé en genre et en nombre avec le sujet. Dans ce cas, on met l'accent sur l'aspect dynamique du verbe.

● La finestra **è** chiusa. [mise en valeur du résultat]
La finestra **viene** chiusa. [mise en valeur de l'action]
La fenêtre est fermée.

Dans les temps simples, et lorsqu'on veut exprimer l'idée d'obligation, la voix passive peut être formée avec **andare** + le participe passé du verbe accordé en genre et en nombre avec le sujet.

- Il tagliando auto **va fatto** [= *deve essere fatto*] ogni anno.
  La révision de la voiture doit être faite tous les ans.

NOTEZ BIEN

Avec les verbes **disperdere**, **perdere** et **smarrire** (perdre, égarer), le verbe **andare** remplace souvent l'auxiliaire **essere**.

Molti documenti **sono andati perduti** durante l'incendio.
Beaucoup de documents ont été perdus pendant l'incendie.

La forme réfléchie peut avoir une valeur passive.

- Da qui **si vede** il mare. [= *il mare è visto*]
  D'ici on voit la mer.

LA PHRASE IMPERSONNELLE

La phrase impersonnelle ne renvoie pas à un sujet défini.

Constructions avec le verbe à la 3ᵉ personne du singulier sans accord avec un sujet

Expressions météorologiques

- C'è un temporale terribile: tuona e grandina da stamani.
  Il y a un orage terrible : il tonne et il grêle depuis ce matin.

- Piove da due ore.
  Il pleut depuis deux heures.

- Fa molto caldo oggi.
  Il fait très chaud aujourd'hui.

« **Essere** + adjectif + infinitif » ou « **essere** + adjectif + **che** + subjonctif »

- È difficile risolvere questo problema.
  Il est difficile de résoudre ce problème.

- È difficile che la mattina io esca senza aver fatto colazione.
  Il est difficile que je sorte sans avoir pris mon petit déjeuner le matin.

NOTEZ BIEN

Dans la construction **essere** + **adjectif** + **infinitif**, on ne traduit pas la préposition « de » en italien.

È vietato fumare.
Il est interdit de fumer.

■► Constructions avec *accadere*, *capitare*, *succedere* (arriver, se passer), *bastare* (suffire), *convenire* (valoir mieux), *parere* (paraître), *sembrare* (sembler)...

Ces verbes peuvent être utilisés aussi bien dans des constructions personnelles qu'impersonnelles.

CONSTRUCTION IMPERSONNELLE	CONSTRUCTION PERSONNELLE
Basta avere tre uova per fare questo dolce. Il suffit d'avoir trois œufs pour faire ce gâteau.	Tre uova **bastano** per fare questo dolce. Trois œufs suffisent pour faire ce gâteau.
Conviene fare acquisti durante i saldi. Il vaut mieux acheter pendant les soldes.	I saldi **convengono** davvero. Les soldes sont vraiment intéressants.
Sembra che non siano convinti della loro scelta. Il semble qu'ils ne soient pas convaincus de leur choix.	Non **sembrano** convinti della loro scelta. Ils ne semblent pas convaincus de leur choix.

NOTEZ BIEN

Dans les temps composés, les verbes impersonnels sont toujours construits avec l'auxiliaire *essere*.

Mi è **parso** interessante.
Cela m'a paru intéressant.

■► Autres constructions impersonnelles

Si + verbe à la 3ᵉ personne

● In montagna **si respira** aria pura.
À la montagne, on respire de l'air pur.

● In quel cinema **si danno** film in versione originale.
Dans ce cinéma, on passe des films en version originale.

NOTEZ BIEN

Lorsque le verbe est directement suivi d'un nom pluriel, il s'accorde à la 3ᵉ personne du pluriel.

Si avvertiranno i candidati telefonicamente.
On préviendra les candidats par téléphone. [= avvertire + COD]

Lorsque le verbe est suivi d'un COI au pluriel, il reste à la 3ᵉ personne du singulier.

Si telefonerà ai candidati per avvertirli. [= telefonare + COI]
On téléphonera aux candidats pour les prévenir.

Verbe à la 3ᵉ personne du pluriel (le locuteur est exclu)

- **Dicono** che il nuovo direttore sia una persona comprensiva.
  [= *Si dice che…*]
  On dit que le nouveau directeur est quelqu'un de compréhensif.

- Mi **hanno rivelato** tutto.
  On m'a tout révélé.

Forme passive

La forme passive peut également remplacer l'indéfini *si* lorsque le verbe est au passé.

- Mi è **stato rivelato** tutto.
  On m'a tout révélé.

- Per via della folla, l'attore è **stato fatto** entrare da una porta di servizio.
  À cause de la foule, on a fait entrer l'acteur par une porte de service.
  [= a été introduit]

Uno + verbe à la 3ᵉ personne du singulier

Le pronom indéfini *uno* peut remplacer l'indéfini *si* lorsqu'il a le sens de « quelqu'un ».

- Quando **uno sbaglia**, deve saper rimediare ai propri errori.
  Quand on se trompe, on doit savoir réparer ses erreurs.

▶ **TRADUCTION DE « ON »** P. 193-194

___**TRADUCTION EXPRESS**

1 La chapelle des Scrovegni a été peinte par Giotto.
2 L'inscription doit être réglée *(saldare)* avant la fin du mois de septembre.
3 Cette ampoule *(la lampadina)* a été changée la semaine dernière par le concierge et elle a déjà grillé *(fulminarsi)*.
4 Il est important de bien analyser la question.
5 Dans ce restaurant, on mange de très bonnes pizzas.
6 On t'a raconté ce qui s'est passé ?

La coordination

▷ Les conjonctions de coordination servent à relier des mots ou des propositions de même valeur.

LA COORDINATION AVEC *E* ET *NÉ*

La conjonction *e* exprime :

L'addition

- Stefano studia l'inglese **e** il tedesco.
  Stefano étudie l'anglais et l'allemand.

La simultanéité

- Tu porti il dolce **e** io il caffè.
  Tu apportes le dessert et moi le café.

La succession temporelle

- È entrato in casa **e** se ne è andato a dormire.
  Il est rentré chez lui et il est allé se coucher.

Le but

- Sono andati da lei **e** le hanno raccontato tutto.
  Ils sont allés chez elle et ils lui ont tout raconté.

La conséquence

- Sono uscito con i capelli bagnati **e** ora sono raffreddato.
  Je suis sorti avec les cheveux mouillés et maintenant je suis enrhumé.

L'opposition

- Ha detto che andava a studiare in biblioteca **ed** è andato al cinema.
  Il a dit qu'il allait travailler à la bibliothèque et il est allé au cinéma.

  NOTEZ BIEN
  Devant une voyelle, la conjonction *e* peut prendre un *-d*.
  Abbiamo visitato Torino **ed** Asti.
  Nous avons visité Turin et Asti.

La conjonction de coordination négative *né* peut suivre ou précéder le verbe. Si elle précède le verbe, on n'emploie pas la particule *non*.

- Non possiamo farci niente **né** tu **né** io.
  Né tu **né** io possiamo farci niente.
  Nous ne pouvons rien y faire, ni toi ni moi.

LA COORDINATION AVEC *O* OU *OPPURE*

La conjonction *o* introduit :

Une alternative

- Preferisci andare in un ristorante indiano **o** giapponese?
  Préfères-tu aller dans un restaurant indien ou japonais?

- **O** ti sbrighi **o** parto senza di te.
  Soit tu te dépêches, soit je pars sans toi.

Une autre façon de dire la même chose

- Il biossido di carbonio, **o** anidride carbonica, è uno dei principali gas a effetto serra.
  Le bioxyde de carbone, ou anhydride carbonique, est l'un des principaux gaz à effet de serre.

Une nouvelle hypothèse

- Potremmo fare una passeggiata. **O** hai da studiare?
  Nous pourrions faire une balade. Ou bien tu dois travailler?

La conjonction **oppure** est souvent utilisée comme synonyme de *o* pour introduire une alternative ou une nouvelle hypothèse. Néanmoins, le contraste entre les éléments qu'elle relie est plus fort.

- Stai attento a quello che fai, **oppure** te ne pentirai.
  Fais attention à ce que tu fais, sinon tu le regretteras.

LA COORDINATION AVEC *MA* ET *PERÒ*

Ma introduit un deuxième élément qui s'oppose au premier ou le limite. *Ma* se place obligatoirement devant l'élément coordonné.

- Pensavo di aver preso gli occhiali, **ma** li ho dimenticati a casa.
  Je croyais avoir pris mes lunettes, mais je les ai oubliées à la maison. [= opposition]

- Francesco è intelligente, **ma** è pigro.
  Francesco est intelligent, mais il est paresseux. [= restriction]

● *Però* marque une opposition plus intense que *ma*.
Sa position dans la phrase est davantage flexible.

È sempre convinto di aver ragione,	**però** spesso ha torto.
	spesso **però** ha torto.
	spesso ha torto **però**.
Il est toujours persuadé d'avoir raison,	et pourtant il a souvent tort.

NOTEZ BIEN
En position isolée, en début ou en fin de phrase, *però* exprime
la surprise ou la déception.
Però, che fortuna hai avuto!
Dis donc, tu en as eu de la chance!

Autres conjonctions adversatives

| tuttavia (toutefois), nondimeno (néanmoins), eppure (pourtant), invece (au contraire, en revanche), bensì (mais plutôt)… |

AUTRES CONJONCTIONS DE COORDINATION

● *Dunque, quindi* (donc), *perciò, pertanto, sicché, per cui* (c'est pourquoi)…
introduisent une proposition qui est la conséquence de la précédente.

- Oggi piove, **dunque** prenderò l'ombrello.
  Aujourd'hui il pleut, donc je prendrai mon parapluie.

- Era stanco, **quindi** ha preferito restare a casa.
  Il était fatigué, donc il a préféré rester chez lui.

- Non ha studiato abbastanza, **perciò** è stato bocciato.
  Il n'a pas assez travaillé, c'est pourquoi il a été recalé.

- La mia auto è guasta, **pertanto** devo portarla dal meccanico.
  Ma voiture est en panne, c'est pourquoi je dois la porter chez le garagiste.

- Ho dimenticato il cellulare a casa, **sicché** non ho potuto rispondere.
  J'ai oublié mon téléphone portable chez moi, donc je n'ai pas pu répondre.

- Valeria è malata, **per cui** non può andare a lavorare.
  Valeria est malade, c'est pourquoi elle ne peut pas aller travailler.

● *Cioè, ossia, vale a dire, ovvero* (c'est-à-dire), ainsi que *infatti, in effetti,
difatti* (en effet) introduisent des informations complémentaires.

- Ho un appuntamento dal medico martedì, **cioè** il 21.
  J'ai un rendez-vous chez le médecin mardi, c'est-à-dire le 21.

- Abbiamo visto un film di Nanni Moretti, **ossia** *Habemus Papam*.
  Nous avons vu un film de Nanni Moretti, à savoir *Habemus Papam*.

- Diceva che gli faceva male il ginocchio. **Infatti**, aveva il menisco
  rotto.
  Il disait qu'il avait mal au genou. Et de fait, il avait le ménisque cassé.

1 Il est tombé de son vélo et maintenant il a une jambe dans le plâtre *(ingessato)*.

2 Je ne l'ai pas vu et je ne désire pas le voir.

3 Il faut le prévenir tout de suite ou il sera trop tard.

4 Soit nous dînons à la maison, soit nous allons au restaurant.

5 Je l'ai vue, mais elle a fait semblant de ne pas me voir.

6 Il n'est pas si bête, dis donc !

7 Il est arrivé en retard, c'est pourquoi il a raté *(perdere)* son train.

8 Ils rentreront après Pâques, c'est-à-dire début avril.

1 È caduto dalla bicicletta e ora ha una gamba ingessata.

2 Non l'ho visto, né desidero vederlo. / Non l'ho visto e non desidero vederlo.

3 Bisogna avvertirlo subito, oppure / o sarà troppo tardi.

4 O ceniamo a casa o andiamo al ristorante.

5 L'ho vista, ma / però lei ha fatto finta di non vedermi.

6 Però, non è mica scemo!

7 È arrivato in ritardo, perciò ha perso il treno.

8 Torneranno dopo Pasqua, ossia ai primi di aprile.

Les subordonnées complétives

▷ Les subordonnées complétives « complètent » le verbe principal.

FONCTIONS DES COMPLÉTIVES

Les subordonnées complétives peuvent exercer la fonction de **sujet** ou de **complément**. Leur verbe peut être à une **forme personnelle** ou à l'**infinitif**.

- Lo spaventa **l'idea di dover fare delle rinunce**. [sujet]
  L'idée de devoir renoncer l'effraie.

- Mi stupirebbe molto **che Luca arrivasse in orario**. [sujet]
  Que Luca arrive à l'heure m'étonnerait beaucoup.

- Non sopporto **di sentirlo piangere**. [COD]
  Je ne supporte pas de l'entendre pleurer.

- Hanno affermato **che erano preoccupati**. [COD]
  Ils ont affirmé qu'ils étaient inquiets.

- Vogliamo **restare a casa**. [COD]
  Nous voulons rester à la maison.

- Contava sul fatto **che l'avresti aiutato**. [COI]
  Il comptait sur le fait que tu l'aurais aidé.

- Abbiamo parlato del fatto **che la legge potrebbe cambiare**. [COI]
  Nous avons parlé du fait que la loi pourrait changer.

CONSTRUCTIONS DES COMPLÉTIVES

La subordonnée complétive sujet peut suivre ou précéder le verbe principal.

- Ci stupisce che i suoi colleghi non abbiano accettato l'invito.
  Che i suoi colleghi non abbiano accettato l'invito ci stupisce.
  Cela nous étonne que ses collègues n'aient pas accepté l'invitation.

La construction avec l'infinitif n'est possible que si le sujet de la complétive et celui du verbe principal sont identiques, ou bien lorsque le verbe principal est impersonnel.

- Mi dispiace andar via.
  Je regrette de partir.

- Bisogna andar via.
  Il faut partir.

● Le verbe de la complétive, lorsqu'il n'est pas à l'infinitif, se conjugue au **subjonctif** :

Si la principale est impersonnelle

- **È necessario** che finiate questo lavoro entro stasera.
  Il est nécessaire que vous finissiez ce travail avant ce soir.

Si elle exprime un doute, une appréciation, un désir ou un ordre

- **Temo** che la situazione sia grave.
  Je crains que la situation ne soit grave.

- **Credevamo** che tu fossi già partito.
  Nous croyions que tu étais déjà parti.

- **Speriamo** che vada tutto bene!
  Espérons que tout se passera bien !

- I vostri genitori **esigono** che voi li rispettiate.
  Vos parents exigent que vous les respectiez.

> ▸ Les emplois du subjonctif p. 90-92
> ▸ La concordance des temps p. 88

● Le verbe de la complétive se conjugue à l'**indicatif** si la principale exprime un fait avéré ou une certitude.

- Gli operai dicono che **è** impossibile continuare così.
  Les ouvriers disent que c'est impossible de continuer comme ça.

- Vedo che **stai** meglio.
  Je vois que tu vas mieux.

● Le verbe de la complétive se conjugue au **conditionnel** :

S'il est lié à une hypothèse

- Ti giuro che **glielo avrei detto** se l'avessi visto.
  Je te jure que je le lui aurais dit si je l'avais vu.

S'il rapporte un discours indirect au passé

- Ha detto che **sarebbe tornato** presto.
  Il a dit qu'il rentrerait tôt.

▸ **LA CONCORDANCE DES TEMPS P. 88**

La complétive **interrogative indirecte** dépend de verbes comme *chiedersi*, *domandarsi* (se demander), *dubitare* (douter), etc.
Elle est introduite par la conjonction *se* ou par un mot interrogatif.

- Non so **se** abbiano ben capito dove abitiamo.
  Je ne sais pas s'ils ont bien compris où nous habitons.

- Non so **che cosa** farò domani.
  Je ne sais pas ce que je ferai demain.

- Ci chiediamo **chi** l'abbia fatto.
  Nous nous demandons qui a fait ça.

- Volevo sapere **quanto** costasse.
  Je voulais savoir combien ça coûte.

NOTEZ BIEN

L'interrogative indirecte se conjugue au subjonctif dans les phrases au passé. Toutefois à l'oral l'indicatif est largement utilisé à la place du subjonctif.

Mi ha domandato che cosa **volevo**.
Il m'a demandé ce que je voulais.

TRADUCTION EXPRESS

1 Cela m'inquiète qu'il n'ait pas encore téléphoné.
2 N'oublie pas d'acheter du pain.
3 Il est scandaleux que personne ne réagisse.
4 Le médecin a constaté que son patient allait mieux.
5 Il nous a assuré qu'il nous aurait prévenus s'il l'avait su.
6 Elle m'avait promis qu'elle travaillerait plus le semestre suivant.
7 Je me demande qui a pu dire une chose pareille.

31 Les subordonnées circonstancielles (1)

▷ Les subordonnées circonstancielles apportent des informations sur les circonstances dans lesquelles se déroule l'action exprimée par la proposition principale : le lieu, le temps, la cause, la manière, le but, la condition...

LES SUBORDONNÉES DE LIEU

Les subordonnées de lieu sont introduites par **dove** (où), **da dove** (d'où)...

- Hanno costruito un centro commerciale **dove** prima c'erano i campi.
  On a construit un centre commercial là où avant il y avait des champs.

- Dobbiamo cercare un posto **dove** passare la notte.
  Nous devons chercher un endroit où passer la nuit.

- La città **dove** viviamo è in riva al mare.
  La ville où nous vivons est au bord de la mer.

- Vedono il mare **da dove** abitano.
  Ils voient la mer d'où ils habitent.

LES SUBORDONNÉES DE TEMPS : SIMULTANÉITÉ

➡ Pour indiquer la simultanéité entre les actions exprimées par la principale et la subordonnée, on emploie **quando** (quand), **mentre** (pendant que), **allorché** (lorsque, soutenu), **nel momento in cui** (au moment où) + **indicatif**.

- **Quando** tutti dormono, i panettieri lavorano.
  Quand tout le monde dort, les boulangers travaillent.

- **Mentre** Lucia si riposava, Pietro ha preparato un tiramisù.
  Pendant que Lucia se reposait, Pietro a préparé un tiramisù.

- Sonia mi ha telefonato proprio **nel momento in cui** entravo nella doccia.
  Sonia m'a téléphoné juste au moment où j'allais prendre ma douche.

- **Allorché** suo padre mi riconobbe, mi venne incontro.
  Lorsque son père me reconnut, il vint à ma rencontre.

➡ Pour indiquer une progression simultanée entre les actions exprimées par la principale et la subordonnée, on emploie **a mano a mano che**, **man mano che**, **via via che** (à mesure que) + **indicatif**.

- I computer diventano più sofisticati **man mano che** la tecnologia progredisce.
  Les ordinateurs deviennent plus sophistiqués à mesure que la technologie progresse.

- **Via via che** si invecchia, si diventa più apprensivi.
  À mesure qu'on vieillit, on devient plus anxieux.

LES SUBORDONNÉES DE TEMPS : ANTÉRIORITÉ

Pour indiquer l'antériorité de l'action exprimée par la principale par rapport à celle de la subordonnée, on emploie les constructions qui suivent.

Finché … (non), *fino a che (non)* (jusqu'à ce que) + **indicatif** ou **subjonctif** pour marquer l'éventualité.

- Ha gridato **fino a che** qualcuno **(non)** è venuto ad aiutarlo.
  Il a crié jusqu'à ce que quelqu'un vienne l'aider.

- Insisterò **finché** il direttore **(non)** accetterà la mia proposta.
  J'insisterai jusqu'à ce que le directeur accepte ma proposition.

NOTEZ BIEN
La conjonction *finché* peut aussi introduire une **subordonnée de simultanéité.**
Finché lui è stato capo dell'azienda, è andato tutto bene.
Tant qu'il a été à la tête de l'entreprise, tout s'est bien passé.

Prima che (avant que) + **subjonctif.**

- Vado a fare la spesa **prima che** chiudano i negozi.
  Je vais faire les courses avant que les magasins ne ferment.

Prima di (avant de) + **infinitif,** si les sujets de la principale et de la subordonnée sont identiques.

- Pensaci bene **prima di** prendere una decisione.
  Réfléchis bien avant de prendre une décision.

LES SUBORDONNÉES DE TEMPS : POSTÉRIORITÉ

Pour indiquer la postériorité de l'action exprimée par la principale par rapport à celle de la subordonnée, on emploie les constructions qui suivent.

Dopo che (après que) + **indicatif.**

- **Dopo che** hanno litigato, non si sono più parlati.
  Après qu'ils se sont disputés, ils ne se sont plus parlé.

- *Dopo* (après que) + **infinitif,** si les sujets de la principale et de la subordonnée sont identiques.

  - **Dopo** essere stata in vacanza per un mese, non riuscivo a riprendere il ritmo di lavoro.
    Après avoir été en congé pendant un mois, j'ai eu du mal à reprendre mon rythme de travail.

- *(Non) appena* (dès que) + **indicatif.**

  - **Non appena** avrò un momento, verrò a trovarti.
    Dès que j'aurai un moment, je viendrai te voir.

LES SUBORDONNÉES DE CAUSE

Les subordonnées de cause sont introduites par *perché* (parce que), *poiché* (puisque), *giacché* (puisque), *siccome* (comme), *dato che* (étant donné que), *visto che* (vu que), *dal momento che* (du moment que), *in quanto* (puisque).

On emploie l'indicatif lorsqu'on exprime une cause réelle.

- Prendo l'ombrello, **perché** il cielo è minaccioso.
  Je prends mon parapluie, car le ciel est menaçant.

- **Siccome** la bambina era malata, la nonna ha chiamato il medico.
  Comme la petite fille était malade, sa grand-mère a appelé le médecin.

On emploie le subjonctif avec *non perché* et *non che* (non pas que).

- Accetto il suo aiuto, **non perché** mi fidi di lui, ma perché non ci sono alternative.
  J'accepte son aide, non pas que je lui fasse confiance, mais parce qu'il n'y a pas d'autre solution.

On emploie le conditionnel quand la cause a une valeur subjective, éventuelle ou potentielle.

- **Visto che** stasera vorresti uscire, oggi pomeriggio dovrai lavorare sodo.
  Puisque tu voudrais sortir ce soir, tu devras travailler dur cet après-midi.

Si les sujets de la principale et de la subordonnée sont identiques, on peut employer d'autres constructions.

Per + infinitif passé

- È stato redarguito **per aver avuto** un comportamento sleale.
  Il a été réprimandé pour avoir eu un comportement déloyal.

Le gérondif

- Non **avendo** voglia di cucinare, ho ordinato una pizza.
  Comme je n'avais pas envie de cuisiner, j'ai commandé une pizza.

Le participe passé

- **Valutata** la situazione, decidemmo di lasciar perdere.
  Après avoir évalué la situation, nous décidâmes de laisser tomber.

LES SUBORDONNÉES DE CONSÉQUENCE

Les subordonnées de conséquence sont introduites par *così ... che* (si bien que), *tanto ... che* (à tel point que), *talmente ... che* (tellement que) ou par *cosicché*, *sicché*, *talché* (si bien que), *in modo tale che* (de telle sorte que), *di modo che* (de sorte que), *al punto che* (au point que).

On emploie l'indicatif lorsqu'on exprime une conséquence réelle.

- Sara è **così** bella **che** può permettersi di indossare qualsiasi vestito.
  Sara est si belle qu'elle peut se permettre de porter n'importe quelle robe.

- È **talmente** stanco **che** non smette di sbadigliare.
  Il est tellement fatigué qu'il n'arrête pas de bâiller.

- Stava per arrivare un temporale, **sicché** abbiamo deciso di tornare a casa.
  Il allait y avoir un orage, si bien que nous avons décidé de rentrer à la maison.

On emploie le subjonctif ou le conditionnel lorsqu'on exprime une conséquence possible ou éventuelle.

- Dobbiamo comunicargli la data della riunione, **di modo che** possa venire.
  Nous devons lui communiquer la date de la réunion de sorte qu'il puisse venir.

- Avresti dovuto essere più chiaro, **cosicché** tutti capissero la posta in gioco.
  Tu aurais dû être plus clair, de façon que tout le monde comprenne l'enjeu.

- Marco è **così** gentile **che** si farebbe in quattro per gli amici.
  Marco est tellement gentil qu'il se mettrait en quatre pour ses amis.

Si les sujets de la principale et de la subordonnée sont identiques, on peut utiliser *da* + infinitif.

- Alessandro è **così** egoista **da** non pensare mai agli altri.
  Alessandro est tellement égoïste qu'il ne pense jamais aux autres.

- Alla manifestazione ho **talmente** urlato **da** rimanere senza voce.
  J'ai tellement crié à la manifestation que je n'ai plus de voix.

1 Il prépare le petit déjeuner pendant qu'elle dort.

2 Cet enfant devient plus raisonnable à mesure qu'il grandit.

3 Avant de prendre l'avion, téléphone-moi !

4 Dès qu'ils auront fini les travaux dans leur nouvelle maison, ils nous inviteront.

5 Puisque tu insistes, je te raconterai tout.

6 Il est si antipathique que personne ne le supporte.

7 Comme il faisait beau, nous sommes allés nous balader.

32 Les subordonnées circonstancielles (2)

LES SUBORDONNÉES DE BUT

Les subordonnées de but sont introduites par *perché* (pour que), *affinché* (afin que), *in modo che* (de façon que) + **subjonctif**.

- Te lo ripeto **perché** tu non lo dimentichi.
  Je te le répète pour que tu ne l'oublies pas.

- Ha spento il cellulare **affinché** non lo disturbassero.
  Il a éteint son téléphone portable afin qu'on ne le dérange pas.

Si les sujets de la principale et de la subordonnée sont identiques on peut utiliser *per*, *allo scopo di*, *al fine di* + **infinitif**.

- Giorgio mi ha mandato un sms **per** dirmi che non potrà venire.
  Giorgio m'a envoyé un sms pour me dire qu'il ne pourra pas venir.

- Abbiamo fissato una riunione **allo scopo di** presentare il nuovo piano aziendale.
  Nous avons fixé une réunion dans le but de présenter le nouveau projet d'entreprise.

LES SUBORDONNÉES DE CONCESSION

Les subordonnées de concession expriment une circonstance qui aurait dû empêcher la réalisation de ce qui est décrit dans la phrase principale.

Elles sont introduites par *benché*, *nonostante* (bien que, même si), *sebbene* (quoique), *malgrado* (malgré), *per quanto* (bien que) + **subjonctif**.

- **Benché** facesse finta di niente, era molto addolorato.
  Même s'il faisait semblant de rien, il avait beaucoup de peine.

- **Nonostante** mi facesse male il ginocchio, ho continuato a sciare.
  Même si j'avais mal au genou, j'ai continué à skier.

- **Sebbene** siano fratello e sorella, non si assomigliano affatto.
  Quoiqu'ils soient frère et sœur, ils ne se ressemblent pas du tout.

- **Per quanto** sia ottobre, fa ancora molto caldo.
  Bien qu'on soit en octobre, il fait encore très chaud.

Elles sont introduites par *anche se* (même si) + **indicatif**.

- **Anche se** mi hai ferito, non ho intenzione di lasciarti.
  Même si tu m'as blessé, je n'ai pas l'intention de te quitter.

Si les sujets de la principale et de la subordonnée sont identiques, on peut utiliser *pur* + **gérondif.**

- **Pur** studiando molto, mio figlio non riesce a far progressi in matematica.
  Tout en travaillant beaucoup, mon fils n'arrive pas à progresser en mathématiques.

LES SUBORDONNÉES DE COMPARAISON

Les subordonnées de comparaison sont introduites par *come* (comme), *nel modo in cui* (de la façon que) + **indicatif,** lorsqu'on exprime une circonstance réelle.

- Ha agito **nel modo in cui** gli avevo consigliato.
  Il a agi de la façon que je lui avais conseillée.

Elles sont introduites par *come* (comme), *nel modo in cui* (de la façon que) + **conditionnel,** lorsqu'on exprime une circonstance possible ou éventuelle.

- Mi ha parlato **come** avrebbe fatto mio padre.
  Il m'a parlé comme l'aurait fait mon père.

Elles sont introduites par *come se* (comme si), *quasi (che)* (comme si) + **subjonctif.**

- Abbassa la voce! Urli **come se** fossimo sordi.
  Parle plus bas ! Tu cries come si nous étions sourds.

- Arrivò tutto trafelato, **quasi che** avesse corso una maratona!
  Il arriva tout essoufflé, comme s'il avait couru un marathon !

Si les sujets de la principale et de la subordonnée sont identiques, on peut utiliser le **gérondif** ou *con* + article + **infinitif**.

- **Sbrigandoti**, potrai arrivare in tempo.
  En te dépêchant, tu pourras arriver à temps.

- **Con l'andare** così veloce, finirai per avere un incidente.
  En allant si vite, tu finiras par avoir un accident.

LES SUBORDONNÉES DE CONDITION

Les subordonnées de condition sont le plus souvent introduites par *se* (si).

Condition réalisable

Se + indicatif présent (principale au présent)

- **Se ho** tempo, **passo** a trovarti stasera.
  Si j'ai le temps, je passe te voir ce soir.

Se + indicatif futur (principale au futur)

- **Se avrò** tempo, **passerò** a trovarti stasera.
  Si j'ai le temps, je passerai te voir ce soir.

NOTEZ BIEN
Dans la principale, l'impératif est également possible.

Se hai tempo, **passa** a trovarmi!
Si tu as le temps, passe me voir!

Condition improbable

Se + subjonctif imparfait (principale au conditionnel présent)

- **Se avessi** tempo, **passerei** a trovarti.
  Si j'avais le temps, je passerais te voir.

NOTEZ BIEN
Dans la principale, l'impératif et l'indicatif sont également possibles.

Se telefonasse Claudia, **fammelo** sapere!
Si jamais Claudia téléphone, tiens-moi au courant!

Se ci fosse qualche novità, **ti avverto** subito!
Si jamais il y a du neuf, je te préviens tout de suite!

Condition irréalisable

Se + subjonctif plus-que-parfait (principale au conditionnel passé)

- **Se avessi avuto** tempo, **sarei passato** a trovarti.
  Si j'avais eu le temps, je serais passé te voir.

D'autres tournures conditionnelles sont introduites par *a condizione che*, *a patto che*, *purché* (à condition que), *nel caso che*, *qualora* (au cas où), *semmai* (si jamais) + **subjonctif**.

- **Qualora** le condizioni meteorologiche **peggiorassero**, il volo sarebbe cancellato.
  Au cas où les conditions météorologiques empireraient, le vol serait annulé.

- Te lo presto **a patto che** tu me lo **restituisca** domani.
  Je te le prête à condition que tu me le rendes demain.

- **Semmai cambiassi** idea, non esitare a raggiungerci.
  Si jamais tu changeais d'avis, n'hésite pas à nous rejoindre.

Si les sujets de la principale et de la subordonnée sont identiques, on peut utiliser le **gérondif**.

- **Continuando** così, finiremo presto. [= *se continueremo così...*]
  En continuant ansi, nous terminerons bientôt.

TRADUCTION EXPRESS

1 Nous devons nous rencontrer pour que je puisse te rendre tes affaires *(la roba)*.

2 Bien qu'ils soient très gentils, je n'ai pas envie de passer mes vacances avec eux.

3 Même si tu n'as pas faim, tu dois manger quelque chose.

4 Elle courait comme si quelqu'un la poursuivait *(inseguire)*.

5 Si cette robe avait été moins chère, elle l'aurait achetée.

6 Si je peux, je viendrai.

7 Je te dirai ce que je sais, à condition que tu n'en parles à personne.

Traduction :
trouver le mot juste

ABRÉVIATIONS UTILISÉES

qqn : quelqu'un
qqch. : quelque chose
qn : *qualcuno*
qc : *qualcosa*
pers. : personne
m. : masculin
f. : féminin
sing. : singulier
plur. : pluriel
var. : variable(s)
invar. : invariable(s)
indic. : indicatif
condit. : conditionnel
subj. : subjonctif
inf. : infinitif
part. : participe

à + heure → *a* + article + heure

- Le concert commence à 10 heures.
  Il concerto inizia **alle** 10.

> **NOTEZ BIEN**
> Devant les mots ***mezzogiorno*** et ***mezzanotte*,** la préposition *a* s'utilise sans article.
>
> Cendrillon doit rentrer **à** minuit.
> Cenerentola deve tornare **a** mezzanotte.
>
> Ses grands-parents avaient l'habitude de déjeuner **à** midi.
> I suoi nonni erano soliti pranzare **a** mezzogiorno.

à + article + siècle → *in* + article + siècle

- L'Italie a été unifiée **au** XIXe siècle.
  L'Italia è stata unificata **nel** XIX secolo.

appartenance : à + interrogatif / nom → *di* + interrogatif / nom

- À qui est-ce ?
  Di chi è ?

- Ce livre est à Gianni / à ma sœur.
  Questo libro è **di** Gianni / **di** mia sorella.

appartenance : à + pronom personnel → possessif (*mio, tuo, suo*, etc.)

- Ces gants sont à lui / à elle.
  Questi guanti sono **suoi**.

- Ces chaussures sont à lui / à elle.
  Queste scarpe sono **sue**.

caractéristique physique → *con, da*

- Qui est cette fille **aux** yeux bleus ?
  Chi è la ragazza **con gli** / **dagli** occhi azzurri ?

finalité → *da*

- Elle m'a offert douze tasses à café.
  Mi ha regalato dodici tazzine **da** caffè.

à + inf. (nécessité) → *da* + inf.

- J'ai beaucoup de choses à faire.
  Ho molte cose **da** fare.

➡ expressions : à + article → *in* sans article

à la banque	à la campagne	à la piscine
in banca	**in** campagna	**in** piscina
à la bibliothèque	à l'heure	au printemps
in biblioteca	**in** orario	**in** primavera
au bureau	à la montagne	à la télé
in ufficio	**in** montagna	**in** tivù

➡ expressions : à + article → *a* sans article

au contact de	au hasard	à la messe
a contatto con	**a** caso	**a** messa
à la différence de	au lit	au théâtre
a differenza di	**a** letto	**a** teatro
à l'école	à la maison	
a scuola	**a** casa	

ACCIDENT

➡ accident de la route → *l'incidente* (m.) *stradale*

- Il y a eu un grave **accident de la route** sur la A1.
  C'è stato un grave **incidente stradale** sull'A1.

- Il a eu un **accident** avec sa Vespa toute neuve.
  Ha avuto un **incidente** con la sua nuova Vespa.

➡ accident du travail → *l'infortunio* (m.) *sul lavoro*

- Malheureusement les **accidents du travail** sont encore trop fréquents.
  Purtroppo gli **infortuni sul lavoro** sono ancora troppo frequenti.

- Cet ouvrier a pu bénéficier d'une indemnité après son **accident**.
  Quest'operaio ha potuto beneficiare di un'indennità dopo il suo **infortunio**.

➡ accidents de la vie → *i casi della vita*

- Les **accidents de la vie** sont imprévisibles.
  I **casi della vita** sono imprevedibili.

ADRESSER / S'ADRESSER À

➡ envoyer, faire parvenir → *indirizzare, spedire, inviare, mandare*

- À qui faut-il **adresser** cette lettre ?
  A chi va **indirizzata** questa lettera?

- Veuillez **adresser** ce colis à l'adresse suivante…
  La prego di **spedire** / **inviare** questo pacco all'indirizzo seguente…

- Nous vous **adressons** nos meilleurs vœux.
  Vi **mandiamo** i nostri migliori auguri.

- **dire, exprimer → *rivolgere***
  - Nous **adressons** nos compliments au vainqueur !
    Rivolgiamo i nostri complimenti al vincitore!
  - Il ne m'a plus **adressé** la parole.
    Non mi **ha** più **rivolto** la parola.

- **s'adresser à → *rivolgersi a***
  - **Adressez-vous** à l'office du tourisme pour connaître les horaires d'ouverture du musée.
    Rivolgetevi all'ufficio del turismo per conoscere gli orari di apertura del museo.
  - L'acteur **s'est** directement **adressé** au public.
    L'attore **si è** direttamente **rivolto** al pubblico.

AFFAIRE

- **marché avantageux → *l'affare* (m.)**
  - J'ai fait une **affaire** en or en achetant ce divan.
    Ho fatto un **affare** d'oro comprando questo divano.
  - Cela a été une mauvaise **affaire**.
    È stato un cattivo **affare**.

- **situation délicate, problème → *la faccenda***
  - C'est une **affaire** sérieuse !
    È una **faccenda** seria!
  - Il faut régler cette **affaire**.
    Bisogna sistemare questa **faccenda**.

- **affaire judiciaire → *il processo, il caso***
  - Le juge Maurelli a instruit cette **affaire**.
    Il giudice Maurelli ha istruito questo **processo**.
  - On a publié beaucoup de livres sur l'**affaire** Moro.
    Sono stati pubblicati molti libri sul **caso** Moro.

- **entreprise → *l'azienda* (f.)**
  - Il est à la tête d'une **affaire** familiale.
    È a capo di un'**azienda** a conduzione familiare.
  - Son **affaire** a fait faillite.
    La sua **azienda** è andata in fallimento.

➠ effets personnels → *la roba*

- Range ta chambre : ne laisse pas traîner tes **affaires** !
  Metti a posto la tua camera: non lasciare la tua **roba** in giro!

- Il est très jaloux de ses **affaires**.
  È gelosissimo della sua **roba**.

➠ expressions

le chiffre d'affaires	cela fera l'affaire
il giro d'affari, il fatturato	andrà benissimo
le ministère des Affaires étrangères	c'est l'affaire d'une minute
il ministero degli (Affari) Esteri	è questione di un minuto
avoir affaire à qqn	tirer qqn d'affaire
avere a che fare con qn	trarre qn d'impaccio

AIMER

➠ éprouver de l'amour → *amare*

- Roméo **aimait** Juliette.
  Romeo **amava** Giulietta.

- Les personnes honnêtes **aiment** la justice.
  Le persone oneste **amano** la giustizia.

➠ éprouver de l'affection → *voler bene a*

- Emma **aime** son petit frère.
  Emma **vuole bene al** suo fratellino.

- Ces enfants **aiment** beaucoup leur chat.
  Questi bambini **vogliono** molto **bene al** loro gatto.

➠ plaire → *piacere a*

- J'**aime** la pizza aux quatre fromages et j'**aime** aussi les spaghettis
  à la carbonara.
  Mi piace la pizza ai quattro formaggi e **mi piacciono** anche
  gli spaghetti alla carbonara.

- Il **aimerait** apprendre à jouer du piano.
  Gli piacerebbe imparare a suonare il pianoforte.

- Je l'**aime** bien, mais je ne suis pas amoureuse de lui.
  Mi piace, ma non sono innamorata di lui.

NOTEZ BIEN
Dans les temps composés, *piacere* se construit avec l'auxiliaire *essere*.
Je n'**ai** pas du tout **aimé** sa réflexion.
La sua osservazione non mi è **piaciuta** affatto.

- aimer mieux → *preferire*

  - J'**aime mieux** ne pas y penser.
    Preferisco non pensarci.

  - J'**aimerais mieux** le faire maintenant plutôt que d'attendre.
    Preferirei farlo ora piuttosto che aspettare.

ALLER

- aller + inf. (mouvement) → *andare + a +* inf.

  - Nous **allons manger** au restaurant.
    Andiamo a mangiare al ristorante.

  - Il **est allé acheter** du pain.
    È andato a comprare il pane.

- aller + inf. (imminence) → *stare per +* inf.

  - Ils **vont arriver** : dépêche-toi ! [Ils sont sur le point d'arriver.]
    Stanno per arrivare : sbrigati !

  - J'**allais** justement **t'appeler**. [J'étais sur le point de t'appeler.]
    Stavo proprio **per chiamarti**.

- aller + inf. (futur proche) → *ora / adesso +* présent de l'indic.

  - Je **vais te dire** une chose…
    Ora ti dico una cosa…

  - Je **vais vous expliquer** comment déchiffrer ce rébus.
    Adesso vi spiego come risolvere questo rebus.

- aller + inf. (futur plus lointain) → futur

  - Ils **vont partir** lundi.
    Partiranno lunedì.

  - Je **vais essayer** de le faire au plus vite.
    Cercherò di farlo al più presto.

- allez ! → *su!, forza!, dai!, via!*

  - **Allez**, mettez-vous au travail.
    Su / Forza, mettetevi al lavoro.

  - **Allez**, n'insiste pas !
    Dai, non insistere !

  - **Allez**, n'en parlons plus.
    Via, non parliamone più.

◗ **se porter bien / mal →** *andare* **(sujet indéfini) /** *stare* **(sujet défini)**

- «Comment ça va ? — Ça va mal.»
  — Come **va** ? — **Va** male.

- «Comment **vas**-tu ? — Je **vais** bien.»
  — Come **stai** ? — **Sto** bene.

◗ **expressions**

aller voir qqn	aller chercher qqn
andare a trovare qn	andare a prendere qn

ALORS QUE

◗ **temps (pendant que) →** *mentre*, *quando*

- **Alors que** nous on travaillait, toi tu étais en vacances.
  Mentre noi lavoravamo, tu eri in vacanza.

- Je l'ai connu **alors que** j'étudiais à Paris.
  L'ho conosciuto **quando** studiavo a Parigi.

◗ **opposition (tandis que) →** *mentre*, *quando invece*

- Il a voulu n'en faire qu'à sa tête, **alors qu'**il aurait dû m'écouter.
  Ha voluto fare di testa sua, **mentre** avrebbe dovuto ascoltarmi.

- Je croyais que tu dormais, **alors que** tu étais sorti.
  Credevo dormissi, **quando invece** eri uscito.

ÂME

◗ **au sens religieux →** *l'anima* **(f.)**

- Paix à son âme.
  Pace all'**anima** sua.

- Il a vendu son âme au diable.
  Ha venduto l'**anima** al diavolo.

◗ **esprit →** *l'animo* **(m.)**

- Elle a vraiment une âme sensible.
  Ha davvero un **animo** sensibile.

- Son attitude révèle son état d'âme.
  Il suo atteggiamento rivela il suo stato d'**animo**.

◗ **cœur →** *il cuore*

- Il l'aime de toute son âme.
  La / Lo ama con tutto il **cuore**.

- Elle a pleuré à me fendre l'âme.
  Ha pianto così tanto da spezzarmi il **cuore**.

🔹 acquérir une connaissance → *imparare*

- Son fils, qui n'a que cinq ans, a déjà **appris** à lire !
  Suo figlio, che ha solo cinque anni, **ha** già **imparato** a leggere!

🔹 transmettre une connaissance → *insegnare*

- Ma grand-mère m'a **appris** à faire les pâtes maison.
  Mia nonna mi **ha insegnato** a fare la pasta in casa.

🔹 recevoir une information → *sapere (di), venire a sapere (di)*

- J'ai **appris** qu'ils se sont mariés.
  Ho saputo che si sono sposati.

- Dès que j'ai **appris** la situation, je suis intervenu.
  Non appena **ho saputo della** situazione, sono intervenuto.

- Nous **avons appris** très tard que notre employeur avait été accusé
  de nombreuses malversations.
  Siamo venuti a sapere molto tardi che il nostro datore di lavoro
  era stato accusato di numerose malversazioni.

🔹 transmettre une information → *comunicare*

- Les syndicats **ont appris** aux ouvriers qu'il y aurait
  des licenciements.
  I sindacati **hanno comunicato** agli operai che ci sarebbero stati
  dei licenziamenti.

- Personne ne m'a **appris** que le directeur était malade.
  Nessuno mi **ha comunicato** che il direttore stava male.

À QUI

🔹 pronom relatif → *a cui, al quale / alla quale / ai quali / alle quali*

- J'ai déjà rencontré quelque part la femme **à** qui tu parlais.
  Ho già incontrato da qualche parte la donna **a cui** stavi parlando.
  Ho già incontrato da qualche parte la donna **alla quale** stavi
  parlando. [*la donna > a + la = alla > alla quale*]

NOTEZ BIEN

L'omission de la préposition *a* devant *cui* relève d'un registre de langue
plus soutenu.

La personne **à qui** tu fais allusion ne travaille plus ici.
La persona **cui** fai riferimento non lavora più qui.

➥ pronom interrogatif ou exclamatif → *a chi*

- À qui l'as-tu raconté ?
  A chi lo hai raccontato ?

- Nous ne savions pas à qui nous adresser.
  Non sapevamo **a chi** rivolgerci.

- À qui le dis-tu !
  A chi lo dici !

➥ pronom interrogatif (appartenance) → *di chi*

- À qui est cette écharpe ?
  Di chi è questa sciarpa ?

APRÈS / D'APRÈS

➥ plus tard (adverbe) → *dopo*

- Nous en reparlerons après.
  Ne riparleremo **dopo**.

➥ après + nom → *dopo* + nom

- Après le spectacle, nous sommes rentrés à la maison.
  Dopo lo spettacolo, siamo tornati a casa.

- L'école maternelle est juste après l'église.
  La scuola materna è appena **dopo** la chiesa.

➥ après + pronom personnel → *dopo di* + *me, te, lui*, etc.

- Après vous, Madame.
  Dopo di Lei, Signora.

➥ d'après + nom / pronom → *secondo* + nom / pronom

- D'après eux, notre entreprise devrait changer de stratégie.
  Secondo loro, la nostra azienda dovrebbe cambiare strategia.

ARGENT

➥ métal, couleur → *l'argento* (m.)

- J'ai acheté une bague en argent.
  Ho comprato un anello d'**argento**.

- Pour sa soirée de gala, l'actrice a choisi une robe argent.
  Per la serata di gala, l'attrice ha scelto un vestito **argento**.

monnaie → *il denaro, i soldi*

- Je lui ai prêté une grosse somme d'**argent**.
  Gli / Le ho prestato una grossa somma di **denaro**.
- Elle jette l'**argent** par les fenêtres.
  Butta i **soldi** dalla finestra.

ARRÊTER / S'ARRÊTER

(s')arrêter → *fermare / fermarsi*

- **Arrête** un passant et demande-lui le chemin.
  Ferma un passante e chiedigli la strada.
- Le bus **s'arrête** devant l'école.
  L'autobus **ferma** davanti alla scuola.
- Lorsque le feu est rouge, il faut **s'arrêter**.
  Quando il semaforo è rosso, bisogna **fermarsi**.

arrêter, incarcérer → *arrestare*

- La police de Lyon **a arrêté** l'auteur du dernier attentat.
  La polizia di Lione **ha arrestato** l'autore dell'ultimo attentato.

arrêter, fixer → *fissare*

- La date de la prochaine réunion **est arrêtée** au 30 avril.
  La data della prossima riunione **è fissata** per il 30 aprile.
- Le budget pour cet événement n'a pas encore **été arrêté**.
  Il budget per questo evento **non è stato** ancora **fissato**.

arrêter de + inf. → *smettere di* + inf.

- Il a **arrêté de** travailler à cinq heures.
  Ha **smesso di** lavorare alle cinque.

ARRIVER

atteindre un lieu → *arrivare*

- Nous **sommes arrivés** en retard au théâtre.
  Siamo arrivati in ritardo a teatro.

atteindre (sens figuré) → *giungere*

- Après plusieurs épisodes d'urticaire, je **suis arrivée** à la conclusion
  que je suis allergique aux fraises.
  Dopo diversi episodi di orticaria, **sono giunta** alla conclusione
  che sono allergica alle fragole.

▬ **se produire, se passer, survenir → *capitare, succedere, accadere***

- Cela m'**arrive** souvent de le rencontrer.
Mi **capita** / **succede** / **accade** spesso di incontrarlo.

- Il nous **est arrivé** un malheur.
Ci è **capitata** / **successa** / **accaduta** una disgrazia.

- Ce sont des choses qui **arrivent**!
Sono cose che **capitano** / **succedono** / **accadono**!

▬ **réussir à + inf. → *riuscire a* + inf.**

- Je n'**arrive** pas à comprendre ce qui s'est passé.
Non **riesco a** capire cosa sia successo.

ASSEZ

▬ **suffisamment → *abbastanza***

- J'ai **assez** mangé.
Ho mangiato **abbastanza**.

- Le film était **assez** intéressant.
Il film era **abbastanza** interessante.

NOTEZ BIEN

Devant un adjectif ou un autre adverbe, on peut également utiliser *alquanto* ou *piuttosto*.

C'est un type **assez** louche!
È un tipo **alquanto** losco!

L'examen s'est **assez** bien passé.
L'esame è andato **piuttosto** bene.

▬ **ça suffit → *basta***

- **Assez** discuté!
Basta discutere!

NOTEZ BIEN

Ne confondez pas «assez» (*abbastanza*) avec *assai* («très», «beaucoup»).

Questa situazione è **assai** fastidiosa.
Cette situation est **très** ennuyeuse.

ATTITUDE

▪ *l'atteggiamento* (m.), *il comportamento*

- Son attitude a été incorrecte.
  Il suo **atteggiamento** è stato scorretto.
- L'attitude des enfants a été parfaite.
  Il **comportamento** dei bambini è stato irreprensibile.

NOTEZ BIEN
Ne confondez pas « attitude » (*atteggiamento*) avec *attitudine* (« aptitude », « disposition »).
Questo bambino non ha nessuna **attitudine** per il disegno.
Cet enfant n'a aucune **disposition** pour le dessin.

AUCUN

▪ ne + verbe + aucun → *non* + verbe + *nessuno /alcuno*

- Le kiosque à journaux était fermé : je n'ai pu acheter **aucune** revue.
  L'edicola era chiusa: **non** ho potuto comprare **nessuna** / **alcuna** rivista.
- Tu n'avais **aucune** raison de dire non.
  Non avevi **alcun** / **nessun** motivo di dire di no.

▪ aucun + nom + ne + verbe → *nessuno* + nom + verbe, *non* + verbe + *nessuno /alcuno* + nom

- Aucun étudiant **ne** s'est présenté à l'oral de rattrapage.
  Nessuno studente si è presentato alla prova di recupero.
  Alla prova di recupero **non** si è presentato **nessuno** / **alcuno** studente.

NOTEZ BIEN
Nessuno peut soit précéder soit suivre le verbe.
Alcuno ne peut se placer qu'après le verbe et s'emploie toujours avec *non*. Au pluriel, en revanche, *alcuni / alcune* a un sens positif (« quelques »).
Abbiamo invitato **alcuni** amici / **alcune** amiche.
Nous avons invité **quelques** amis / **quelques** amies.

▪ aucun de (pronom) → *nessuno di*

- Aucun d'entre eux n'a répondu à ma question.
  Nessuno di loro ha risposto alla mia domanda.

AUSSI

▰ **également** → *anche, pure*

- Vous **aussi** vous étiez au spectacle ?
  Anche / Pure voi eravate allo spettacolo ?

▰ **à ce point** → *così, tanto*

- Je l'ai rarement vu **aussi** furieux.
  L'ho visto raramente **così / tanto** arrabbiato.

- Pourquoi as-tu **aussi** peur de lui parler ?
  Perché hai **tanto** paura di parlargli / parlarle ?

▰ **aussi ... que** → *(tanto) ... quanto, ... come*

- C'est une fille **aussi** intelligente qu'aimable.
  È una ragazza (**tanto**) intelligente **quanto** affabile.

- Leur nouvelle cuisine est **aussi** spacieuse que la nôtre.
  La loro nuova cucina è (**tanto**) spaziosa **quanto** la nostra.
  La loro nuova cucina è spaziosa **come** la nostra.

- Luisa est devenue **aussi** grande que son père.
  Luisa è diventata alta **quanto / come** suo padre.

▰ **aussi + adjectif + subj.** → *per quanto + subj. + adjectif*

- **Aussi** malin **soit**-il, il ne réussira pas à nous tromper.
  Per quanto sia furbo, non riuscirà a imbrogliarci.

▰ **aussi + adverbe + que possible** → *il più + adverbe + possibile*

- Il faut terminer ce travail **aussi** vite que possible.
  Bisogna finire questo lavoro **il più** velocemente **possibile**.

▰ **tout aussi bien** → *comunque, ad ogni modo*

- Vous auriez pu **tout aussi bien** l'héberger au moins pour une nuit.
  Avreste **comunque** potuto ospitarlo almeno per una notte.
  Ad ogni modo, avreste potuto ospitarlo almeno per una notte.

▰ **c'est pourquoi** → *così, pertanto, perciò, quindi*

- Le temps était superbe. **Aussi** avons-nous prolongé notre séjour.
  Il tempo era splendido. **Così / Pertanto** abbiamo prolungato
  il nostro soggiorno.

- Le directeur était malade, **aussi** n'a-t-il pas pu assister à la réunion.
  Il direttore era malato, **perciò / quindi** non ha potuto assistere
  alla riunione.

AUSSITÔT

tout de suite → _subito_

- Je l'ai prévenue **aussitôt**.
  L'ho avvertita **subito**.

- Nous sommes repartis **aussitôt** à cause du mauvais temps.
  Siamo ripartiti **subito** per via del maltempo.

aussitôt (que) → _(non) appena_

- **Aussitôt** réveillé, il a commencé à rouspéter!
  Appena / Non appena sveglio, ha cominciato a brontolare!

- **Aussitôt** qu'il l'a vue, il l'a reconnue.
  Appena / Non appena l'ha vista, l'ha riconosciuta.

AUTANT

dans la même mesure → _(così) tanto_ (invar.), _altrettanto_ (var.)

- Je n'imaginais pas qu'il pouvait manger **autant**!
  Non immaginavo che potesse mangiare **così tanto**!

- Je ne me suis jamais amusée **autant**!
  Non mi sono mai divertita **tanto**!

- Elle m'a beaucoup aidé et je voudrais en faire **autant**.
  Mi ha aiutato molto e vorrei fare **altrettanto**.

- Hier j'ai acheté sept livres et aujourd'hui j'en ai acheté **autant**.
  Ieri ho acquistato sette libri e oggi ne ho comprati **altrettanti**.

il vaut mieux → _tanto vale_

- **Autant** lui dire la vérité tout de suite.
  Tanto vale dirgli / dirle subito la verità.

autant que + nom / pronom / verbe → _(tanto) quanto_ (invar.) + nom / pronom / verbe

- Cet enfant mange **autant qu'**un adulte.
  Questo bambino mangia **(tanto) quanto** un adulto.

- Il n'a pas été malade parce qu'il n'a pas bu **autant que** toi!
  Non si è sentito male perché non ha bevuto **(tanto) quanto** te!

- Vous pouvez rester **autant que** vous le souhaitez!
  Potete restare **(tanto) quanto** volete!

NOTEZ BIEN

Lorsque la locution adverbiale *(tanto) quanto* est employée avec *ne*, elle est **variable**.

Tu veux des fraises ? Prends-**en autant que** tu veux.
Vuoi delle fragole ? Prendi**ne (tante) quante ne** vuoi.

▸ autant ... que → *tanto ... quanto* (invar.)

- J'aime **autant** le cyclisme **que** le football.
  Mi piace **tanto** il ciclismo **quanto** il calcio.

▸ autant de ... que de → *tanto ... quanto* (var.)

- Il a **autant de** cousins **que de** cousines.
  Ha **tanti** cugini **quante** cugine.

- Nous avons acheté **autant de** fourchettes **que de** couteaux.
  Abbiamo comprato **tante** forchette **quanti** coltelli.

▸ autant ... autant → *tanto ... quanto* (invar.)

- **Autant** il aime la musique classique, **autant** il déteste le jazz.
  Ama **tanto** la musica classica, **quanto** detesta il jazz.

- **Autant** je supporte le vin rouge, **autant** le vin blanc me rend malade.
  Reggo **tanto** il vino rosso, **quanto** mi fa star male il vino bianco.

▸ expressions

d'autant moins que	pour autant que
tanto meno che	per quanto
d'autant plus / mieux que	
tanto più che	

AVANT (DE / QUE)

▸ avant → *prima*

- Si tu me l'avais dit **avant**, je me serais organisée.
  Se tu me lo avessi detto **prima**, mi sarei organizzata.

- Il fallait y penser **avant**.
  Bisognava pensarci **prima**.

▸ avant + date → *entro* + date

- Madame, vous aurez une réponse **avant** la fin de la semaine.
  Signora, riceverà una risposta **entro** la fine della settimana.

- Il faut payer la facture d'électricité **avant** le 30 juillet.
  La bolletta della luce va pagata **entro** il 30 luglio.

- avant + nom / pronom → *prima di* + nom / pronom
  - Notre maison se trouve juste **avant** le restaurant.
    La nostra casa si trova proprio **prima del** ristorante.
  - Il me l'a demandé **avant** toi !
    Me l'ha chiesto **prima di** te !

  > **NOTEZ BIEN**
  > « Passer avant quelqu'un » correspond à *passare davanti a qualcuno*.
  > Attends ton tour : tu ne peux pas **passer avant** tout le monde.
  > Aspetta il tuo turno : non puoi **passare davanti** a tutti.

- avant de + inf. → *prima di* + inf.
  - **Avant de** partir, n'oublie pas de le remercier.
    Prima di partire, non dimenticare di ringraziarlo.

- avant que ... (ne) + subj. → *prima che* + subj.
  - Fais-le **avant** qu'il ne soit trop tard.
    Fallo **prima che** sia troppo tardi.
  - **Avant que** vous partiez, je vais vous faire un autre café.
    Prima che ve ne andiate, vi faccio un altro caffè.

- expressions

avant Jésus-Christ	la roue avant
avanti Cristo (a. C.)	la ruota anteriore

BEAUCOUP

- beaucoup (adverbe) → *molto, tanto, parecchio* (invar.)
  - Elle a **beaucoup** maigri.
    È dimagrita **molto** / **tanto** / **parecchio**.
  - Les enfants se sont **beaucoup** amusés à l'anniversaire.
    I bambini si sono divertiti **molto** / **tanto** / **parecchio** alla festa di compleanno.
  - Tu me manques **beaucoup**.
    Mi manchi **tanto** / **molto**.

- beaucoup (pronom) → *molto, tanto, parecchio* (var.)
  - Il avait invité cent personnes, mais **beaucoup** ne sont pas venues.
    Aveva invitato cento persone, ma **molte** / **parecchie** non sono venute.
  - Il y en a **beaucoup** qui ont été licenciés.
    Sono in **molti** / **tanti** ad esser stati licenziati.

◗ **beaucoup de →** *molto, tanto, parecchio* (var.)

- J'ai mangé **beaucoup de** chocolats.
  Ho mangiato **molti / tanti / parecchi** cioccolatini.

- Il y avait **beaucoup de** monde.
  C'era **molta / tanta / parecchia** gente.

> **NOTEZ BIEN**
> Ne confondez pas l'adverbe *assai* («très», «beaucoup») avec «assez» (*abbastanza*).
>
> Lavorano **assai**.
> Ils / elles travaillent **beaucoup**.

BIEN

◗ **de façon satisfaisante →** *bene*

- Dans ce restaurant on mange **bien**.
  In questo ristorante si mangia **bene**.

- J'ai **bien** dormi sur le nouveau matelas.
  Ho dormito **bene** sul nuovo materasso.

- Je vais **bien**, merci !
  Sto **bene**, grazie!

> **NOTEZ BIEN**
> Contrairement au français, *bene* se place en général **après** le groupe verbal.

◗ **au moins →** *almeno*

- Cela fait **bien** une heure que je t'attends.
  È **almeno** un'ora che ti aspetto.

- Cela fait **bien** trois ans qu'il a déménagé.
  Sono **almeno** tre anni che ha traslocato.

◗ **bien + adverbe / adjectif (très) →** *molto*

- Il arrive **bien** souvent en retard.
  Arriva **molto** spesso in ritardo.

- Merci de m'avoir prévenu. C'est **bien** gentil à vous.
  Grazie per avermi avvertito. È **molto** gentile da parte Sua.

◗ **bien + nom / pronom (vraiment) →** *proprio*

- C'est **bien** lui : j'en suis sûre !
  È **proprio** lui: ne sono sicura!

- C'est **bien** ce que je voulais dire.
  È **proprio** quello che volevo dire.

- **bien que + subj.** → *benché / sebbene* + subj.
  - Bien qu'(elle soit) enceinte, elle n'a pas du tout grossi.
    Benché / Sebbene (sia) incinta, non è ingrassata affatto.

- **si bien que** → *tanto che*
  - On a annoncé un orage, **si bien que** les voiliers sont tous rentrés au port.
    È stato annunciato un temporale, **tanto che** i velieri sono rientrati tutti in porto.

- **expressions**

bien entendu / bien sûr	être bien avec qqn
certo, certamente	essere in buoni rapporti con qn
des gens bien	tant bien que mal
delle persone perbene	alla meno peggio

BON

- **agréable, satisfaisant** → *buono*
  - Nous avons reçu de **bonnes** nouvelles de leur part.
    Abbiamo ricevuto **buone** notizie da parte loro.
  - Je te souhaite de **bonnes** fêtes.
    Ti auguro delle **buone** feste.

- **doué, talentueux** → *bravo*
  - Je n'ai jamais été **bon** en mathématiques.
    Non sono mai stato **bravo** in matematica.
  - C'est une **bonne** actrice.
    È una **brava** attrice.

- **opportun, correct** → *giusto, esatto*
  - Je ne peux pas lui téléphoner : je n'ai pas le **bon** numéro.
    Non posso telefonargli: non ho il numero **giusto / esatto**.
  - Donnez la **bonne** réponse !
    Date la risposta **giusta / esatta**!
  - Ce n'est pas le **bon** moment !
    Non è il momento **giusto**!

- **expressions**

bon (d'accord)	ah bon ?
va bene	davvero ?, ah sì ?
à quoi bon ?	tenir bon
a che pro ?, a che serve ?	tener duro

▶ ADJECTIFS PARTICULIERS P. 57

BOUT

morceau → *il pezzo*

- J'avais écrit son adresse sur **un bout** de papier.
  Avevo scritto il suo indirizzo su (di) **un pezzo** di carta.

- Ne me sers qu'**un petit bout** de viande : je n'ai pas très faim.
  Servimi solo **un pezzetto** di carne: non ho molta fame.

extrémité → *la punta, l'estremità* (f.)

- J'ai **le bout** des doigts gelé !
  Ho **le estremità / le punte** delle dita gelate!

au bout de (après) → *dopo*

- Il est reparti au **bout** d'une semaine.
  È ripartito **dopo** una settimana.

jusqu'au bout de → *fino alla fine di*

- Nous l'avons attendu jusqu'au bout du spectacle.
  L'abbiamo aspettato **fino alla fine dello** spettacolo.

expressions

au bout du compte	à tout bout de champ
in fin dei conti	ad ogni pié sospinto
au bout du monde	venir à bout de qqch.
in capo al mondo	venire a capo di qc
être à bout	
essere stremato(-a)	

BRUIT

perturbation sonore → *il rumore*

- Ne faites pas de **bruit** : je voudrais me reposer.
  Non fate **rumore**: vorrei riposarmi.

- Le **bruit** de la circulation est devenu insupportable.
  Il **rumore** del traffico è diventato insopportabile.

retentissement → *lo scalpore, il rumore*

- L'arrestation de ce haut fonctionnaire a fait beaucoup de **bruit**.
  L'arresto di quell'alto funzionario ha destato molto **scalpore**.

- La nouvelle a fait beaucoup de **bruit** pour rien.
  La notizia ha fatto molto **rumore** per nulla.

● **rumeur** → *la voce, la notizia*

- Le **bruit** court qu'il y aura une nouvelle crise gouvernementale.
  Corre **voce** che ci sarà una nuova crisi di governo.

- Les **bruits** répandus la semaine dernière sur le remaniement
  ministériel se sont révélés faux.
  Le **notizie** diffuse la settimana scorsa sul rimpasto ministeriale
  si sono rivelate false.

CELUI QUI / CELUI QUE

personne indéterminée → *chi*

- **Celui qui** t'a dit ça est un menteur.
  Chi ti ha detto questo è un bugiardo.

- Que **ceux qui** sont intéressés se manifestent au plus vite.
  Chi è interessato, si manifesti al più presto.

personne déterminée → *quello che, quella che, quelli che, quelle che*

- Nous avons rencontré **celui qui** a tamponné ta voiture.
  Abbiamo incontrato **quello che** ti ha tamponato la macchina.

- Je ne suis pas **celle que** tu crois.
  Non sono **quella che** credi.

  ▶ **FORMES DES PRONOMS DÉMONSTRATIFS P. 30-31**

personne déterminée (soutenu) → *colui che, colei che, coloro che*

- Connais-tu **celui qui** reprendra l'entreprise ?
  Conosci **colui che** rileverà l'azienda ?

- À ce mariage, il a rencontré **celle qui** est ensuite devenue sa femme.
  A quel matrimonio ha incontrato **colei che** è poi diventata sua
  moglie.

- Pense à **ceux qui** souffrent vraiment, au lieu de te plaindre.
  Pensa a **coloro che** soffrono veramente, invece di lamentarti.

CE QUE

la chose que → *quello che, quel che, ciò che*

- Ce qu'il a dit est inacceptable.
  Quello che / Ciò che ha detto è inaccettabile.

- C'est justement **ce qu'il** nous fallait !
  È proprio **quello che / ciò che** ci voleva !

- ➡ après une virgule, pour reprendre ce qui vient d'être dit → *cosa che*
  - Tu m'as menti une nouvelle fois, **ce que** je ne peux plus supporter.
    Mi hai mentito un'altra volta, **cosa che** non posso più sopportare.

- ➡ exclamation : ce que + verbe → *come* / *quanto* + verbe
  - Ce que je le déteste !
    Come / **Quanto** lo odio !
  - Ce que cela m'agace de répéter les même choses !
    Come / **Quanto** mi dà fastidio ripetere le stesse cose !

- ➡ exclamation : ce que c'est + adjectif → *com'è* / *quant'è* / *che* + adjectif
  - Ce que c'est bon !
    Com'è buono ! / **Quant'è** buono ! / **Che** buono !
  - Ce qu'il est radin !
    Com'è tirchio ! / **Quant'è** tirchio ! / **Che** tirchio !

CE QUI

- ➡ la chose qui → *quello che*, *quel che*, *ciò che*
  - Ce qui m'inquiète, c'est son état de santé.
    Quello che / **Ciò che** mi preoccupa è la sua salute.
  - Ce qui est fait est fait.
    Quel che è fatto è fatto.

- ➡ après une virgule, pour reprendre ce qui vient d'être dit → *il che*, *cosa che*
  - Il viendra nous rendre visite la semaine prochaine, **ce qui** me réjouit.
    Verrà a trovarci la settimana prossima, **il che** mi rallegra.

▸ LE PRONOM *CHE* P. 63-64

C'EST / CE SONT

- ➡ c'est + adj. / nom sing., ce sont + adj. / nom plur. → *è* + adj. / nom sing., *sono* + adj. / nom plur.
  - C'est vrai ce que tu dis ?
    È vero quello che dici ?
  - Ce sont des fresques du XIVe siècle.
    Sono degli affreschi del Trecento.
  - C'était une bonne opportunité.
    Era una buona opportunità.

- c'est + pronom personnel → *sono io*, *sei tu*, *è lui*, etc.

- C'est moi.
  Sono io.

- Est-ce toi qui as répondu ?
  Sei tu che hai risposto ?

- C'est vous qui auriez dû le faire.
  Siete voi che avreste dovuto farlo.

C'EST À...

- c'est à + nom (possession) → *è di* / *sono di* + nom

- C'est à mon frère.
  È di mio fratello.

- c'est à moi / toi... (possession) → *è mio* / *tuo*...

- C'est à toi, ce livre ? / C'est à toi, cette clé ?
  È tuo questo libro ? / **È tua** questa chiave ?

- Non, ce n'est pas à moi.
  No, non è **mio** / non è **mia**.

- c'est à moi / toi + de + inf. → *tocca a me* / *te* + inf.,
  spetta a me / *te* + inf.

- C'est à toi de jouer.
  Tocca a te giocare.

- C'est à vous de prendre une décision.
  Spetta a voi prendere una decisione.

CHAÎNE

- chaîne de vélo, de montagnes, de magasins → *la catena*

- La chaîne du vélo a sauté.
  È saltata la **catena** della bicicletta.

- Les Apennins sont une chaîne de montagnes italiennes.
  Gli Appennini sono una **catena** di montagne italiane.

- Il dirige une chaîne de magasins.
  Dirige una **catena** di negozi.

- chaîne de radio, de télévision → *il canale*

- Sur quelle chaîne passe ce film ?
  Su quale **canale** danno questo film ?

- Il y a une émission intéressante sur la troisième chaîne.
  C'è una trasmissione interessante sul terzo **canale**.

● chaîne hi-fi → *l'impianto* (m.) *stereo*

- Les baffles de cette chaîne sont d'excellente qualité.
  Le casse acustiche di questo **impianto stereo** sono di ottima qualità.

CHANCE

● sort favorable → *la fortuna*

- Il a vraiment beaucoup de chance : il a encore gagné au loto !
  Ha proprio una gran **fortuna**: ha di nuovo vinto al lotto!

- Il dit que cette amulette lui aurait porté chance.
  Dice che quest'amuleto gli avrebbe portato **fortuna**.

● probabilité, possibilité → *la probabilità, la possibilità*

- Il n'a aucune chance de réussir.
  Non ha nessuna **probabilità** di farcela.

- Il y a des chances qu'il pleuve aujourd'hui.
  C'è la **possibilità** che piova oggi.

● opportunité → *l'occasione* (f.), *l'opportunità* (f.)

- C'est une chance unique : profites-en.
  È un'**occasione** unica: approfittane.

- J'ai eu la chance de le rencontrer.
  Ho avuto l'**opportunità** di incontrarlo.

CHERCHER

● s'employer à trouver → *cercare*

- Nous cherchons un appartement dans la vieille ville.
  Cerchiamo un appartamento nel centro storico.

- Tu ne l'as pas trouvé parce que tu n'as pas bien cherché.
  Non l'hai trovato perché non **hai cercato** bene.

● prendre → *prendere*

- Peux-tu venir me chercher à la gare ?
  Mi puoi venire a **prendere** alla stazione?

- N'oublie pas d'aller chercher ta robe au pressing.
  Non dimenticare di andare a **prendere** il tuo vestito in lavanderia.

appeler → *chiamare*

- **Allez chercher** un médecin! Vite!
  Chiamate un medico! Presto!

chercher à → *cercare di*

- Il est inutile de **chercher** à me convaincre.
  È inutile **cercare di** convincermi.

CHEZ

au domicile de: chez + moi / toi... → *a casa mia / tua..., da me / te...*

- On va **chez moi** ou **chez toi**?
  Andiamo **a casa mia** o **a casa tua**?
  Andiamo **da me** o **da te**?

> **NOTEZ BIEN**
> Lorsque « chez moi / toi... » signifie « à la maison », en italien on n'a pas besoin du possessif.
> Dimanche dernier, je suis resté **chez moi**.
> Domenica scorsa sono rimasto **a casa**.

au domicile de: chez + nom → *da* + nom, *a casa di* + nom

- Nous sommes invités **chez** Luigi demain soir.
  Siamo invitati **da** Luigi / **a casa di** Luigi domani sera.

au magasin / cabinet / bureau de → *da*

- On s'est rencontrés **chez** l'avocat.
  Ci siamo incontrati **dall'**avvocato.

- J'ai rendez-vous **chez le** dentiste à quatre heures.
  Ho appuntamento **dal** dentista alle quattro.

parmi, auprès de → *presso, tra*

- **Chez** les Étrusques, les femmes étaient bien considérées.
  Presso gli Etruschi, le donne erano ben considerate.

- C'est une mode répandue **chez** les jeunes.
  È una moda diffusa **tra** i giovani.

dans l'œuvre d'un auteur → *in*

- **Chez** Dante, la rime est très importante.
  In Dante, la rima è molto importante.

dans le caractère d'une personne → *in*

- Ce qui m'irrite **chez** lui, c'est son entêtement.
  Ciò che mi irrita **in** lui, è la sua testardaggine.

COMME

⬤ **comparaison → *come, quanto***

- Il est resté trop au soleil : il est rouge **comme** une tomate !
  È rimasto troppo al sole: è rosso **come** un peperone!

- Ils se ressemblent **comme** deux gouttes d'eau.
  Si assomigliano **come** due gocce d'acqua.

- Leur appartement est grand **comme** le nôtre.
  Il loro appartamento è grande **quanto** il nostro.

⬤ **temps (simultanéité) → *(proprio) mentre***

- **Comme** nous allions nous mettre à table, le téléphone a sonné.
  Mentre / Proprio mentre stavamo per sederci a tavola,
  ha squillato il telefono.

- **Comme** je sortais, il a commencé à pleuvoir.
  Mentre / Proprio mentre uscivo, è cominciato a piovere.

⬤ **cause → *siccome***

- **Comme** il fait froid, j'ai mis un pull en laine.
  Siccome fa freddo, ho messo un maglione di lana.

- **Comme** tu triches, je ne joue plus avec toi.
  Siccome bari, con te non gioco più.

⬤ **exclamation : comme + verbe → *come* / *quanto* + verbe**

- **Comme** il m'agace !
  Come / Quanto mi dà sui nervi!

- **Comme** tu as grandi !
  Come / Quanto sei cresciuto(-a)!

⬤ **exclamation : comme c'est + adjectif → *com'è* / *quant'è* / *che* + adjectif**

- **Comme** c'est beau !
  Com'è bello! / **Quant'è** bello! / **Che** bello!

CONCERNER

⬤ **avoir pour sujet → *riguardare***

- Cet article **concerne** la crise économique.
  Quest'articolo **riguarda** la crisi economica.

- Cela ne te **concerne** pas.
  Questo non ti **riguarda**.

atteindre, toucher → *interessare*

- L'inondation n'a **concerné** que le nord de l'Italie.
  L'alluvione **ha interessato** solo il nord dell'Italia.

être concerné → *essere coinvolto*

- Le maire **est** directement **concerné** dans cette affaire.
  Il sindaco **è** direttamente **coinvolto** in questa faccenda.

expressions

en ce qui concerne	se sentir concerné par qqch.
per quanto riguarda	sentirsi chiamato in causa da qc
per quanto concerne [soutenu]	

CULTURE

champ, espace cultivé → *la coltura, la coltivazione*

- Les fortes pluies ont endommagé les **cultures**.
  Le forti piogge hanno recato danni alle **colture** / **coltivazioni**.

- La **culture** de la vigne est très répandue en Italie.
  La **coltivazione** della vite è molto diffusa in Italia.

savoir → *la cultura*

- Cette femme possède une grande **culture** littéraire.
  Questa donna possiede una grande **cultura** letteraria.

- La **culture** égyptienne nous a transmis un patrimoine artistique exceptionnel.
  La **cultura** egizia ci ha trasmesso un patrimonio artistico eccezionale.

DANS

lieu → *in, dentro a*

- J'ai laissé la clé **dans** le tiroir.
  Ho lasciato la chiave **nel** cassetto.

- Il a oublié de mettre une brosse à dents **dans** sa valise.
  Ha dimenticato di mettere uno spazzolino **in** / **nella** valigia.
  Ha dimenticato di mettere uno spazzolino **dentro alla** valigia.

NOTEZ BIEN
Dans certaines expressions, « dans » se traduit par *su*.
Je l'ai lu **dans le** journal.
L'ho letto **sul** giornale.

Il a eu juste le temps de monter **dans le** bus / **dans le** train.
Ha fatto appena in tempo a salire **sull'**autobus / **sul** treno.

● période de temps → *in*

- Le néoréalisme est né **dans les** années quarante.
  Il neorealismo è nato **negli** anni Quaranta.

- Les premiers Jeux olympiques ont eu lieu **dans** l'Antiquité.
  I primi giochi olimpici ebbero luogo **nell'**Antichità.

● délai → *tra, fra*

- **Dans** une semaine, c'est Noël.
  Tra una settimana è Natale.

- Dépêchons-nous : ils arrivent **dans** dix minutes !
  Sbrighiamoci: arrivano **tra** dieci minuti!

● approximation : dans + article défini plur. → *su + i / gli / le*

- Ça coûte **dans les** vingt euros / **dans les** trente livres.
  Costa **sui** venti euro / **sulle** trenta sterline.

- À cette époque, il devait avoir **dans les** cinq ans.
  A quei tempi, avrà avuto **sui** cinque anni.

DAVANTAGE

● plus → *di più*

- Tu dois travailler **davantage**.
  Devi studiare **di più**.

● plus longtemps → *più*

- Nous ne pouvons pas attendre **davantage**.
  Non possiamo **più** aspettare.

- Cette situation ne peut durer **davantage**.
  Questa situazione non può **più** durare.

● davantage de + nom → *più + nom*

- Veux-tu **davantage de** pâtes ?
  Vuoi **più** pasta ?

> **Notez bien**
>
> Dans les comparaisons avec « davantage », le deuxième terme est introduit par « que » en français et par *di* ou *che* en italien.
> On emploie *che* lorsque le deuxième terme de comparaison est précédé d'une préposition. On emploie *di* dans les autres cas.
>
> À Milan il pleut **davantage qu'à** Rome.
> A Milano piove **più che a** Roma.
>
> Il paraît que la gare d'Orsay contient **davantage de** métal **que la** Tour Eiffel.
> Sembra che la stazione d'Orsay contenga **più** metallo **della** Torre Eiffel.

provenance → *da*

- Il rentre tout juste de Venise.
  È appena tornato **da** Venezia.

- Ces vases en porcelaine viennent de Chine.
  Questi vasi di porcellana vengono **dalla** Cina.

être de (ville natale, pays natal) → *essere di*

- Elle n'est pas toscane : elle est de Rome.
  Non è toscana: **è di** Roma.

point de départ temporel → *da*

- Le magasin est ouvert de neuf heures à dix-neuf heures.
  Il negozio è aperto **dalle** nove alle diciannove.

- Le secrétariat accueille les étudiants du mardi au vendredi.
  La segreteria riceve gli studenti **dal** martedì al venerdì.

moyen, manière → *con*

- Il ne sait pas écrire de la main droite.
  Non sa scrivere **con** la mano destra.

- Elle parlait d'une voix émue.
  Parlava **con** voce commossa.

différence → *da*

- Le deuxième épisode est très différent du premier.
  Il secondo episodio è molto diverso **dal** primo.

cause → *di* (sans article), *da* / *per* + article

- Il tremble de froid.
  Trema **di** / **dal** / **per il** freddo.

- Ils crient de peur.
  Urlano **di** / **dalla** / **per la** paura.

il est + adjectif + de + inf. → *è* + adjectif + inf.

- Il est important de le faire.
  È importante farlo.

- Il est interdit de fumer.
  È vietato fumare.

NOTEZ BIEN

Dans les phrases affirmatives, le partitif « du / de la / des » est rendu par l'article contracté *del / della / dei...*

Au marché, j'ai trouvé **des** fraises excellentes.
Al mercato ho trovato **delle** fragole buonissime.

Dans les phrases totalement négatives, le partitif « de » ne se traduit pas en italien.

Je ne veux pas **d'**histoires.
Non voglio storie.

Mais :

Il ne me faut pas **des** rubans bleus mais **des** rubans rouges.
Non mi servono **dei** nastri blu ma **dei** nastri rossi.

▸ LES PRÉPOSITIONS *DI, A* ET *IN* P. 114-117
▸ LES PRÉPOSITIONS *DA, SU, PER* ET *FRA / TRA* P. 118-120

DEMI

▸ demi → *mezzo* (var.)

- J'ai besoin d'**une demi**-douzaine d'œufs pour le gâteau.
  Ho bisogno di **mezza** dozzina di uova per il dolce.

- Au dîner j'ai bu **un demi**-verre / **une demi**-bouteille de vin.
  A cena ho bevuto **mezzo** bicchiere / **mezza** bottiglia di vino.

- Le train part dans une heure et **demie**.
  Il treno parte tra un'ora e **mezzo** / e **mezza**.

NOTEZ BIEN

L'article « un / une » devant « demi » ne se traduit en italien que dans le sens de « environ ». Comparez :

Il t'attend depuis **une demi**-heure.
Ti aspetta da **mezz'**ora.

Il t'a attendu environ **une demi**-heure.
Ti ha aspettato **una mezz'**ora.

▸ à demi + adjectif → *mezzo* (var.), *semi-* (invar.)

- La bouteille est à demi pleine.
  La bottiglia è **mezza** piena.

- Nous avons laissé la fenêtre à demi ouverte à cause de la chaleur.
  Abbiamo lasciato la finestra **semi**aperta per il caldo.

DEPUIS

depuis + lieu / date / durée (préposition) → *da*

- **Depuis** cette colline, on voit toute la ville.
  Da questa collina si vede tutta la città.

- Il travaille ici **depuis** février.
  Lavora qui **da** febbraio.

- J'habite dans cet immeuble **depuis** deux ans.
  Abito in questo palazzo **da** due anni.

depuis (adverbe) → *da allora*

- Je ne l'ai plus vu **depuis**.
  Non l'ho più visto **da allora**.

depuis que → *da quando*

- **Depuis qu**'elle est partie, le chat ne mange plus.
  Da quando è partita, il gatto non mangia più.

DERNIER

final, plus récent → *ultimo*

- C'est la première et la **dernière** fois !
  È la prima e l'**ultima** volta !

- Son **dernier** roman est un peu ennuyeux.
  Il suo **ultimo** romanzo è un po' noioso.

passé → *scorso*

- Nous en avons déjà discuté la semaine **dernière**.
  Ne abbiamo già discusso la settimana **scorsa**.

- Dimanche **dernier**, je me suis levée très tard.
  Domenica **scorsa** mi sono alzata molto tardi.

DÈS

dès + nom / adverbe → *da* / *fin da* / *a partire da* + nom / adverbe

- Je me mets au régime **dès** demain.
  Da domani mi metto a dieta.

- Cela a été difficile **dès** le début.
  È stato difficile **fin dall**'inizio.

- Les soldes commenceront **dès** le mois de janvier.
  I saldi cominceranno **a partire da** gennaio.

dès que + indic. → *(non) appena* + indic.

- Dès qu'il rentre, je lui dis que tu es passé.
  Appena / Non appena torna, gli dico che sei passato.

- Dès que je l'ai vu, j'ai tout compris.
  Appena / Non appena l'ho visto, ho capito tutto.

dès lors → *da allora*

- Ils se sont rencontrés en septembre et **dès lors** ils ne se sont plus quittés.
  Si sono incontrati a settembre e **da allora** non si sono più lasciati.

dès lors que → *dal momento che, dato che*

- Dès lors qu'ils ont accepté nos conditions, nous pouvons signer le contrat.
  Dal momento che / Dato che hanno accettato le nostre condizioni, possiamo firmare il contratto.

DEUX

numéral → *due* (cardinal), *secondo* (ordinal)

- Jamais **deux** sans trois !
  Non c'è **due** senza tre!

- Frédéric II fonda l'université de Naples en 1224.
  Federico II (**secondo**) fondò l'università di Napoli nel 1224.
  ▸ **LES NUMÉRAUX P. 45-49**

à deux → *in due*

- Ils sont venus à **deux**.
  Sono venuti **in due**.

- Nous sommes à **deux** contre un.
  Siamo (**in**) **due** contro uno.

les deux, tous (les) deux → *entrambi* (var.), *ambedue* (invar.), *tutti e due* (var.)

- Les **deux** solutions sont envisageables.
  Entrambe / Ambedue le soluzioni sono da prendere in considerazione.

- Tous **deux** ont été convoqués par le proviseur.
  Entrambi / Ambedue sono stati convocati dal preside.

- Je les ai raccompagnées **toutes les deux**.
  Le ho riaccompagnate **tutte e due**.

expressions

deux par deux	un jour sur deux
a due a due, in coppia, a coppie	ogni due giorni, un giorno sì
en moins de deux	e un giorno no
in quattro e quattr'otto	de deux choses l'une
	o l'una o l'altra cosa

DEVOIR

▬▶ **obligation** → *dovere* + inf., *avere da* + inf.,

- Nous **avons dû** renoncer à nos vacances pour des raisons familiales.
  Abbiamo dovuto rinunciare alla nostra vacanza per motivi
  di famiglia.
- Elle **a dû** partir inopinément.
  È dovuta partire all'improvviso.   ▸ **LE CHOIX DES AUXILIAIRES P. 104-106**
- Je **dois** faire beaucoup de choses.
  Ho molte cose **da** fare.

▬▶ **devoir être + part. passé** → *dover essere* / *andare* + part. passé

- Ce projet **doit être remis** demain.
  Il progetto **deve essere consegnato** domani.
  Il progetto **va consegnato** domani.

▬▶ **probabilité** → *dovere*, futur

- Il n'est pas chez lui. Il **a dû** aller acheter le journal.
  Non è a casa sua. **Deve** essere andato a comprare il giornale.
- Il **doit** être deux heures.
  Saranno le due.

▬▶ **devoir qqch. à qqn** → *dovere qc a qn*

- Je te **dois** un service.
  Ti **devo** un favore.

DONT

▬▶ **complément de verbe ou d'adjectif se construisant avec la préposition
« de »** → *di cui, da cui, a cui*

- Le projet **dont** je t'avais parlé n'aboutira pas. [parler de]
  Il progetto **di cui** ti avevo parlato non andrà in porto. [*parlare di*]
- Les gaspillages **dont** nous sommes tous responsables doivent
  être réduits. [responsable de]
  Gli sprechi **di cui** siamo tutti responsabili devono essere ridotti.
  [*responsabile di*]

- L'histoire **dont** s'est inspiré l'auteur est vraie. [s'inspirer de]
  La storia **a cui** si è ispirato l'autore è vera. [*ispirarsi a*]
  La storia **da cui** l'autore ha preso spunto è vera. [*prendere spunto da*]

➥ **complément de nom (appartenance) → *il cui, la cui, i cui, le cui***

- C'est une personne **dont** l'honnêteté est indéniable.
  È una persona **la cui** onestà è innegabile. [*l'onestà*]

- C'est le garçon **dont** le père est professeur de grec.
  È il ragazzo **il cui** padre è professore di greco. [*il padre*]

➥ **parmi lesquels / lesquelles → *tra cui, fra cui***

- À cette exposition, il y avait plusieurs tableaux de Giorgione,
  dont la célèbre *Tempête*.
  Alla mostra, c'erano diversi quadri di Giorgione,
  tra cui / **fra cui** la celebre *Tempesta*.

- Nous avons invité quelques amis, **dont** un collègue de travail.
  Abbiamo invitato alcuni amici, **tra cui** / **fra cui** un collega
  di lavoro.

➥ **la façon / la manière dont → *il modo* / *la maniera in cui, come***

- La façon **dont** il a réagi est surprenante.
  Il modo in cui / **La maniera in cui** ha reagito è sorprendente.

- Je n'aime pas la **manière dont** tu t'es comporté.
  Non mi piace **come** ti sei comportato.

EN

➥ **en + lieu / date / durée → *in***

- Ils habitent **en** Ligurie depuis cinq ans.
  Abitano **in** Liguria da cinque anni.

- **En** automne les feuilles tombent.
  In autunno cadono le foglie.

- Ils se sont mariés **en** 2004.
  Si sono sposati **nel** 2004.

- Je pense pouvoir lire ce livre **en** une semaine.
  Penso di poter leggere il libro **in** una settimana.

NOTEZ BIEN
L'article est obligatoire devant les dates : *nel 1972 = in + il 1972.*
▸ **L'ARTICLE CONTRACTÉ P. 16**

⬤ **en + moyen de transport → *in***

- Je vais toujours au travail **en** voiture, jamais **en** bus.
  Vado sempre al lavoro **in** macchina, mai **in** autobus.

⬤ **en + matière → *di***

- J'ai acheté une veste **en** velours.
  Ho comprato una giacca **di** velluto.

- Ce pull est **en** coton ou **en** laine?
  Questo maglione è **di** cotone o **di** lana?

⬤ **manière → *da***

- Je te parle **en** ami.
  Ti parlo **da** amico.

- Il s'est comporté **en** grand seigneur.
  Si è comportato **da** gran signore.

⬤ **de là → *da lì*, *ne***

- Elle est entrée dans ce magasin il y a une heure et elle n'**en** est pas
  encore sortie. [sortir de]
  È entrata in quel negozio un'ora fa e non è ancora uscita **da lì**.
  È entrata in quel negozio un'ora fa e non **ne** è ancora uscita.
  [uscire **da**]

- « Tu es allé chez Paolo? — Oui, j'**en** viens. »
  — Sei andato da Paolo? — Sì, vengo **da casa sua**.

⬤ **de cela → *ne***

- J'avais oublié mon sac à la station-service.
  Heureusement, je m'**en** suis aperçu! [s'apercevoir de]
  Avevo dimenticato la borsa alla stazione di servizio.
  Per fortuna, me **ne** sono accorto! [accorgersi **di**]

⬤ **expressions**

en cachette	en courant	en forme de
di nascosto	di corsa	a forma di
en couleurs	en été	en hiver
a colori	d'estate	d'inverno

ENFIN

⬤ **pour marquer l'impatience → *finalmente***

- **Enfin** nous sommes à la maison!
  Finalmente siamo a casa!

● **pour conclure** → *infine*

- **Enfin** ils vécurent heureux et eurent beaucoup d'enfants.
  Infine vissero felici e contenti ed ebbero molti figli.

- Nous sommes allés d'abord à Venise, ensuite à Florence
  et **enfin** à Rome.
  Siamo stati prima a Venezia, poi a Firenze ed **infine** a Roma.

- Nous avons mangé une entrée, un plat de résistance et **enfin**
  un dessert.
  Abbiamo mangiato un primo, un secondo ed **infine** un dolce.

● **pour faire bref** → *insomma*

- **Enfin**, j'espère que nous nous sommes compris.
  Insomma, spero che ci siamo capiti.

- Mais **enfin**, décide-toi!
  Ma **insomma**, deciditi!

ENTRETENIR

● **faire durer** → *intrattenere, mantenere, coltivare*

- Heureusement, nous **entretenons** d'excellentes relations
  avec nos voisins.
  Per fortuna **intratteniamo** ottime relazioni con i vicini.

- Ils **ont entretenu** une correspondance suivie pendant des années.
  Hanno **mantenuto** una fitta corrispondenza per anni.

- Il faut savoir **entretenir** ses amitiés.
  Occorre saper **coltivare** le proprie amicizie.

● **faire vivre** → *mantenere*

- Il doit **entretenir** sa famille avec un maigre salaire.
  Deve **mantenere** la famiglia con un magro stipendio.

● **garder en bon état** → *avere cura di*

- Il faut **entretenir** sa voiture pour éviter les pannes.
  Bisogna **avere cura della** propria macchina per evitare i guasti.

● **exercer** → *esercitare, allenare*

- Les mots croisés sont utiles pour **entretenir** sa mémoire.
  I cruciverba sono utili per **esercitare** / **allenare** la memoria.

ESPRIT

pensée → *la mente*

- L'**esprit** humain est très complexe.
  La **mente** umana è molto complessa.

- Je ne comprends pas comment cela t'est venu à l'**esprit**.
  Non capisco come ti sia venuto **in mente**.

disposition → *lo spirito*

- Pour travailler dans cette entreprise, il faut avoir l'**esprit** d'équipe.
  Per lavorare in questa società bisogna avere **spirito** di squadra.

fantôme → *lo spirito*

- La sorcière d'Endor évoquait les **esprits** des morts.
  La strega di Endor evocava gli **spiriti** dei morti.

expressions

l'esprit de famille	avoir de l'esprit
il senso della famiglia	essere spiritoso(-a)
l'esprit des affaires	avoir bon / mauvais esprit
il bernoccolo degli affari	essere d'animo buono / cattivo

ÉTAGÈRE

rayon → *la mensola*

- Tu as mis trop de bibelots sur cette **étagère**.
  Hai messo troppi soprammobili su questa **mensola**.

meuble → *lo scaffale, la libreria*

- Le dictionnaire d'italien se trouve en bas dans l'**étagère**.
  Il dizionario d'italiano si trova nello **scaffale**, in basso.

- À côté de la cheminée, il y a une petite **étagère**. [avec des livres]
  Accanto al caminetto c'è una piccola **libreria**.

ÉTRANGER

qui vient d'un autre pays → *straniero*

- Il y a environ quatre millions d'**étrangers** qui vivent en Italie.
  Ci sono circa quattro milioni di **stranieri** che vivono in Italia.

non impliqué → *estraneo*

- Il est complètement **étranger** à cette affaire.
  È completamente **estraneo** a questa faccenda.

🔴 les pays étrangers → *l'estero* (m.)

- Il est fréquent aujourd'hui de faire ses études à l'**étranger**.
  Oggi si studia di frequente all'**estero**.

- Il travaille au ministère des Affaires **étrangères**.
  Lavora al Ministero degli (Affari) **Esteri**.

ÊTRE EN TRAIN DE

🔴 *stare* + gérondif

- Ne me dérange pas : je **suis en train de** travailler.
  Non disturbarmi: **sto lavorando**.

- Nous **étions en train de déjeuner** lorsqu'il est arrivé.
  Stavamo pranzando quando è arrivato.

> **NOTEZ BIEN**
> Il ne faut pas confondre *stare* + gérondif avec *andare* + gérondif
> qui peut correspondre à un simple présent de l'indicatif en français.
> Il **dit** à tout le monde que tu es devenue folle !
> **Va dicendo** a tutti che sei impazzita!

EXPÉRIENCE

🔴 connaissance directe, événement marquant → *l'esperienza* (f.)

- Écoute ce que je te dis : je te parle par **expérience**.
  Ascolta quello che ti dico: ti parlo per **esperienza**.

- Dans ce livre, Mario Rigoni Stern raconte son **expérience** de la guerre.
  In questo libro Mario Rigoni Stern racconta la propria **esperienza** di guerra.

- Chacun de nos voyages a été une belle **expérience**.
  Ogni nostro viaggio è stato / stata una bella **esperienza**.

🔴 essai → *l'esperimento* (m.)

- De récentes **expériences** scientifiques ont démontré que l'espace n'est pas vide.
  Recenti **esperimenti** scientifici hanno dimostrato che lo spazio non è vuoto.

- L'expérience chimique a réussi.
  L'**esperimento** chimico è riuscito.

FACILE / DIFFICILE

➥ facile / difficile à → *facile / difficile da*

- Cette histoire est **difficile** à comprendre.
  Questa storia è **difficile da** capire.
- C'est **facile** à dire mais **difficile** à faire.
  È **facile da** dire ma **difficile da** fare.

➥ il est facile / difficile de + inf. → *è facile / difficile + inf.*

- Il est **difficile de** répondre à cette question.
  È **difficile rispondere** a questa domanda.

NOTEZ BIEN
Toutes les tournures impersonnelles avec *essere* + adjectif + infinitif s'emploient **sans *di*** devant l'infinitif.

FALLOIR (IL FAUT)

➥ il faut + nom au sing. → *ci vuole / occorre* + nom au singulier

- Il **faut** du temps pour comprendre l'exercice.
  Ci vuole tempo per capire l'esercizio.
- Il **faut** beaucoup d'argent pour réaliser ce projet.
  Occorre molto denaro per realizzare questo progetto.

➥ il faut + nom au plur. → *ci vogliono / occorrono* + nom au pluriel

- Il **faut** des années pour obtenir un diplôme universitaire.
  Ci vogliono anni per ottenere una laurea.
- Il **faut** trois œufs pour préparer ce gâteau.
  Occorrono tre uova per preparare questo dolce.

NOTEZ BIEN
Le verbe s'accorde avec le nom qui suit.

➥ il faut + inf. → *bisogna / occorre* + inf.

- Il **faut partir** le plus vite possible.
  Bisogna partire il prima possibile.
- Il **faut être invité** pour entrer dans cette boîte de nuit.
  Occorre essere invitati per entrare in questa discoteca.

➥ il faut que + subj. → *bisogna che / occorre che* + subj., *dovere* + inf.

- Il **faut** que tu **prépares** ta valise.
  Bisogna che prepari la tua valigia.
  Devi preparare la valigia.

- Il faut que tu **ailles** chez ton oncle demain.
  Occorre che tu vada da tuo zio domani.
  Devi andare da tuo zio domani.

FRUIT

▸ aliment → *il frutto*

- Un **fruit** est tombé de l'arbre.
  Un **frutto** è caduto dall'albero.

- C'est le **fruit** défendu !
  È il **frutto** proibito !

▸ ensemble des fruits → *la frutta*

- J'ai mis **les fruits** sur la table.
  Ho messo **la frutta** sul tavolo.

- **Les fruits** sont bons pour la santé.
  La frutta fa bene alla salute.

▸ résultat, conséquence (sens figuré) → *il frutto, i frutti*

- C'est le **fruit** de son imagination.
  È (il) **frutto** della sua immaginazione.

- La leçon a porté ses **fruits**.
  La lezione ha dato i suoi **frutti**.

GAGNER

▸ toucher de l'argent → *guadagnare*

- Combien **gagnes**-tu par mois ?
  Quanto **guadagni** al mese ?

- Ta sœur **gagne** vraiment beaucoup d'argent pour son âge.
  Tua sorella **guadagna** davvero molto per la sua età.

▸ remporter (un prix, une compétition) → *vincere*

- J'**ai gagné** un voyage aux Maldives.
  Ho vinto un viaggio alle Maldive.

- La Juventus **a gagné** encore un match.
  La Juve **ha vinto** ancora una partita.

▸ atteindre (but, sommet) → *raggiungere*

- Il **a gagné** le sommet de la pyramide en peu de temps.
  Ha raggiunto la vetta della piramide in poco tempo.

- se propager → *estendersi*
  - L'incendie a gagné toute la colline.
    L'incendio **si è esteso** su tutta la collina.
  - Le doute commence à gagner la classe politique.
    Il dubbio comincia ad **estendersi** nella classe politica.

- gagner à + inf. → *guadagnarci a* + inf.
  - Il gagne à être connu.
    Ci guadagna ad essere conosciuto.

- expressions

  gagner à vieillir   gagner sa vie
  migliorare con gli anni   guadagnarsi da vivere

GENS (LES)

- Les gens attendent dehors.
  La gente aspetta fuori.
- Ce sont des gens simples.
  È **gente** alla mano.

NOTEZ BIEN
La gente est un nom collectif **singulier,** donc toujours suivi d'un verbe au singulier.

GLACE

- dessert → *il gelato*
  - La glace que je préfère est celle au chocolat.
    Il **gelato** che preferisco è quello al cioccolato.

- miroir → *lo specchio*
  - Arrête de te regarder dans la glace !
    Smettila di guardarti **allo specchio**!

- eau solidifiée par le froid → *il ghiaccio*
  - Le patinage sur glace est un sport très beau à regarder.
    Il pattinaggio **sul ghiaccio** è uno sport molto bello da guardare.

- plaque de verre, vitre → *il vetro*
  - Il faudrait que tu penses à nettoyer les glaces de ta voiture.
    Dovresti pensare a pulire i **vetri** della tua macchina.

GRAND

■ taille (personne) → *alto*

- Ton frère est très **grand**.
  Tuo fratello è molto **alto**.

■ taille (objet) → *grande*

- Cette robe est trop **grande** pour moi.
  Questo vestito è troppo **grande** per me.

■ les grands, les adultes → *gli adulti*

- Il faudrait que tu apprennes à écouter **les grands**.
  Bisognerebbe che tu imparassi ad ascoltare **gli adulti**.

■ expressions

voir les choses en grand	bonjour ma grande !
vedere le cose in grande	ciao bella!

HABITUDE

■ avoir l'habitude de + nom → *essere abituato a* + nom

- Tu as l'habitude des longs voyages ?
  Sei abituato(-a) ai lunghi viaggi ?

■ avoir l'habitude de + inf. → *avere l'abitudine di / essere solito* + inf.

- Il n'a pas l'habitude de conduire la nuit.
  Non ha l'abitudine di guidare di notte.

- Elle **avait l'habitude de** sortir toujours à la même heure.
  Aveva l'abitudine di uscire sempre alla stessa ora.
  Era solita uscire sempre alla stessa ora.

- Il **a la mauvaise habitude de** sauter le repas de midi.
  Ha la cattiva abitudine di saltare il pranzo.

■ d'habitude → *di solito*

- **D'habitude**, je ne me couche pas avant minuit.
  Di solito, non vado a dormire prima di mezzanotte.

- À cette heure-ci, **d'habitude**, je dors depuis longtemps.
  A quest'ora, **di solito**, dormo da un bel po'.

■ pour exprimer la présence de quelque chose → *c'è* + nom sing. / *ci sono* + nom plur.

- Il y a / Il y avait une araignée sous ton lit.
  C'è / **C'era** un ragno sotto il tuo letto.

- Il y a / Il y avait des biscuits sur la table.
  Ci sono / **C'erano** dei biscotti sul tavolo.

- Il y a eu des périodes meilleures pour l'économie de notre pays.
  Ci sono stati periodi migliori per l'economia del nostro paese.

■ il y en a → *ce n'è* + nom sing. / *ce ne sono* + nom plur.

- Tu cherches une pelle ? Il y en a une dans le jardin.
  Cerchi una pala? **Ce n'è** una in giardino.

- Des élèves étrangers, il y en a beaucoup dans la classe.
  Di allievi stranieri **ce ne sono** molti in classe.

■ il y en a qui + verbe à la 3ᵉ pers. plur. → *c'è chi* (personnes) + verbe à la 3ᵉ pers. sing., *alcuni* (personnes, choses) + verbe à la 3ᵉ pers. plur.

- Il y en a qui pensent seulement à travailler.
  C'è chi pensa / **Alcuni** pensano solo a lavorare.

- Parmi ces initiatives, il y en a qui ont déjà produit des résultats.
  Tra queste iniziative, **alcune** hanno già prodotto risultati.

■ pour dire depuis combien de temps une action a eu lieu → *fa*

- Il y a dix minutes, il était dans la salle à manger.
  Dieci minuti **fa** era in sala da pranzo.

- Elle est morte il y a deux ans.
  È morta due anni **fa**.

- Il est parti il y a longtemps.
  È andato via tanto tempo **fa**.

■ pour dire depuis combien de temps une action a commencé → *da*

- Il y a deux heures qu'on te cherche. [On te cherche depuis deux heures.]
  Ti cerchiamo **da** due ore.

- Il y a cinq ans qu'il enseigne à l'Université. [Il enseigne depuis cinq ans...]
  Insegna **da** cinque anni all'università.

JOUER

s'amuser → *giocare*

- Marta **joue** en plein air avec les enfants de nos voisins.
  Marta **gioca** all'aperto con i figli dei nostri vicini.

jouer à (un jeu, un sport) → *giocare a*

- Il **joue au** tennis depuis qu'il a huit ans.
  Gioca a tennis da quando aveva otto anni.

- Tu veux **jouer aux** cartes avec moi ?
  Vuoi **giocare a** carte con me ?

jouer de (un instrument de musique) → *suonare*

- Je voudrais apprendre à **jouer de** la guitare.
  Vorrei imparare a **suonare** la chitarra.

- J'aime vraiment beaucoup t'écouter **jouer du** piano.
  Mi piace davvero tanto ascoltarti **suonare** il pianoforte.

interpréter → *recitare, interpretare*

- Je trouve qu'il **joue** très mal le rôle du méchant.
  Trovo che **reciti** malissimo la parte del cattivo.

- C'est Marcello Mastroianni qui **joue** le rôle du journaliste.
  È Marcello Mastroianni che **interpreta** la parte del giornalista.

représenter → *dare*

- Ce spectacle a été **joué** cinq fois en un mois.
  Questo spettacolo **è stato dato** cinque volte in un mese.

LONG

mesure + de long → *lungo* + mesure

- Cette pièce mesure quatre mètres **de long**.
  Questa stanza è **lunga** quattro metri.

le long de + nom → *lungo* + nom

- On va se promener **le long du** fleuve ?
  Andiamo a fare una passeggiata **lungo** il fiume ?

- Elle marchait **le long de** la plage.
  Camminava **lungo** la spiaggia.

NOTEZ BIEN

Tout comme « le long du fleuve » se dit *lungo il fiume* ou *sul lungofiume*, « le long de la mer » se traduit par *sul lungomare*.

les quais de la Seine, de l'Arno, du Tibre…
il lungosenna, il lungarno, il lungotevere…

LONGTEMPS

longtemps → *molto (tempo), a lungo*

- Est-ce que ça va durer encore longtemps ?
  Durerà ancora **molto / a lungo** ?

- Je vais devoir attendre longtemps.
  Dovrò aspettare **molto / a lungo**.

il y a longtemps → *(molto) tempo fa*

- Ce film, je l'ai vu il y a longtemps.
  Questo film, l'ho visto **molto tempo fa**.

depuis longtemps → *da (molto) tempo*

- Je n'ai pas acheté de fleurs depuis longtemps.
  Non compro fiori **da molto tempo**.

aussi longtemps que → *finché*

- Aussi longtemps qu'elle restera là, je ne partirai pas.
  Finché resterà qui, non me ne andrò.

MAUVAIS

méchant, de qualité insatisfaisante → *cattivo*

- J'ai l'impression que c'est une personne vraiment mauvaise.
  Mi sembra (che sia) una persona davvero **cattiva**.

- Elle m'a lancé un regard mauvais.
  Mi ha lanciato uno sguardo **cattivo**.

- La nourriture de cette cantine est vraiment mauvaise.
  Il cibo di questa mensa è davvero **cattivo**.

- C'est le résultat d'une mauvaise éducation.
  È il risultato di una **cattiva** educazione.

> **NOTEZ BIEN**
> Je ne te conseille pas ce livre : il est vraiment mauvais.
> Non ti consiglio questo libro: è veramente **brutto**.

climat, météo → *brutto*

- Quel mauvais temps ! J'en ai marre !
  Che **brutto** tempo! Sono stufo!

- Je ne pourrais pas vivre dans ce pays, le climat est trop mauvais.
  Non potrei vivere in questo paese, il clima è troppo **brutto**.

- erroné → *sbagliato*

  - Le candidat a donné une **mauvaise** réponse.
    Il candidato ha dato una risposta **sbagliata**.

- très mauvais → *pessimo*

  - Encore une fois, j'ai fait un **très mauvais** choix.
    Ancora una volta, ho fatto una **pessima** scelta.

- expressions

  une mauvaise langue   sentir mauvais
  una malalingua   puzzare

LE MÊME

- le même → *lo stesso* (var.), *il medesimo* (var., plus rare)

  - Je voudrais la **même** chose.
    Vorrei **la stessa** / **la medesima** cosa.

- le même + nom + que + nom → *lo stesso* + nom + *di* + nom

  - Il a eu la **même** note que Giovanni.
    Ha avuto **lo stesso** voto **di** Giovanni.

  - Elle a les **mêmes** yeux que sa mère.
    Ha **gli stessi** occhi **di** sua madre.

- le même + nom + que + pronom → *lo stesso* + nom + *che* + verbe
  + pronom, possessif + *stesso* + nom, nom + *come* + possessif

  - Il a la **même** voiture que moi.
    Ha **la stessa** macchina **che ho** io.
    Ha **la mia stessa** macchina.
    Ha la macchina **come** la mia.

MÊME (ADVERBE)

- même (insistance), dans une phrase positive → *anche, perfino* / *persino*
  (plus fort)

  - **Même** mon père est arrivé en retard.
    Anche / **Persino** mio padre è arrivato in ritardo.

  - Tout le monde est parti, **même** ma meilleure amie.
    Sono andati via tutti, **anche** / **perfino** la mia migliore amica.

  - **Même** mes parents ont été surpris.
    Anche / **Perfino** i miei genitori sono rimasti sorpresi.

- même (insistance), dans une phrase négative → *nemmeno, neanche, neppure*

  - Il ne m'a **même** pas dit au revoir.
    Non mi ha **nemmeno** / **neanche** / **neppure** salutato.

  - **Même** mon professeur n'a pas su quoi répondre.
    Neanche il mio professore ha saputo cosa rispondere.

- même (pour corriger, préciser) → *anzi*

  - Elle n'a pas été polie, elle a **même** été vulgaire.
    Non è stata cortese, **anzi** è stata volgare.

- même si → *anche se*

  - **Même si** tu arrives tard, je t'attends pour manger.
    Anche se arrivi tardi, ti aspetto per mangiare.

MOINS

- moins de + nom → *meno* + nom

  - Elle a donné **moins de** bonbons à mon frère qu'à moi.
    Ha regalato **meno** caramelle a mio fratello che a me.

- moins (...) que + nom / pronom → *meno* (...) *di* + nom / pronom

  - J'ai mangé **moins que** mon frère / **que** lui.
    Ho mangiato **meno di** mio fratello / **di** lui.

  - Il est **moins** grand **que** sa sœur / **qu'**elle.
    È **meno** alto **di** sua sorella / **di** lei.

- moins (...) que + adverbe / adjectif → *meno* (...) *che* + adverbe / adjectif

  - Je suis **moins** affamée **que** fatiguée.
    Sono **meno** affamata **che** stanca.

- moins (...) que + indic. → *meno* (...) *di quanto* + subj.

  - Je suis **moins** courageuse **que** tu ne le crois.
    Sono **meno** coraggiosa **di quanto** tu creda.

  - C'est **moins** loin **que** je ne le pensais.
    È **meno** lontano **di quanto** pensassi.

    ▸ Ne explétif p. 192

- moins ... moins / plus → *meno ... meno / più*

  - **Moins** je dors, **moins** j'ai envie de travailler.
    Meno dormo, **meno** ho voglia di lavorare.

➥ **à moins de + inf. / à moins que + subj. →** *a meno che non* **+ subj.,** *salvo se* **/** *tranne se* **+ indic.**

- Il n'y arrivera jamais, à moins de partir longtemps en avance.
  Non ce la farà mai, **a meno che non parta** in anticipo.
  Non ce la farà mai, **salvo se / tranne se partirà** in anticipo.

- Je vais sortir ce soir, à moins qu'il commence à pleuvoir.
  Stasera esco, **a meno che non cominci** a piovere.
  Stasera esco, **salvo se / tranne se comincerà** a piovere.

➥ **le moins ... de →** *il meno ... di*

- Giulia est la moins bavarde de la famille.
  Giulia è **la meno** chiacchierona **della** famiglia.

➥ **nom + le moins + adjectif + que + indic. / subj. →** *il* **+ nom +** *meno* **+ adjectif +** *che* **+ subj.**

- C'est le canapé le moins confortable que j'aie jamais essayé.
  È **il** divano **meno** comodo **che abbia** mai provato.

  ▸ **COMPARATIF ET SUPERLATIF P. 59-61**

➥ **expressions**

au moins	de moins en moins	du moins
almeno	sempre meno	per lo meno, perlomeno, almeno

MONDE

➥ **tout le monde + verbe à la 3ᵉ pers. sing.**
→ *tutti (quanti)* **+ verbe à la 3ᵉ pers. plur.**

- C'est incroyable, tu connais vraiment tout le monde !
  È incredibile, conosci davvero **tutti**!

- Tout le monde veut être heureux.
  Tutti (quanti) vogliono essere felici.

  ▸ **GENS P. 184**

NOTEZ BIEN
Attention à ne pas confondre l'italien *tutti quanti* (tout le monde) avec le français «tutti quanti» (*et cætera*, et tout le reste, et ainsi de suite).

➥ **le monde entier →** *tutto il mondo, il mondo intero*

- Ce chanteur est connu dans le monde entier.
  Questo cantante è conosciuto in **tutto il mondo**.

- Il voulait découvrir le monde entier.
  Voleva scoprire **il mondo intero**.

expressions

courir le monde
girare il mondo

il y a un monde fou
c'è un mare di gente

il faut de tout pour faire un monde
il mondo è bello perché è vario

NE / NE ... PAS / NE ... PLUS

ne (explétif) → ∅

- Je crains qu'il **ne** parte.
  Temo che **parta**.

- J'ai peur qu'elle **ne** parle trop.
  Ho paura che **parli** troppo.

- C'est mieux que je **ne** le croyais.
  È meglio di quanto **credessi**.

NOTEZ BIEN
Dans ce cas, on emploie l'imparfait de l'indicatif en français
mais l'imparfait du subjonctif en italien.

▸ CONCORDANCE DES TEMPS P. 88

ne + verbe + pas → *non* + verbe + ∅

- Sofia n'est **pas** encore prête.
  Sofia **non** è ancora pronta.

- Ils **ne** peuvent **pas** sortir avant 10 heures.
  Non possono uscire prima delle 10.

- Je n'ai **pas** compris ce qu'il a dit.
  Non ho capito che cosa ha detto.

ne ... plus → *non ... più*

- C'est fini, je **ne** t'aime **plus**.
  È finita, **non** ti amo **più**.

- Le dimanche, il n'y a **plus** personne en ville.
  La domenica, **non** c'è **più** nessuno in città.

NE ... PERSONNE / NE ... RIEN

ne + verbe + personne → *non* + verbe + *nessuno*

- Je **ne** connaissais **personne** à son anniversaire.
  Non conoscevo **nessuno** al suo compleanno.

- Il n'y a **personne** qui puisse l'aider.
  Non c'è **nessuno** che possa aiutarlo.

▸ PERSONNE P. 199

▬ ne + verbe + rien → *non* + verbe + *niente / nulla*

- J'ai oublié mon sandwich à la maison et je **n**'ai **rien** à manger pour mon déjeuner.
  Ho dimenticato il panino a casa e **non** ho **niente / nulla** da mangiare per pranzo.

- Il **n**'a **rien** compris.
  Non ha capito **nulla / niente**.

NE ... QUE

▬ seulement (sens affirmatif) → *solo, soltanto, solamente*

- Il **n**'y a **que** deux œufs dans le frigo.
  Ci sono **solo / soltanto** due uova in frigorifero.

- Elle **ne** parle **qu**'anglais.
  Parla **soltanto / solamente** inglese.

- Du rêve à la réalité il **n**'y a **qu**'un pas.
  Dal sogno alla realtà c'è **soltanto** un passo.

▬ seulement alors → *non ... prima di*

- Ils **n**'arriveront **que** mardi soir.
  Non arriveranno **prima di** martedì sera.

NI ... NI

- Je **n**'ai connu **ni** son père **ni** sa mère.
  Non ho conosciuto **né** suo padre **né** sua madre.

- Tu **n**'as **ni** fait tes devoirs **ni** rangé ta chambre.
  Non hai **né** fatto i compiti **né** messo in ordine la camera.

ON

▬ personne indéterminée distincte du locuteur
   → verbe à la 3ᵉ pers. du plur., *la gente* + verbe à la 3ᵉ pers. du sing.

- **On** va te proposer du travail d'ici quelques jours, tu verras.
  Ti **proporranno** un lavoro da qui a qualche giorno, vedrai.

- Ne crois pas à tout ce qu'**on** dit.
  Non credere a tutto quello che **dice la gente**.

▬ personne indéterminée pouvant inclure le locuteur
   → *si* + verbe à la 3ᵉ pers. sing. / plur.

- **On** peut trouver une solution rapidement.
  Si può trovare rapidamente una soluzione.

- On pourra boire des bières spéciales.
  Si potranno bere birre speciali.
- Dans ma famille, **on parle** quatre langues.
  Nella mia famiglia, **si parlano** quattro lingue.

  NOTEZ BIEN
  La construction **si** + verbe à la 3ᵉ personne du **singulier** est suivie
  d'un nom singulier.
  La construction **si** + verbe à la 3ᵉ personne du **pluriel** est suivie
  d'un nom pluriel.

➧ nous → 1ʳᵉ pers. du plur. *noi*

- On part samedi, après le dîner.
  Partiamo sabato, dopo cena.
- On y va ?
  Andiamo ?

➧ tu, vous → 1ʳᵉ pers. du plur. *noi*

- Alors, maintenant on **entre** sans frapper ?
  Beh, allora, **entriamo** senza bussare ?

➧ on est + adjectif sing. → *si è* + adjectif plur.

- Quand on **est seul** et **triste**, on pleure.
  Quando **si è soli** e **tristi**, si piange.

➧ on se + verbe → *ci si* + verbe à la 3ᵉ pers. du sing.

- On se **voit** demain matin.
  Ci si vede domani mattina.

OÙ

➧ où (lieu) → *dove, in cui, nel quale / nella quale / nei quali / nelle quali*

- C'est le bar **où** nous avons pris le petit déjeuner la semaine
  dernière.
  È il bar **dove / in cui** abbiamo fatto colazione la settimana scorsa.
  È il bar **nel quale** abbiamo fatto colazione la settimana scorsa.
  [il bar > in + il = nel > nel quale]
- Prends le sac **où** j'ai mis les clés de la voiture.
  Prendi la borsa **dove / in cui** ho messo le chiavi della macchina.
  Prendi la borsa **nella quale** ho messo le chiavi della macchina.
  [la borsa > in + la = nella > nella quale]

où (temps) → *in cui, nel quale / nella quale / nei quali / nelle quali*

- C'est la période de ma vie **où** j'ai appris le plus de choses.
  È il periodo della mia vita **in cui** ho imparato più cose.
  È il periodo della mia vita **nel quale** ho imparato più cose.
  [*il periodo > in + il = nel > nel quale*]

  NOTEZ BIEN
  Dans le sens de «pendant lequel», «où» peut aussi correspondre
  à *durante il quale (la quale / i quali / le quali).*

  Nous nous sommes connus l'année **où** j'ai eu beaucoup de problèmes de santé.
  Ci siamo conosciuti l'anno **durante il quale** ho avuto molti problemi di salute.

où ? (lieu) → *dove?*

- Où vas-tu pendant les vacances?
  Dove vai durante le ferie?

- Où sont nés tes parents?
  Dove sono nati i tuoi genitori?

- Je me demande d'où vient cette lettre.
  Mi chiedo **da dove** venga questa lettera.

  NOTEZ BIEN
  Dans certaines expressions, on n'emploie pas *dove* pour traduire «où».
  Où en est-on?
  A che punto siamo?

où que + subj. → *ovunque + subj.*

- Où qu'il soit, il pourrait écrire.
  Ovunque sia, potrebbe scrivere.

PAR

à travers (lieu) → *per, da*

- Tu devrais passer **par** Paris, ce serait plus rapide.
  Dovresti passare **per** Parigi, sarebbe più rapido.

- Si tu passes **par** Rome / **par** ici, viens me voir.
  Se passi **da** Roma / **da** queste parti, vienimi a trovare.

- J'ai dû passer **par le** jardin.
  Sono dovuto passare **dal** / **per il** giardino.

- Le chat s'est trop penché **par la** fenêtre et il est tombé.
  Il gatto si è sporto troppo **dalla** finestra ed è caduto.

- **fréquence (temps)** → *a + article*

  - Elle prend la voiture plusieurs fois **par** jour.
    Prende la macchina più volte **al** giorno.

  - Je vais chez le dentiste une fois **par** mois / **par** an.
    Vado dal dentista una volta **al** mese / **all'**anno.

  > **NOTEZ BIEN**
  > Devant le mot *settimana*, la préposition *a* n'est pas obligatoire
  > et s'emploie aussi sans article.
  > Je vais à la piscine deux fois **par** semaine.
  > Vado in piscina due volte **a** / **alla** / **la** settimana.

- **valeur distributive** → *a*

  - Nous avons acheté une pizza **par** personne.
    Abbiamo comprato una pizza **a** testa.

  - Ils ont reçu une bonbonnière **par** couple.
    Hanno ricevuto una bomboniera **a** coppia.

- **complément d'agent** → *da*

  - Il a été attaqué **par** un voleur.
    È stato aggredito **da** un ladro.

- **complément de cause** → *per*

  - J'ai raté le train **par** ta faute.
    Ho perso il treno **per** colpa tua.

- **expressions**

par centaines, par milliers	par cœur	de par le monde
a centinaia, **a** migliaia	**a** memoria	**in tutto** il mondo

PASSER / SE PASSER

- **passer, s'en aller** → *passare*

  - Les jours **passent** et se ressemblent.
    I giorni **passano** e si somigliano.

  > **NOTEZ BIEN**
  > Dans ce sens, aux temps composés, *passare* est précédé de l'auxiliaire
  > *essere*.
  > Je vais mieux, la douleur **est passée**.
  > Sto meglio, il dolore **è passato**.

◗ passer, vivre → *passare*

- Elle est en train de passer une période difficile.
  Sta passando un periodo difficile.

> **NOTEZ BIEN**
> Dans ce sens, aux temps composés, *passare* est précédé de l'auxiliaire *avere*.
>
> Il **a passé** son adolescence chez ses grands-parents.
> **Ha passato** l'adolescenza dai nonni.

◗ se passer, avoir lieu → *succedere, accadere*

- Qu'est-ce qui se passe ?
  Che cosa **succede** ?

- Raconte-moi ce qui s'est passé.
  Raccontami che cosa **è successo** / **è accaduto**.

◗ se passer de → *fare a meno di*

- Je ne peux pas me passer de toi.
  Non posso **fare a meno di** te.

- Tu ne peux vraiment pas te passer de taquiner ta sœur ?
  Non puoi proprio **fare a meno di** stuzzicare tua sorella ?

◗ expression

> Tout se passe bien ?
> Tutto bene ?

PEINE

◗ à peine (presque pas) → *appena*

- On se connaît à peine et tu me parles comme ça ?
  Ci conosciamo **appena** e mi parli così ?

- Cette nuit j'ai à peine dormi.
  Stanotte ho dormito **appena**.

> **NOTEZ BIEN**
> Dans ce sens *appena* se place toujours **après** le verbe.

◗ à peine (aussitôt) → *(non) appena*

- À peine partie, elle a commencé à pleurer.
  Appena / Non appena partita, ha cominciato a piangere.

- À peine mariés, ils ont déjà des problèmes de couple.
  Appena / Non appena sposati, hanno già problemi di coppia.

PEINE (AUTRES EMPLOIS)

⬤ **faire de la peine à qqn (émouvoir)** → *fare pena a qn*

- Ne me regarde pas comme ça, **tu me fais de la peine.**
  Non mi guardare così, che **mi fai pena.**

⬤ **faire de la peine à qqn (chagriner)** → *dare un dispiacere a qn*

- En me disant cela, **tu m'as fait** beaucoup de **peine.**
  Dicendomi questo, **mi hai dato un** gran **dispiacere.**

⬤ **avoir de la peine** → *dispiacere a qn*

- Il a eu beaucoup de peine quand son meilleur ami a déménagé.
  Gli è dispiaciuto molto quando il suo migliore amico ha traslocato.

⬤ **avoir de la peine à + inf.** → *fare fatica a + inf.*

- J'ai eu de la peine à me lever ce matin.
  Ho fatto fatica ad alzarmi stamattina.

⬤ **c'est la peine de + inf.** → *vale la pena + inf.*

- À mon avis, ce n'est pas la peine de l'attendre.
  Secondo me, **non vale la pena** aspettarlo.

⬤ **ce n'est pas la peine que + subj.** → *non è necessario che + subj.*

- Ce n'est pas la peine qu'il vienne me chercher, je vais me débrouiller.
  Non è necessario che mi **venga** a prendere, me la caverò.

⬤ **expressions**

à grand-peine	se donner de la peine
a fatica	darsi da fare
sans peine	se donner la peine de + inf.
senza difficoltà	prendersi la briga di + inf.

PENDANT

⬤ **pendant + nom** → *durante + nom*

- Pendant les vacances d'été, j'irai rendre visite à mes grands-parents.
  Durante le vacanze estive, andrò a trovare i miei nonni.

⬤ **pendant que + indic.** → *mentre + indic.*

- Pendant qu'elle regarde la télévision, il prépare le repas.
  Mentre lei guarda la televisione, lui prepara il pranzo.

- Certains dorment, **pendant que** d'autres travaillent.
  Alcuni dormono, **mentre** altri lavorano.

PERSONNE

🔹 une personne (sens positif) → *una persona*, *qualcuno* (plus indéfini)

- Il y a une personne qui t'attend à l'accueil.
  C'è **una persona** / **qualcuno** che ti aspetta alla reception.

🔹 ne + verbe + personne → *non* + verbe + *nessuno*

- Quel mauvais caractère ! Elle ne s'entend avec personne.
  Che caratteraccio! **Non** va d'accordo con **nessuno**.

🔹 personne ne + verbe → *nessuno* + verbe, *non* + verbe + *nessuno*

- Personne n'a répondu à ma question.
  Nessuno ha risposto alla mia domanda.
  Non ha risposto **nessuno** alla mia domanda.

PETIT

🔹 taille (personne) → *basso*

- Ma mère est plus petite que moi.
  Mia madre è più **bassa** di me.

🔹 taille (objet) → *piccolo*

- Tu as vu comme il est petit, ce sapin de Noël ?
  Hai visto quant'è **piccolo** quest'albero di Natale ?

PEUT-ÊTRE

🔹 peut-être (doute faible) → *forse*, *magari*

- Je n'arrive pas à l'appeler, son portable est peut-être déchargé.
  Non riesco a chiamarlo, **forse** / **magari** ha il telefonino scarico.

- Demande à Michele, il est peut-être au courant.
  Chiedi a Michele, **forse** / **magari** (ne) è al corrente.

Notez bien
Utilisé seul, « peut-être » peut correspondre à *può darsi*.
« Tu partiras en vacances cet été ? — **Peut-être**. »
— Andrai in vacanza quest'estate ? — **Forse** / **Può darsi**.

🔹 peut-être (doute fort) → *chissà*

- « Tu verras, un jour il te rappellera. — Peut-être. »
  — Vedrai, un giorno ti richiamerà. — **Chissà**.

- **peut-être que + indic. (doute faible)** → *può darsi che* + subj.

  - Il n'a pas répondu à mon mail, **peut-être qu**'il ne l'a pas encore lu.
    Non ha risposto alla mia mail. **Può darsi che** non l'**abbia** ancora **letta**.

  - Il est tôt, **peut-être qu**'il **est** encore à la maison.
    È presto, **può darsi che sia** ancora a casa.

  - Allez-y, **peut-être que** je vous **rejoindrai** plus tard.
    Andate, **può darsi che** vi **raggiunga** più tardi.

- **peut-être que + indic. (doute fort)** → *chissà se* + indic.

  - Peut-être qu'il se souvient de moi.
    Chissà se si ricorda di me.

- **expressions**

peut-être que oui	peut-être que non
forse sì, può darsi di sì	forse no, può darsi di no

PIÈCE

- **la pièce d'une habitation** → *la stanza*

  - Cette **pièce** est très humide.
    Questa **stanza** è molto umida.

- **la pièce (de théâtre)** → *l'opera* (f.) (*teatrale*), *la pièce*

  - J'ai vu à la Maison de la Culture une très belle **pièce** de Goldoni.
    Alla Casa della Cultura ho visto una bellissima **opera** / **pièce** di Goldoni.

- **la pièce (de monnaie)** → *la moneta, lo spicciolo*

  - J'ai seulement **une pièce de** cinquante centimes.
    Ho solo **una moneta da** cinquanta centesimi.

  - Tu as quelques **pièces** sur toi?
    Hai qualche **spicciolo**?

- **expressions**

la pièce d'identité	inventer qqch. de toutes pièces
il documento	inventare qc di sana pianta
en pièces détachées	mettre en pièces
in kit	fare a pezzi

PIRE

● pire que → *peggio di, peggiore di*

- Il est méchant et elle est encore **pire que** lui.
  Lui è cattivo e lei è ancora **peggio di** lui.
  Lui è cattivo e lei è **peggiore di** lui.

- Aujourd'hui le temps est pire qu'hier.
  Oggi il tempo è **peggio di / peggiore di** ieri.

> **NOTEZ BIEN**
> Devant un **infinitif**, « pire que » correspond à *peggio che / di*.
> Parfois, parler trop est **pire que** ne pas parler du tout.
> A volte, parlare troppo è **peggio che / di** non parlare affatto.

● le pire → *il peggio*

- Je m'attends **au pire**.
  Mi aspetto **il peggio**.

● le pire (+ nom) + que + indic. / subj. → *il peggiore* (+ nom) + *che* + subj.

- C'est **le pire** film **que** j'aie jamais vu.
  È il **peggior(e)** film **che abbia** mai visto.

● expressions

au pire	de pire en pire
alla peggio, male che vada	sempre peggio

PLUS

● plus de + nom → *più* + nom

- Il faudrait **plus de** sel : ce plat est fade.
  Ci vorrebbe **più** sale: questo piatto è insipido.

● plus (...) que + nom / pronom → *più* (...) *di* + nom / pronom

- J'ai voyagé **plus que** mon frère / **que** lui.
  Ho viaggiato **più di** mio fratello / **di** lui.

- Tu es **plus** chanceux **que** Marco / **que** moi.
  Sei **più** fortunato **di** Marco / **di** me.

● plus (...) que + prép. + nom / pronom → *più* (...) *che* + prép. + nom / pronom

- J'ai fait des études **plus** pour mes parents **que** pour moi.
  Ho studiato **più** per i miei genitori **che** per me.

- plus (...) que + adverbe / adjectif → *più* (...) *che* + adverbe / adjectif
  - Cette voiture est **plus** luxueuse **qu**'écologique.
    Questa macchina è **più** lussuosa **che** ecologica.

- plus (...) que + indic. → *più* (...) *di quanto* + subj.
  - Tu as **plus** de qualités **que** je ne pensais.
    Hai **più** qualità **di quanto** pensassi.

    ▸ NE EXPLÉTIF P. 192

- plus ... plus / moins → *più* ... *più* / *meno*
  - **Plus** tu me parles, **moins** j'ai envie de t'écouter.
    Più mi parli, **meno** ho voglia di ascoltarti.

- le plus ... de → *il più* ... *di*
  - Vittoria est **la plus** jeune **de** la famille.
    Vittoria è **la più** giovane **della** famiglia.

- nom + le plus + adjectif + que + indic. / subj.
  → nom + *più* + adjectif + *che* + subj.
  - C'est l'histoire **la plus** belle **que** j'**aie** jamais lue.
    È la storia **più** bella **che abbia** mai letto.

    ▸ COMPARATIF ET SUPERLATIF P. 59-61

PLUTÔT (QUE)

- plutôt (préférence) → *piuttosto*
  - J'irais **plutôt** au cinéma ce soir.
    Andrei **piuttosto** al cinema questa sera.

- plutôt que de + inf. → *invece di* / *piuttosto che* + inf.
  - Tu ferais mieux de te mettre au travail **plutôt que de** perdre du temps.
    Faresti meglio a metterti al lavoro **invece di** / **piuttosto che** perdere tempo.

- ou plutôt (ou mieux) → *anzi*
  - Je t'écrirai un mail, **ou plutôt**, je t'enverrai un sms.
    Ti scriverò una mail, **anzi**, ti manderò un sms.

PRÈS

- de près → *da vicino*
  - Est-ce que tu l'as regardé **de près** ?
    L'hai guardato **da vicino** ?

● **près de (dans les environs de)** → *nei pressi di*

- Ils ont grandi **près de** Marseille.
  Sono cresciuti **nei pressi di** Marsiglia.

● **près de (à côté de)** → *vicino a*

- J'habite **près de** la gare centrale de Milan.
  Abito **vicino alla** stazione centrale di Milano.

- Assieds-toi **près de** moi, s'il te plaît.
  Siediti **vicino a** me, per favore.

● **expressions**

à ceci près que	à peu près	à peu de choses près
salvo che	circa	pressappoco

QUEL / QUELLE

● **adjectif interrogatif** → *che, quale*

- **Quelle** heure est-il ?
  Che ora è ? / **Che** ore sono ?

- De **quel** parti politique es-tu ?
  Di **che** / Di **quale** partito politico sei ?

● **pronom interrogatif** → *quale*

- **Quel** est ton chanteur préféré ?
  Qual è il tuo cantante preferito ?

NOTEZ BIEN
Devant une voyelle, *quale* devient *qual*, toujours **sans apostrophe**.

● **adjectif exclamatif** → *che*

- **Quel** dommage que ce soit déjà fini !
  Che peccato che sia già finito !

- **Quel** beau temps ! Je vais aller me promener.
  Che bel tempo ! Andrò a fare un giro.

● **quel(le) que soit / quel(le)s que soient (personnes)** → *chiunque sia / siano*

- **Quel** que soit l'entraîneur, notre équipe est la plus forte.
  Chiunque sia l'allenatore, la nostra squadra è la più forte.

- **Quels** que soient les coupables, ils devront être punis.
  Chiunque siano i colpevoli, dovranno essere puniti.

NOTEZ BIEN
Au pluriel, *chiunque* est **invariable** mais suivi d'un verbe à la 3e personne du pluriel.

➤ **quel(le) que soit / quel(le)s que soient (choses)** → *qualunque sia / siano*

- Quel que soit son avis, je ne changerai pas mes plans.
  Qualunque sia il suo parere, non cambierò i miei piani.

- Quelles que soient ses qualités, je ne l'apprécie pas.
  Qualunque siano le sue qualità, non lo apprezzo.

> **NOTEZ BIEN**
> Au pluriel, *qualunque* est **invariable** mais suivi d'un verbe
> à la 3e personne du pluriel.

QUELQUES

- Je suis partie **quelques jours** en Italie.
  Sono andata **qualche giorno** in Italia.
  Sono andata **alcuni giorni** in Italia.

- Il a **quelques amis** à nous présenter.
  Ha **qualche amico** da presentarci.
  Ha **alcuni amici** da presentarci.

> **NOTEZ BIEN**
> *Qualche* est toujours suivi d'un nom **singulier**.
> *Alcuni(-e)* est toujours suivi d'un nom **pluriel**.

QUELQU'UN / QUELQUES-UNS

➤ **quelqu'un** → *qualcuno, una persona*

- Y a-t-il **quelqu'un** parmi vous qui aurait du feu ?
  Qualcuno di voi avrebbe da accendere ?

- C'est **quelqu'un** de très brillant.
  È **una persona** molto brillante.

➤ **quelques-uns + plur.** → *qualcuno(-a)* + verbe sing., *alcuni(-e)* + verbe plur.

- J'ai lu seulement **quelques-unes** de ses œuvres.
  Ho letto soltanto **qualcuna / alcune** delle sue opere.

- J'ai envoyé des invitations pour mon mariage à tous mes amis,
  mais **quelques-uns** n'ont pas encore répondu.
  Ho mandato gli inviti per il matrimonio a tutti i miei amici,
  ma **qualcuno** non ha / **alcuni** non hanno ancora risposto.

QUI

pronom relatif sujet → *che*

- L'homme **qui** parle est mon oncle.
  L'uomo **che** parla è mio zio.

- Je l'ai vu **qui** passait par là ce matin.
  L'ho visto **che** passava da queste parti stamattina.

pronom relatif indéfini (celui qui, celle qui, quiconque) → *chi*

- **Qui** m'aime me suive !
  Chi mi ama mi segua!

- Sauve **qui** peut !
  Si salvi **chi** può!

- Tu peux inviter **qui** tu veux à ma soirée.
  Puoi invitare **chi** vuoi alla mia festa.

pronom interrogatif ou exclamatif → *chi*

- **Qui** a pris le sandwich que j'avais laissé sur la table ?
  Chi ha preso il panino che avevo lasciato sul tavolo?

- Regarde **qui** est là !
  Guarda **chi** si vede!

qui que ce soit qui + subj. → *chiunque* + subj., *chiunque sia a* + inf.

- **Qui** que ce soit qui embrasse sa sœur, Pietro est jaloux.
  Chiunque baci sua sorella, Pietro è geloso.
  Chiunque sia a baciare sua sorella, Pietro è geloso.

prép. + pronom relatif complément
→ préposition + *cui / il quale / la quale / i quali / le quali*

- La femme à **qui** il pense l'a quitté il y a longtemps.
  La donna **a cui** pensa l'ha lasciato molto tempo fa.
  La donna **alla quale** pensa l'ha lasciato molto tempo fa.
  [*la donna → a + la = alla → alla quale*]

- Le garçon avec **qui** elle danse est très mignon.
  Il ragazzo **con cui** balla è molto carino.
  Il ragazzo **col quale** balla è molto carino.
  [*il ragazzo → con + il = col → col quale*]

- Ce sont les raisons pour **lesquelles** je t'ai demandé de rester.
  Sono le ragioni **per cui** ti ho chiesto di rimanere.
  Sono le ragioni **per le quali** ti ho chiesto di rimanere.
  [*le ragioni → per le quali*]

RATER

manquer → *perdere*

- J'ai **raté** le train, je vais devoir partir demain matin.
  Ho perso il treno, dovrò partire domani mattina.

- Ce serait dommage de **rater** une telle opportunité.
  Sarebbe un peccato **perdere** un'opportunità simile.

échouer à un examen → *essere bocciato(-a)*

- J'ai **raté** mon permis de conduire pour la deuxième fois.
  Sono stato bocciato / stata bocciata per la seconda volta
  all'esame della patente.

- Mon frère a **raté** son examen de mathématiques, le pauvre.
  Mio fratello **è stato bocciato** all'esame di matematica, poverino.

expressions

Il a raté son gâteau.
Il dolce non gli è venuto bene.

Ces derniers temps, on n'arrête pas de se rater !
Ultimamente, non riusciamo proprio ad incontrarci !

REGRETTER

avoir la nostalgie de → *rimpiangere*

- Je **regrette** les bons moments que nous avons passés ensemble.
  Rimpiango i bei momenti che abbiamo trascorso insieme.

- Elle a longtemps **regretté** son premier mari.
  Ha rimpianto a lungo il suo primo marito.

déplorer → *dispiacersi*

- Je **regrette** vraiment que tu sois parti si vite.
  Mi dispiace davvero che tu sia andato via così presto.

NOTEZ BIEN

Dispiacere peut aussi être employé dans le sens de « déranger »,
« gêner ».

Ça te dérange si j'arrive un peu plus tard ?
Ti dispiace se arrivo un po' più tardi ?

Ça vous gêne si j'ouvre un peu la fenêtre ?
Le dispiace se apro un po' la finestra ?

s'excuser → *dispiacersi, rincrescersi*

- « Pouvez-vous me dire où est le marchand de journaux
  le plus proche ? — Je **regrette**, je n'habite pas le quartier. »
  — Mi può dire dov'è l'edicola più vicina? — **Mi dispiace**,
  non abito in questo quartiere.

- Je **regrette** de vous avoir fait attendre, Madame.
  Mi rincresce di averLa fatta aspettare, Signora.

se repentir → *pentirsi di, rammaricarsi di*

- Je ne **regrette** rien, absolument rien.
  Non mi pento di nulla, assolutamente di nulla.

- Il **regrette** d'avoir été si injuste avec toi.
  Si rammarica di essere stato così ingiusto con te.

RENDRE / SE RENDRE

restituer → *ridare, restituire*

- Tu dois me **rendre** mes livres, j'en ai besoin.
  Mi devi **ridare** i miei libri, ne ho bisogno.

- J'ai oublié de **rendre** le film que j'ai loué hier !
  Ho dimenticato di **restituire** il film che ho noleggiato ieri !

faire devenir → *rendere, far diventare*

- Son petit ami la **rend** vraiment heureuse.
  Il suo ragazzo la **rende** davvero felice.

- Cette sauce **rend** la viande plus savoureuse.
  Questa salsa **rende** la carne più saporita.

- Tes doutes me **rendent** complètement folle.
  I tuoi dubbi mi **fanno diventare** completamente pazza.

se rendre, capituler → *arrendersi*

- Je me **rends**, je n'ai plus d'arguments !
  Mi arrendo, non ho più argomenti !

se rendre, aller → *recarsi*

- Le président de la République **s'est rendu** sur les lieux
  du tremblement de terre.
  Il Presidente della Repubblica **si è recato nei** luoghi
  del terremoto.

● **ne pas changer → *rimanere***

- Les années passent, mais elle **reste** toujours une très belle femme.
  Gli anni passano, ma lei **rimane** sempre una bellissima donna.

● **ne pas bouger, ne pas partir → *restare, rimanere***

- Tu as de la fièvre, tu dois **rester** au lit aujourd'hui.
  Hai la febbre, devi **restare** / **rimanere** a letto oggi.

- L'été dernier, nous **sommes restés** en ville.
  L'estate scorsa **siamo restati** / **siamo rimasti** in città.

> **NOTEZ BIEN**
> Pour **un être inanimé,** on emploie uniquement *rimanere.*
> La voiture **est restée** dehors toute la semaine.
> La macchina **è rimasta** fuori tutta la settimana.
>
> Les taches **sont restées** malgré les lavages.
> Nonostante i lavaggi, le macchie **sono rimaste.**

● **y avoir encore → *esserci ancora, rimanere***

- Il **reste** du fromage, si tu en veux.
  C'è ancora un po' di formaggio, se ne vuoi.
  Rimane un po' di formaggio, se ne vuoi.

- Il **reste** trois jours avant la fin des vacances.
  Ci sono ancora tre giorni prima della fine delle vacanze.
  Rimangono tre giorni prima della fine delle vacanze.

● **rester à + inf. → *rimanere da* + inf.**

- J'espère que tu as compris ce qu'il te **reste** à faire.
  Spero che tu abbia capito cosa ti **rimane da** fare.

- Il ne **reste** plus qu'à peindre la chambre en blanc.
  Rimane solo **da** imbiancare la camera.

● **expressions**

rester en forme
rimanere in forma

rester sur sa faim
non essere soddisfatto, rimanere insoddisfatto

il n'en reste pas moins que + indic.
resta il fatto che + indic.

RÉUSSIR

➠ réussir à + inf. → *riuscire a / farcela a* + inf.

- J'ai réussi à finir ce livre en deux jours.
  Sono riuscito a finire questo libro in due giorni.

- Est-ce qu'ils **ont réussi à** prendre l'avion?
  Sono riusciti a prendere l'aereo?
  Ce l'hanno fatta a prendere l'aereo?

- Elle ne réussira jamais à le convaincre.
  Non **riuscirà** mai **a** convincerlo.
  Non **ce la farà** mai **a** convincerlo.

➠ avoir du succès → *avere successo*

- Il peut dire qu'il **a réussi** sa vie.
  Può dire **di avere avuto successo** nella vita.

➠ être reçu à un examen → *essere promosso*

- Chiara **a réussi** son examen de droit civil.
  Chiara è **stata promossa** all'esame di diritto civile.

➠ être réussi → *venire bene*

- Ton gâteau **est** vraiment réussi.
  Il dolce ti è **venuto** proprio **bene**.

➠ convenir → *fare per*

- Ce métier / Ce genre de musique ne me réussit pas!
  Questo mestiere / Questo genere musicale **non fa per me**!

SEMBLER

➠ sembler + adj. → *sembrare* + adj.

- Ton fils **semble** très fatigué depuis quelques jours.
  Tuo figlio **sembra** molto stanco da qualche giorno.

➠ sembler + inf. → *sembrare* + inf.

- Ce point de grammaire **semble** être particulièrement facile.
  Questo punto grammaticale **sembra** essere particolarmente facile.

- Lucia **semble** beaucoup s'ennuyer.
  Lucia **sembra** annoiarsi molto.

- Ce soir, vous ne **semblez** pas avoir envie de sortir.
  Non **sembrate** avere voglia di uscire stasera.

- il (me) semble + inf. → *(mi) sembra di* + inf.

  - Il me **semble** avoir compris la situation.
    Mi **sembra di** aver capito la situazione.

  - Il leur **semble** avoir déjà rencontré ce garçon.
    A loro **sembra di** aver già incontrato quel ragazzo.

  > **NOTEZ BIEN**
  > La tournure impersonnelle **sembrare** + adjectif + infinitif se construit
  > **sans *di*.**
  > Il me **semble** important de souligner que…
  > Mi **sembra** importante sottolineare che…

- il (me) semble que + indic. → *(mi) sembra che / (mi) pare che* + subj.

  - Il me **semble que** tu as oublié de m'avertir.
    Mi **pare che** tu **abbia** dimenticato di avvertirmi.

  - Il lui **semble que** sa femme **exagère** un peu.
    Gli **sembra che** sua moglie **esageri** un po'.

SI (ADVERBE)

- tellement → *così*

  - Prends aussi la robe rouge : elle te va si bien !
    Prendi anche il vestito rosso: ti sta **così** bene!

  - À cinquante ans, on n'est plus si jeune.
    A cinquant'anni, non si è più **così** giovani.

- si … que (conséquence) → *così … che, talmente … che*

  - Il était si énervé qu'il n'a pas réussi à fermer l'œil de la nuit.
    Era **così / talmente** arrabbiato **che** non è riuscito a chiudere
    occhio tutta la notte.

- si … que + subj. (concession) → *per quanto* + subj.

  - Si étrange que cela puisse paraître, je n'en ai jamais entendu parler.
    Per quanto possa sembrare strano, non ne ho mai sentito parlare.

SI (CONJONCTION)

- si + indic. présent → *se* + indic. présent / futur simple

  - Si tu veux, je peux t'accompagner.
    Se vuoi, ti **posso** accompagnare. [indic. présent dans la principale]

  - Si tu m'accompagnes, je t'inviterai à dîner au restaurant.
    Se mi **accompagnerai**, ti **inviterò** a cena al ristorante.
    [futur simple dans la principale]

➡ **si + indic. imparfait → *se* + subj. imparfait**

- Si j'**avais** assez d'argent, j'**achèterais** un appartement.
Se avessi abbastanza soldi, **comprerei** un appartamento.
[condit. présent dans la principale]

➡ **si + indic. plus-que-parfait → *se* + subj. plus-que-parfait**

- S'il n'**avait** pas **changé** d'avis, je **serais parti** en voyage tout seul.
Se non **avesse cambiato** idea, **sarei andato** in viaggio da solo.
[condit. passé dans la principale]

➡ **si + indic. / condit. (interrogation indirecte) → *se* + indic. / condit.**

- Carlo m'a demandé **si** tu peux lui prêter ta voiture cet après-midi.
Carlo mi ha chiesto **se** puoi prestargli la macchina questo pomeriggio.

- Je ne sais pas **si** elle aussi viendra au concert.
Non so **se** verrà anche lei al concerto.

- Dis-moi **si** tu aimerais passer le Jour de l'an en famille ou entre amis.
Dimmi **se** ti piacerebbe passare il capodanno in famiglia o con gli amici.

➡ **comme si + indic. imparfait → *come se* + subj. imparfait**

- Il me regarde **comme s'il voyait** un fantôme.
Mi guarda **come se vedesse** un fantasma.

SINON

➡ **sauf → *salvo, eccetto, tranne***

- Je ne sors jamais le soir, **sinon** le samedi.
Non esco mai la sera, **salvo / eccetto / tranne** il sabato.

➡ **à défaut de → *se non***

- Aide-moi, **sinon** par amour, au moins par solidarité.
Aiutami, **se non** per amore, almeno per solidarietà.

➡ **autrement → *se no, altrimenti***

- Éteins la lumière s'il te plaît, **sinon** je ne vais pas réussir à dormir.
Spegni la luce per favore, **se no / altrimenti** non riesco a dormire.

SORTIR

➥ **sortir de (aller à l'extérieur d'un lieu)** → *uscire da / di*

- À quelle heure **es-tu sorti du** travail ?
  A che ora **sei uscito dal** lavoro ?

- Aujourd'hui je ne **suis** pas **sortie de** la maison.
  Oggi, non **sono uscita di** casa.

➥ **sortir qqch. (mettre dehors, extraire)** → *tirare fuori, portare fuori*

- **Sortez** vos mains de vos poches !
  Tirate fuori le mani dalle tasche !

- Devine ce qu'il m'**a sorti** comme excuse !
  Indovina cos'ha **tirato fuori** come scusa !

- Tu devrais **sortir** le chien, il a l'air triste.
  Dovresti **portare fuori** il cane, sembra triste.

➥ **s'en sortir (se débrouiller)** → *cavarsela*

- Tu vas voir, **tu vas t'en sortir**.
  Vedrai, **te la caverai**.

- Je **m'en suis sorti** avec quelques points de suture.
  Me la sono cavata con qualche punto di sutura.

➥ **expression**

> Ils sortent ensemble depuis un mois.
> Escono insieme / Stanno insieme da un mese.

SUFFIRE

➥ **être suffisant** → *bastare*

- Cette salade ne **suffira** pas pour tout le monde.
  Quest'insalata non **basterà** per tutti.

- Trois euros **suffisent** pour une bière.
  Per una birra **bastano** tre euro.

➥ **il suffit de + inf.** → *basta + ∅ + inf.*

- Il **suffit de** sortir un peu plus tôt pour éviter les embouteillages.
  Basta uscire un po' prima per evitare gli ingorghi.

- Il me **suffira de** dormir quelques heures en plus pour récupérer.
  Mi basterà dormire qualche ora in più per recuperare.

➥ **expressions**

> Ça suffit maintenant !　　　　Cela suffit largement.
> Adesso basta !　　　　　　　Basta e avanza.

TOMBER

tomber → *cadere*

- Le sol était mouillé et je **suis tombé** devant tout le monde.
  Il pavimento era bagnato e **sono caduto** davanti a tutti.

descendre → *scendere, venire giù*

- Ses cheveux **tombent** sur son front.
  I capelli gli **scendono** sulla fronte.

- La pluie **tombe** depuis ce matin.
  La pioggia **viene giù** da questa mattina.

bien / mal tomber → *capitare bene / male*

- Nous **sommes** vraiment **bien tombés** dans ce restaurant:
  on y mange divinement bien!
  Siamo capitati proprio **bene** in quel ristorante: si mangia
  da Dio!

- Tu **tombes mal**: on était en train de partir.
  Capiti male: stavamo andando via.

expressions

la nuit tombe	tomber amoureux
cala la notte	innamorarsi
laisser tomber	tomber malade
lasciare perdere	ammalarsi
tomber à l'eau (ne pas avoir lieu)	tomber sur la tête
andare a monte, andare in fumo	impazzire, diventare matto

TOUT

tout à fait → *del tutto*

- Sa réaction est **tout à fait** normale.
  La sua reazione è **del tutto** normale.

- Attends-moi, je n'ai **pas tout à fait** fini.
  Aspettami, **non** ho finito **del tutto**.

- Ce silence n'est **pas tout à fait** rassurant.
  Questo silenzio **non** è **del tutto** rassicurante.

pas du tout → *affatto*

- Je regrette mais ton collègue n'est **pas du tout** sympathique.
  Mi dispiace ma il tuo collega **non** è **affatto** simpatico.

- Je n'ai **pas du tout** besoin de vos conseils.
  Non ho **affatto** bisogno dei vostri consigli.

TOUS LES / TOUTES LES

▶ **tous les deux / les trois...** → *tutti e due / e tre*

- Ces jupes sont belles. Je pense que je vais les acheter **toutes les deux.**
  Queste gonne sono belle. Penso che le comprerò **tutte e due.**

- Il les a emmenées **toutes les cinq** à la piscine.
  Le ha portate **tutte e cinque** in piscina.

▶ DEUX P. 175-176

NOTEZ BIEN
On peut aussi écrire *tutt'e due / tutt'e tre...*

▶ **pour indiquer la fréquence** → *ogni*

- J'ai rendez-vous chez le kinésithérapeute **tous les** quinze jours.
  Ho appuntamento dal fisioterapista **ogni** quindici giorni.

- **Toutes les** fois, c'est la même chose.
  Ogni volta è la stessa cosa.

- Il se lève **tous les** jours à la même heure.
  Si alza **ogni** giorno alla stessa ora.

NOTEZ BIEN
Ogni est suivi du singulier, sauf devant un chiffre supérieur à 1 : *ogni giorno*, *ogni due giorni*.

VENIR

▶ **venir (se rendre)** → *venire*

- Est-ce que Paola **vient** avec nous ce soir?
  Paola **viene** con noi questa sera?

NOTEZ BIEN
Au sens figuré, «venir» peut correspondre à *giungere*.

Le moment n'**est** pas encore **venu**.
Non è ancora **giunto** il momento.

➠ venir de (provenance) → *venire da*

- Ce mot **vient** du latin.
  Questa parola **viene dal** latino.

- D'où **viennent** ces biscuits ?
  Da dove **vengono** questi biscotti ?

➠ en venir à → *arrivare a*

- Ils en sont **venus aux** insultes.
  Sono **arrivati agli** insulti.

> **NOTEZ BIEN**
> Dans certaines expressions, **on n'emploie pas** *arrivare a* pour traduire
> « en venir à ».
> Nous nous disputons souvent, mais sans **en venir aux** mains.
> Litighiamo spesso, ma senza **venire alle** mani.

➠ venir de + inf. (passé proche) → auxiliaire + *appena* + part. passé

- Je **viens** de l'appeler, mais il ne répond pas.
  L'**ho appena chiamato**, ma non risponde.

- Elles **viennent** de sortir.
  Sono appena uscite.

- On **venait** d'élire le nouveau président.
  Era appena stato eletto il nuovo presidente.

VOICI, VOILÀ

➠ voici, voilà → *ecco*

- **Voici** la fille que je voulais te présenter.
  Ecco la ragazza che ti volevo presentare.

- Dépêche-toi, **voilà** le train !
  Sbrigati, **ecco** il treno !

> **NOTEZ BIEN**
> Les pronoms personnels *mi*, *ti*, *lo*, *la*, *li*, *le*, *ci*, *vi* et le pronom *ne*
> **s'accolent** à *ecco*.
> **Me voilà**, je suis prête.
> **Eccomi**, sono pronta.
>
> Tu cherchais tes chaussures ? **Les voici**.
> Cercavi le tue scarpe ? **Eccole**.
>
> **En voici** trois autres.
> **Eccone** altre tre.

- Voici mon cousin.
Questo è mio cugino.

- Voici mes parents.
Questi sono i miei genitori.

■■■ voilà ... que (cela fait) → *è / sono ... che, da...*

- Voilà deux ans **que** nous habitons cette ville.
Sono due anni **che** abitiamo in questa città.
Abitiamo in questa città **da** due anni.

- Voilà bientôt un an **que** nous nous sommes séparés.
È quasi un anno **che** ci siamo separati.
Ci siamo separati **da** quasi un anno.

■■■ **expressions**

Et voilà !, Voilà qui est fait !
Ecco fatto !

En voilà assez !
Adesso basta !

En voilà une bonne surprise !
Questa sì che è una bella sorpresa !

VOUS

■■■ tutoiement pluriel → 2e pers. du pluriel *voi*

- Tu sais quand vous allez partir ?
Sai quando **partirete** ?

■■■ vouvoiement singulier → 3e pers. du sing. *Lei*

- Pardon, Monsieur. **Vous savez** quand part le dernier train ?
Mi scusi, Signore. **Sa** quando parte l'ultimo treno ?

- **Vous êtes venu** avec votre femme ?
(Lei) **è venuto** con **Sua** moglie ?

NOTEZ BIEN
Le *Lei* de politesse s'emploie pour s'adresser aux deux sexes,
mais l'accord de l'adjectif ou du participe passé se fait selon
le sexe du destinataire. Comparez :

Monsieur, vous êtes servi.
Il **Signore** è servito.

Madame, vous êtes servie.
La **Signora** è servita.

⬤ **vouvoiement pluriel → 2e pers. du pluriel *voi* (ou plus rare 3e pers. du plur. *Loro*)**

- En pièce jointe, **vous trouverez** la liste des articles disponibles pour **votre** entreprise.
  In allegato **troverete** la lista degli articoli disponibili per **la vostra** azienda.

- **Vos** vols ont été réservés.
  I loro voli sono stati prenotati.

Y

⬤ **y (adverbe ou pronom) → *ci*, *vi* (plus soutenu)**

- J'**y** vais tous les jours, après le dîner.
  Ci vado ogni giorno, dopo cena.

- Il **y** a plusieurs façons de procéder.
  Ci / Vi sono vari modi di procedere.

▸ IL Y A P. 186

- Tu **y** penseras cette nuit et tu me répondras demain.
  Ci penserai questa notte e mi risponderai domani.

⬤ **on y → *ci si*, *vi si* (plus soutenu)**

- Ce restaurant, je le conseille : **on y** mange vraiment bien.
  Questo ristorante, lo consiglio: **ci si / vi si** mangia davvero bene.

⬤ **avec un inf., un impératif, un gérondif → *ci*, *vi* (plus soutenu) accolés à la forme verbale**

- Je te conseille de ne pas **y** retourner, c'est dangereux.
  Ti consiglio di non tornar**ci**, è pericoloso.

- Pensez-**y** pour la prochaine fois.
  Pensate**ci** per la prossima volta.

- En **y** allant tôt, vous n'aurez pas besoin de faire la queue.
  Andando**ci** / Andando**vi** presto, non avrà bisogno di fare la fila.

NOTEZ BIEN

Avec l'impératif monosyllabique, la consonne est redoublée.

Va te coucher ! Et vas-**y** tout de suite !
Vai a dormire! E vac**ci** subito!

Ci et *vi* ne s'accolent pas à l'impératif de la forme *Lei*.

Allez-**y**.
Ci vada.

affollato : bondé

affollare : remplir, envahir

l'albergo (m.) : l'hôtel

l'ammenda (f.) : l'amende

l'ancora (f.) : l'ancre

anziano : âgé

affolé : sconvolto

affoler : sconvolgere

l'auberge : la locanda

l'amande : la mandorla

l'encre : l'inchiostro (m.)

ancien : [du passé] antico, [précédent] ex

la banderuola : la girouette

la biscia : la couleuvre

il biscotto : le biscuit

la botte : le tonneau
le botte : les coups

il budino : le flan

la bugia : le mensonge

bravo : fort, doué

i calzoni : le pantalon

il cancro : le cancer

la cantina : la cave

la cava : la carrière (gisement)

il cocomero : la pastèque

il colloquio : l'entretien, l'oral

la compressa : le comprimé

i confetti : les dragées

curare : soigner

la data : la date

deridere : se moquer de

difforme : non conforme, différent

digiunare : jeûner

l'emergenza (f.) : l'urgence

il familiare : le membre de la famille

feriale : ouvrable

fermare : arrêter

la fonte : la source

il frappè : le milk-shake

furbo : malin

la gara : la compétition

il goal, il gol : le but

il gradino : la marche (d'un escalier)

il grano : le blé

la grossezza : la grosseur, la taille

impotente : impuissant

la banderole : lo striscione

la biche : la cerva, la cerbiatta

la biscotte : la fetta biscottata

la botte : lo stivale

le boudin : il sanguinaccio

la bougie : la candela

brave : coraggioso

le caleçon : i boxer

le cancre : il somaro, la somara

la cantine : la mensa

la cave : la cantina

le concombre : il cetriolo

le colloque : il convegno

la compresse : l'impacco

les confettis : i coriandoli

curer : pulire

la datte : il dattero

dérider : rallegrare

difforme : deforme

déjeuner : pranzare

l'émergence : l'emergere, l'apparizione

le familier : il frequentatore abituale

férié : festivo

fermer : chiudere

la fonte [alliage] : la ghisa

frappé : [boisson] ghiacciato, [personne] suonato

fourbe : subdolo

la gare : la stazione

le goal : il portiere

le gradin [banc] : la gradinata

la graine : il seme

la grossesse : la gravidanza

impotent : invalido

in gamba : doué, en forme	**ingambe** : arzillo
infetto : infecté	**infect** : schifoso
l'istitutore : le précepteur	**l'instituteur** : il maestro
il lampadario : le lustre	**le lampadaire** : la piantana, [de rue] il lampione
il lenzuolo : le drap (de lit)	**le linceul** : il sudario
il limone : le citron, le citronnier	**le limon** [dépôt] : il limo
il lucchetto : le cadenas	**le loquet** : il chiavistello
il magazzino : le stock, le dépôt	**le magazine** : la rivista
il malore : le malaise	**le malheur** : [malchance] la sfortuna, [accident] la disgrazia
il mantello : la cape	**le manteau** : il cappotto
il marciapiede : le trottoir	**le marchepied** : la pedana, il predellino
il mito : le mythe	**la mite** : la tarma
morbido : doux, souple	**morbide** : morboso
mutare : changer	**muter** : trasferire
la noce : la noix	**la noce** : il matrimonio
la nota : l'avertissement [reçu par un élève], la note [musicale]	**la note** [jugement scolaire] : il voto
la notizia : la nouvelle, l'information	**la notice** : il foglio illustrativo
nubile : célibataire [femme]	**nubile** : in età da marito
l'officina (f.) : le garage, l'atelier	**l'officine** : la farmacia
i parenti : les membres de la famille	**les parents** : i genitori
il particolare : le détail	**le particulier** [personne] : il privato
passare un esame : réussir un examen	**passer un examen** : sostenere un esame
la pelle : la peau	**la pelle** : la pala
la pellicola : le film	**la pellicule** : il rullino les pellicules : la forfora
pertanto : c'est pourquoi, par conséquent	**pourtant** : tuttavia
poltrone : paresseux	**poltron** : codardo
il principe : le prince	**le principe** : il principio
la proposta : la proposition, l'offre	**le propos** : il proposito
la puntura : la piqûre	**la pointure** : la misura
il quadro : le tableau	**le cadre (d'un tableau)** : la cornice
la querela : la plainte [en justice]	**la querelle** : la lite
il ragù : la sauce tomate à la viande	**le ragoût** : lo stufato
il rame : le cuivre	**la rame** : il remo
la rapa : le navet	**la râpe** : la raspa, [de cuisine] la grattugia
il regalo : le cadeau	**le régal** : la delizia
il rene : le rein	**la rêne** : la redine
la roba : les affaires	**la robe** : il vestito
rodare : roder	**rôder** : gironzolare
romanesco : romain [de la Rome moderne]	**romanesque** : romanzesco
ruggire : rugir	**rougir** : arrossire

il **sale** : le sel

salire : monter

la **salute** : la santé

il **sandwich** : le sandwich club

lo **scenario** : le décor

segnare : marquer

il **sole** : le soleil

speziato : parfumé

la **strada** : la rue, la route, le chemin

subito : tout de suite

svelto : rapide, dégourdi

il **tonno** : le thon

tornare : revenir, rentrer

truffare : escroquer

ulteriore : supplémentaire

l'**umore (m.)** : l'humeur

la **verdura** : les légumes

versatile : polyvalent

la **vita** : la vie
la **vite** : la vigne [plante]

il **vivaio** : le vivier, la pépinière

volubile : lunatique, inconstant

sale : sporco

salir : sporcare

salut : ciao

le **sandwich** : il panino

le **scénario** : la sceneggiatura

signer : firmare

la **sole** : la sogliola

épicé : piccante
mais : l'**épice** : la spezia

l'**estrade** : la pedana

subitement : improvvisamente

svelte : slanciato

le **ton** : il tono

tourner : girare

truffer : infarcire [de truffe], tartufare

ultérieur : successivo

l'**humour** : l'umorismo (m.)

la **verdure** : la vegetazione

versatile : volubile

vite : in fretta

le **vivarium** : il terrario

volubile : loquace

Vocabulaire

•)) Vous trouverez sur le site www.bescherelle.com
l'enregistrement intégral des rubriques
« Vous les connaissez. Savez-vous les prononcer ? »
et « Un peu de conversation ».

ABRÉVIATIONS UTILISÉES

qqn : quelqu'un
qqch. : quelque chose
qn : *qualcuno*
qc : *qualcosa*
pers. : personne
m. : masculin
f. : féminin
plur. : pluriel

Le masculin est utilisé dans les listes qui suivent
comme genre grammaticalement neutre pour les noms
et adjectifs.

1 L'individu

> DOPO LE FESTE, LO GIURO, MI METTO A DIETA!

•)) Vous les connaissez. Savez-vous les prononcer ?

il nomignolo ❖ l'età ❖ la nascita ❖ celibe ❖ vedovo ❖ separato ❖ giovane ❖ l'individuo ❖ il carattere ❖ la mania ❖ ipocrita ❖ antipatico ❖ timido

L'ÉTAT CIVIL

i documenti : les papiers
la carta d'identità : la carte d'identité
il passaporto : le passeport

il nome : le prénom
il cognome : le nom de famille
il nomignolo, il soprannome :
le surnom

il sesso : le sexe
un uomo : un homme
una donna : une femme

l'indirizzo (m.) : l'adresse
i recapiti : les coordonnées
l'età (f.) : l'âge

la data di nascita : la date
de naissance
il luogo di nascita : le lieu
de naissance

nato a : né à
sposato, coniugato : marié
celibe : célibataire [pour un homme]
nubile : célibataire [pour une femme]
vedovo : veuf
separato : séparé
divorziato : divorcé

chiamarsi : s'appeler
presentarsi : se présenter

NOTEZ BIEN

À la place de *celibe* ou de *nubile*, à l'oral on utilise de plus en plus le mot anglais *single*.

« Une vieille fille » se dira *una zitella*, « un vieux garçon » *uno scapolo*.

•)) UN PEU DE CONVERSATION

● Salve, sono Paola Ferreri, vorrei parlare con la signora Monti.
Bonjour, je suis Paola Ferreri, je voudrais parler avec Mme Monti.

● È maggiorenne ? Favorisca i documenti, per favore.
Vous êtes majeure ? Vos papiers s'il vous plaît.

● — Ma Nino è il tuo vero nome o è un nomignolo ?
— No, è il diminutivo di Giovanni : Giovanni, Giovannino, Nino!
« Mais Nino, c'est ton vrai prénom ou c'est un surnom ? — Non, c'est le diminutif de Giovanni : Giovanni, Giovannino, Nino! »

● Come devo fare per rinnovare il mio passaporto?
Que dois-je faire pour renouveler mon passeport?

● Mi può dare il Suo indirizzo, così Le spedisco il Suo certificato?
Pouvez-vous me donner votre adresse pour que je vous envoie votre certificat?

● Sono nata a Roma, sono cresciuta in Toscana ed ora vivo in Francia.
Je suis née à Rome, j'ai grandi en Toscane et maintenant je vis en France.

● Carla e Luigi si sono separati il mese scorso. Che peccato!
Carla et Luigi se sont séparés le mois dernier. Quel gâchis!

L'ASPECT PHYSIQUE

l'altezza (f.): la taille
il peso: le poids

gli occhi: les yeux
i capelli: les cheveux
i baffi: les moustaches
la barba: la barbe

alto: grand
basso: petit
slanciato: élancé
tozzo, tarchiato: trapu
grasso: gros
magro: maigre
muscoloso: musclé
robusto: costaud
snello: mince

scuro: foncé
chiaro: clair
nero: noir
moro: brun

castano: châtain
biondo: blond
rosso: roux

lungo: long
corto: court

peloso: poilu
calvo, pelato: chauve

bello: beau
carino: joli, mignon
attraente: séduisant(e)
brutto: laid, moche

giovane: jeune
vecchio: vieux

pesare: peser
ingrassare: grossir
dimagrire: maigrir
(as)somigliare a: ressembler à

▸ **LES PARTIES DU CORPS** P. 229

UN PEU DE CONVERSATION

● — Quanto sei alto? — Un metro e settantacinque.
«Combien tu mesures? — 1 m 75.»

● Continua a fare sport, ti fa bene! Sei in piena forma!
Continue le sport, ça te fait du bien! Tu es en pleine forme!

● Con la gravidanza, ho messo su dieci chili.
Avec la grossesse, j'ai pris dix kilos.

● Dopo le feste, lo giuro, mi metto a dieta!
Après les fêtes, je le jure, je me mets au régime!

● Come stai bene con i capelli corti!
Les cheveux courts te vont vraiment bien!

● Luca è tale e quale a suo zio!
Luca, c'est son oncle tout craché!

LA PERSONNALITÉ

l'individuo : l'individu
il carattere : le caractère
l'indole (f.) : le tempérament
la qualità, la virtù : la qualité
il difetto : le défaut
la mania : la manie

estroverso : extraverti
ottimista : optimiste
allegro : joyeux
simpatico : sympathique
gradevole : agréable
divertente : amusant
buffo : drôle
dolce : doux
calmo : calme
sincero : sincère
generoso : généreux
servizievole : serviable
educato : bien élevé
raffinato : raffiné

introverso : introverti
timido : timide
taciturno : taciturne
pessimista : pessimiste
antipatico : antipathique
sgradevole : désagréable
noioso : ennuyeux
collerico : colérique
insofferente : intolérant, intransigeant
ipocrita : hypocrite
bugiardo : menteur
tirchio : radin
egoista : égoïste
volgare : vulgaire
permaloso : susceptible
vanitoso : vaniteux
spendaccione : dépensier

sembrare : sembler
comportarsi : se comporter

UN PEU DE CONVERSATION

- Che brutto carattere! Se continui così, mi arrabbio!
  Quel mauvais caractère ! Si tu continues, je vais me mettre en colère !
- Stai calmo, non ti preoccupare, tra poco arriviamo.
  Reste calme, ne t'inquiète pas, on arrive bientôt.
- Marco è strano e taciturno: non lo capisco proprio.
  Marco est bizarre et taciturne : je ne le comprends vraiment pas.
- Nonostante Carlo sia un po' tirchio, è di indole buona.
  Bien que Carlo soit un peu radin, il a un bon fond.
- Non essere così permaloso, stavo scherzando!
  Ne sois pas si susceptible, je plaisantais !
- Mamma mia quanto chiacchieri! Non ce la faccio più!
  Bon sang qu'est-ce que tu bavardes ! Je n'en peux plus !

MINI QUIZ

1 Le mot *nome* se traduit-il par « nom » ?

2 Quel est le pluriel de *uomo* ?

3 Quel est le contraire des adjectifs *simpatico*, *ottimista*, *introverso* ?

4 Doit-on dire : *Quest'uomo è piccolo* ou *Quest'uomo è basso* ?

5 Lequel de ces deux mots signifie « cheveu » : *cappello* ou *capello* ?

6 Traduisez : « Elle a beaucoup de qualités. »

7 Traduisez : « Je ne veux pas regrossir. »

8 À partir de quels verbes sont formés les noms : *chiacchierone*, *spendaccione* ?

9 Traduisez : « Les menteurs disent beaucoup de mensonges. »

RÉPONSES

1 Non, *nome* se traduit par « prénom ».

2 *Uomini* (voir p. 55).

3 *Simpatico* ≠ *antipatico*, *ottimista* ≠ *pessimista*, *introverso* ≠ *estroverso*.

4 *Quest'uomo è basso*. *Piccolo* comme *grande* ne s'emploient pas pour décrire le physique d'une personne, mais pour décrire la dimension d'une partie du corps, d'un objet…

5 « Cheveu » : *capello* ≠ « chapeau » : *cappello*.

6 *Ha molte qualità*. À cause de son accent *qualità* est invariable, comme *città, bontà, virtù, volontà, tabù*… (voir p. 26)

7 *Non voglio ingrassare di nuovo*.

8 *Chiacchierone* vient de *chiacchierare* (bavarder), *spendaccione* de *spendere* (dépenser).

9 *I bugiardi dicono tante bugie.* Attention : la *bugia* signifie bien « le mensonge » et non pas « la bougie » qui se dit *la candela* !

2 La famille

I MIEI NONNI STRAVEDONO PER ME.

🔊 **Vous les connaissez. Savez-vous les prononcer ?**

la famiglia ❖ il fratellino ❖ il matrimonio ❖ la coppia ❖ il divorzio ❖ separato ❖ fedele ❖ la maternità ❖ il tradimento ❖ nascere ❖ la cerimonia

LES MEMBRES DE LA FAMILLE

i genitori : les parents
il padre : le père
il papà, il babbo : le papa
il patrigno : le beau-père
la madre : la mère
la mamma : la maman
la matrigna : la belle-mère
i figli : les enfants
il figlio : le fils, l'enfant
la figlia : la fille, l'enfant
il fratello : le frère
il fratellastro : le demi-frère
la sorella : la sœur
la sorellastra : la demi-sœur

il nonno : le grand-père
la nonna : la grand-mère
lo zio : l'oncle
la zia : la tante
il nipote : le neveu, le petit-fils
la nipote : la nièce, la petite-fille
il cugino : le cousin
la cugina : la cousine

i suoceri : les beaux-parents
il suocero : le beau-père
la suocera : la belle-mère
il genero : le beau-fils [le gendre]
la nuora : la belle-fille [la bru]
il cognato : le beau-frère
la cognata : la belle-sœur

🔊 UN PEU DE CONVERSATION

● Abito ancora dai miei. Purtroppo non ho abbastanza soldi per andare a vivere da solo.
J'habite encore chez mes parents. Malheureusement, je n'ai pas assez d'argent pour vivre seul.

● Vai d'accordo con tuo padre ? Con il mio, i rapporti sono un po' tesi.
Tu t'entends bien avec ton père ? Avec le mien, les rapports sont un peu tendus.

● Dobbiamo per forza andare dalla zia Giulia domenica ?
On est vraiment obligés d'aller chez tante Giulia dimanche ?

● I miei nonni stravedono per me.
Mes grands-parents ne jurent que par moi.

LE COUPLE ET LA VIE FAMILIALE

la famiglia monoparentale: la famille monoparentale
la coppia di fatto: l'union libre

il ragazzo: le petit ami
la ragazza: la petite amie
il fidanzato: le fiancé
la fidanzata: la fiancée
il compagno: le compagnon
la compagna: la compagne
gli sposi: les mariés
i coniugi: les époux
il marito: le mari
l'ex-marito (m.): l'ex-mari
la moglie: la femme
l'ex-moglie (f.): l'ex-femme

il matrimonio: le mariage
le nozze: les noces
la separazione: la séparation
il divorzio: le divorce
l'affidamento (m.) alternato: la garde alternée
in affidamento: en tutelle
gli alimenti: la pension alimentaire

convivere: vivre ensemble
fidanzarsi: se fiancer
sposarsi: se marier
lasciarsi: se quitter
separarsi: se séparer, rompre
divorziare: divorcer
risposarsi: se remarier

UN PEU DE CONVERSATION

- — Ce l'hai il ragazzo? — Sì, sono circa tre mesi che stiamo insieme.
  «Tu as un petit ami? — Oui, ça fait environ trois mois qu'on est ensemble.»

- Non ce la faccio più! Chiedo il divorzio!
  Je n'en peux plus! Je demande le divorce!

- Si sono lasciati un mese fa perché ha scoperto che la tradiva.
  Ils se sont quittés il y a un mois parce qu'elle a découvert qu'il la trompait.

- Il primogenito passerà le vacanze con il padre, il secondogenito con la madre.
  L'aîné passera ses vacances avec son père, le cadet avec sa mère.

- Siamo cinque in casa: io, mia moglie, i due figli che ha avuto dal suo precedente matrimonio e mia figlia.
  Nous sommes cinq à la maison: ma femme, les deux enfants qu'elle a eus de son précédent mariage, ma fille et moi.

LES ÉTAPES DE LA VIE

il parto: l'accouchement
la nascita: la naissance

il neonato: le nouveau-né
il bambino, il bimbo: l'enfant

il compleanno: l'anniversaire
l'infanzia (f.): l'enfance
la crescita: la croissance
l'adolescenza (f.): l'adolescence

l'età (f.) adulta: l'âge adulte
la vecchiaia: la vieillesse

una persona anziana: une personne âgée
il funerale: l'enterrement

partorire: accoucher
compiere gli anni: fêter son anniversaire
crescere: grandir
svilupparsi: se développer
invecchiare: vieillir
morire: mourir

- Giovanna aspetta il suo quarto figlio.
  Giovanna attend son quatrième enfant.

- Mi sembri completamente rimbambito!
  On dirait que tu es retombé en enfance!

- Hai compiuto vent'anni? Dobbiamo festeggiare!
  Tu as eu vingt ans? Il faut fêter ça!

- Gli anziani dovrebbero avere un posto più importante nella società.
  Les personnes âgées devraient avoir une place plus importante dans la société.

MINI QUIZ

1 Traduisez: «Vive les mariés!»
2 Quelle différence y a-t-il entre *l'anniversario* et *il compleanno*?
3 Traduisez: «se marier à l'église» et «se marier à la mairie».
4 Comment dit-on «le marié» et «la mariée»?
5 Traduisez: «Les enfants jouent dehors» et «J'ai deux enfants».
6 Quel est le participe passé des verbes: *crescere* et *morire*?
7 Quel est l'équivalent italien de l'expression: «Tous mes vœux!»?
8 Pour traduire «j'ai grandi», dira-t-on *ho cresciuto* ou *sono cresciuto*?

RÉPONSES

1 *Viva gli sposi!*
2 Pour un évènement, on utilisera *anniversario*; pour la naissance de quelqu'un, *compleanno*.
3 *Sposarsi in chiesa* et *sposarsi in comune*.
4 *Lo sposo* et *la sposa*.
5 *I bambini giocano fuori* et *Ho due figli*.
6 *Cresciuto, morto*.
7 *Tanti auguri!*
8 *Sono cresciuto* (auxiliaire *essere*)

3 Le corps

Vous les connaissez. Savez-vous les prononcer ?

respirare ❖ le gengive ❖ l'indice ❖ il mignolo ❖ lo scheletro
❖ la vertebra ❖ l'organo ❖ il cervello ❖ lo stomaco ❖ il muscolo
❖ il sangue ❖ il profumo ❖ il deodorante ❖ lavato ❖ profumato

LES SENS ET LES FONCTIONS PHYSIOLOGIQUES

la vista : la vue
l'udito (m.) : l'ouïe
l'olfatto (m.) : l'odorat
il gusto : le goût
il tatto : le toucher
il respiro : la respiration, le souffle
il sudore : la transpiration

vedere : voir
guardare : regarder
ascoltare : écouter
sentire : entendre, sentir
odorare : sentir
toccare : toucher
respirare : respirer

LES PARTIES DU CORPS

la testa : la tête
il viso : le visage
la pelle : la peau
i capelli : les cheveux
la fronte : le front
le sopracciglia : les sourcils
gli occhi : les yeux
il naso : le nez
le orecchie : les oreilles
le guance : les joues
la bocca : la bouche
le labbra : les lèvres
la lingua : la langue
il mento : le menton
il collo : le cou
le spalle : les épaules
il braccio : le bras
il gomito : le coude
il polso : le poignet
la mano : la main
le dita (delle mani) : les doigts

la schiena : le dos
il petto : la poitrine
la vita : la taille
la pancia : le ventre
il sesso : le sexe
il sedere : les fesses
la gamba : la jambe
la coscia : la cuisse
il ginocchio : le genou
il polpaccio : le mollet
la caviglia : la cheville
il piede : le pied
le dita (dei piedi) : les orteils

alzarsi : se lever
sedersi : s'asseoir
sdraiarsi : s'allonger
inginocchiarsi : se mettre à genoux
camminare : marcher
correre : courir
saltare : sauter

UN PEU DE CONVERSATION

- **Non camminare scalzo, prendi il raffreddore!**
  Ne marche pas pieds nus, tu vas attraper un rhume !

- **Adoro quando mi accarezzi la testa.**
  J'adore quand tu me caresses la tête.

- **Guarda le rughe che ho sulla fronte! Sembro una vecchietta.**
  Regarde les rides que j'ai sur le front ! Je ressemble à une petite vieille.

- **Si vede che non hai dormito! Hai certe occhiaie!**
  Ça se voit que tu n'as pas dormi ! Tu as de ces cernes !

- **Volevo dargli un bacio sulla guancia ma si è mosso e l'ho baciato sulla bocca.**
  Je voulais lui donner un baiser sur la joue mais il a bougé et je l'ai embrassé sur la bouche.

- **Aurora ha una fossetta sul mento, come suo padre.**
  Aurora a une fossette au menton, comme son père.

- **Ho la schiena a pezzi, mi piacerebbe un bel massaggio…**
  J'ai le dos en miettes, j'aimerais un bon massage…

- **Ma tuo figlio succhia ancora il pollice a dieci anni?**
  Mais ton fils suce encore son pouce à dix ans ?

LES SOINS QUOTIDIENS

il sapone: le savon
il bagnoschiuma: le gel douche, le bain moussant
lo shampoo: le shampooing
il balsamo: l'après-shampooing
la schiuma da barba: la mousse à raser
il rasoio: le rasoir
la crema: la crème
il dentifricio: le dentifrice
lo spazzolino (da denti): la brosse à dents
la spazzola: la brosse
il pettine: le peigne

l'asciugamano (m.): la serviette
l'accappatoio (m.): le peignoir

il trucco: le maquillage
il rossetto: le rouge-à-lèvres

il fondotinta: le fond de teint
il mascara, il rimmel: le mascara
la matita: le crayon
la pinzetta: la pince à épiler
lo smalto: le vernis à ongles

l'assorbente (m.): la serviette hygiénique
l'assorbente (m.) interno: le tampon
le mestruazioni: les règles

lavarsi: se laver
sciacquarsi: se rincer
asciugarsi: s'essuyer, se sécher
pettinarsi: se coiffer
farsi la barba: se raser (la barbe)
farsi la ceretta: s'épiler à la cire
depilarsi: s'épiler
truccarsi: se maquiller

■)) UN PEU DE CONVERSATION

- **Dove le hai comprate queste saponette? Profumano tantissimo!**
  Où as-tu acheté ces savonnettes? Elles sentent super bon!

- **Vi siete lavati le mani prima di sedervi a tavola?**
  Vous vous êtes lavé les mains avant de vous mettre à table?

- **Arriverò con un po' di ritardo, devo ancora farmi la doccia.**
  Je vais arriver avec un peu de retard, je dois encore prendre ma douche.

- **Hai finito l'acqua calda ed ora non posso farmi il bagno.**
  Tu as fini l'eau chaude et maintenant je ne peux pas prendre mon bain.

┌─ MINI QUIZ

1 Trouvez l'équivalent français des expressions : *avere la pelle d'oca, non avere peli sulla lingua, dare una mano.*

2 Quel est le pluriel de : *la mano, il ginocchio, il braccio.*

3 Quel est le singulier de : *le sopracciglia, le labbra, le dita.*

4 Comment dit-on : « sentir bon » et « sentir mauvais » ?

5 Traduisez : « il a maigri », « il a grossi », « il a rajeuni » et « il a vieilli ».

6 Que signifie : *avere polso* ?

7 Quelle est la différence entre : *andare al bagno* et *farsi il bagno* ?

8 Quel est l'équivalent italien de l'expression : « en un clin d'œil » ?

9 Que signifie l'expression : *avere naso* ?

RÉPONSES

1 « Avoir la chair de poule », « ne pas mâcher ses mots », « donner un coup de main ».
2 *Le mani, le ginocchia, le braccia.*
3 *Il sopracciglio, il labbro, il dito.*
4 *Profumare* et *puzzare.*
5 *È dimagrito* / *è ingrassato* / *è ringiovanito* / *è invecchiato.*
6 « Avoir de la poigne ».
7 *Andare al bagno* : « aller aux toilettes » ≠ *farsi il bagno* : « prendre un bain », « se baigner ».
8 *In un batter d'occhio / di ciglia.*
9 « Avoir du flair ».

4 Les sentiments et les émotions

MI DISPIACE DAVVERO MA CI DOBBIAMO LASCIARE.

NON TI AMO PIÙ.

L'AMOUR, L'AMITIÉ, LA HAINE

l'amore : l'amour
un bacio : un baiser
un abbraccio : une accolade, une étreinte
il colpo di fulmine : le coup de foudre

l'affetto (m.) : l'affection
la tenerezza : la tendresse
l'amicizia (f.) : l'amitié
l'amico (m.) del cuore : le meilleur ami

l'odio (m.) : la haine
il disprezzo : le mépris
il rancore : la rancœur

innamorato : amoureux
affettuoso : affectueux
dolce : doux

provare : ressentir
amare : aimer
innamorarsi : tomber amoureux
piacere : plaire, aimer
desiderare : désirer
fare l'amore : faire l'amour
baciare : embrasser
abbracciare : enlacer
voler bene a : aimer [ami]
andare d'accordo : bien s'entendre
soffrire : souffrir
illudersi : se faire des illusions
odiare : haïr, détester

LA JOIE, LA TRISTESSE, LE SOULAGEMENT

la gioia : la joie
il sorriso : le sourire
la felicità : le bonheur
il sollievo : le soulagement

la lacrima : la larme
la tristezza : la tristesse
la nostalgia : la nostalgie
la malinconia : la mélancolie
l'infelicità (f.) : le malheur

commosso : ému
commovente : émouvant

contento : content
felice : heureux
sollevato : soulagé

ferito : blessé
rattristato : attristé
depresso : déprimé
afflitto : affligé

ridere : rire

scoraggiarsi : se décourager
piangere : pleurer

LA SURPRISE, LA COLÈRE

la sorpresa : la surprise	scioccante : choquant
lo stupore : la stupeur	scandaloso : scandaleux
la collera : la colère	sconvolgente : bouleversant
la rabbia : la rage	
	stufarsi : en avoir assez
inatteso : inattendu	arrabbiarsi : s'énerver, se mettre en
stupefacente : surprenant	colère
incredibile : incroyable	incazzarsi [fam.] : se mettre en rogne

LA PEUR, L'ANGOISSE, LE STRESS

la paura : la peur	terrificante : terrifiant
lo spavento : la frayeur	
l'inquietudine (f.) : l'inquiétude	avere paura : avoir peur
l'angoscia (f.), l'ansia (f.) : l'angoisse	temere : craindre
	incutere qc a qn : inspirer qqch.
inquieto : inquiet, agité	à qqn
preoccupato : préoccupé	spaventare : effrayer
ansioso : angoissé	avere soggezione di : être
agitato : agité	intimidé(e) par
frastornato : étourdi	preoccuparsi : s'inquiéter

(•)) UN PEU DE CONVERSATION

- Mi dispiace davvero ma ci dobbiamo lasciare. Non ti amo più.
Je suis vraiment navré(e) mais il faut qu'on se sépare. Je ne t'aime plus.

- Credo di non essermi mai innamorata così.
Je crois n'avoir jamais été autant amoureuse.

- Carissima Eva, ti mando tanti baci dalla Sicilia.
Ma très chère Eva, je t'envoie plein de baisers de Sicile.

- Questa notizia mi ha distrutto, non so se ce la farò
a riprendermi.
Cette nouvelle m'a atterré, je ne sais pas si j'arriverai à m'en remettre.

- Che bello! Non mi aspettavo di rivederti dopo così tanto tempo!
Quelle joie ! Je ne m'attendais pas à te revoir après si longtemps !

- Quando l'ho sentito parlare in questo modo, sono rimasta
a bocca aperta.
Quand je l'ai entendu parler de cette manière, je suis restée bouche bée.

- Mi sono presa uno spavento! Sto ancora tremando.
J'ai eu une de ces peurs ! J'en tremble encore.

- Cerca di rilassarti, sei veramente troppo teso.
Essaie de te relaxer, tu es vraiment trop tendu.

- Parlandogli così, l'hai messo in soggezione.
En lui parlant comme ça, tu l'as intimidé.

- Non disperarti, vedrai che prima o poi lui capirà e tornerà da te.
Ne te désespère pas, tu verras, tôt ou tard il comprendra et reviendra vers toi.

MINI QUIZ

1 Quel est le contraire de *felice* ?

2 À quelle formule française peut correspondre : *Un abbraccio dalla Puglia* ?

3 Traduisez : « Cette chanson m'a plu. / Ses regards ne m'ont pas plu. »

4 Complétez les phrases avec le verbe *amare* ou *voler bene* ou *piacere* :
a (1ʳᵉ pers. sing.) .... *gli spaghetti.*
b (1ʳᵉ pers. sing.) .... *al mio amico Matteo.*
c *Lucia* .... *suo marito.*
d (1ʳᵉ pers. sing.) .... *viaggiare.*

5 Quelle est la différence de sens entre : *mi dispiace* et *mi rincresce* ?

6 Traduisez : « pleurer de joie » et « éclater de rire ».

5 La maison

•)) **Vous les connaissez. Savez-vous les prononcer ?**

il domicilio ❖ la superficie ❖ il metro ❖ la visita ❖ la vendita ❖ il mobile ❖ il lampadario ❖ l'aspirapolvere ❖ pulito ❖ comodo ❖ profondo ❖ colorare ❖ dipingere

LES TYPES D'HABITATION

la casa : la maison
l'appartamento (m.) : l'appartement
la villa : la villa
il villino : le pavillon
un palazzo : un immeuble

un condominio : une copropriété
un monolocale : un studio
una mansarda : une mezzanine,
une mansarde

LA RECHERCHE D'UN APPARTEMENT

un'agenzia immobiliare :
une agence immobilière
un annuncio immobiliare :
une annonce immobilière
il proprietario : le propriétaire
l'inquilino (m.) : le locataire
il coinquilino : le colocataire
il contratto : le contrat
l'affitto (m.) : le loyer
la caparra : les arrhes
l'acconto (m.) : l'acompte

l'inventario (m.) : l'état des lieux

visitare : visiter
affittare : louer
comprare : acheter
traslocare : déménager, emménager
trasferirsi : emménager, déménager

pulire : nettoyer
ristrutturare : rénover
arredare : meubler, décorer
sistemare : aménager

•)) Un peu de conversation

- Stefano ha arredato il suo monolocale con molto gusto e pochi soldi.
  Stefano a meublé son studio avec beaucoup de goût et peu d'argent.

- L'affitto è di 650 euro al mese, spese incluse.
  Le loyer est de 650 euros par mois, charges comprises.

- Affittasi appartamento di 65 m^2 composto da ingresso, cucina, angolo studio, camera da letto e bagno.
  Palazzo prestigioso con portiere.
  Appartement à louer de 65 m^2 comprenant une entrée, une cuisine, un coin bureau, une chambre à coucher et une salle de bains. Immeuble de standing avec gardien.

- Il prezzo del metro quadro a Milano è aumentato del 5% quest'anno.
  Le prix du mètre carré à Milan a augmenté de 5% cette année.

- C'è un trilocale in vendita nel centro storico di Pavia, dovresti visitarlo.
  Il y a un trois pièces en vente dans le centre historique de Pavie, tu devrais le visiter.

- La camera da letto è silenziosa perché dà sul cortile.
  La chambre à coucher est silencieuse parce qu'elle donne sur la cour.

- Mi aiuteresti a fare il trasloco la settimana prossima?
  Tu m'aiderais à déménager la semaine prochaine?

LES PARTIES DE LA MAISON

il piano: l'étage
il piano interrato: le sous-sol
la cantina: la cave
il pianoterra, il pianterreno: le rez-de-chaussée
il pianerottolo: le palier
la soffitta: le grenier
il tetto: le toit

il pavimento: le sol
il solaio: le plancher, le grenier
il soffitto: le plafond
la parete: le mur (interne)

l'androne (m.): le hall
il soggiorno: le séjour
il salone: le salon
la sala da pranzo: la salle à manger

la cucina: la cuisine
la camera da letto: la chambre à coucher
lo studio: le bureau [pièce]
il bagno: la salle de bain, les toilettes
il guardaroba: la penderie
lo sgabuzzino: le débarras, le cagibi
la lavanderia: la buanderie

la porta: la porte
la finestra: la fenêtre

il riscaldamento: le chauffage
il termosifone, il radiatore: le radiateur
la caldaia: la chaudière
il caminetto: la cheminée

L'AMEUBLEMENT

il tavolo: la table
la sedia: la chaise
la poltrona: le fauteuil
il divano: le canapé
il cuscino: le coussin, l'oreiller
la libreria: la bibliothèque
la mensola: l'étagère
la tenda: le rideau

il tappeto: le tapis

il letto: le lit
il materasso: le matelas
il guanciale: l'oreiller
le lenzuola: les draps
la federa: la taie
la coperta: la couverture

il **comodino**: la table de chevet
l'**armadio** (m.): l'armoire, le placard
il **cassetto**: le tiroir
la **scrivania**: le bureau

la **vasca** (da bagno): la baignoire
la **doccia**: la douche
la **tazza**: la cuvette
il **lavabo**, il **lavandino**: le lavabo
il **rubinetto**: le robinet
lo **specchio**: le miroir

la **lavatrice**: la machine à laver
lo **stendino**: le séchoir (à linge)
il **ferro da stiro**: le fer à repasser

il **lavello**, il **lavandino**: l'évier

il **frigorifero**: le frigidaire
il **congelatore**: le congélateur
il **forno**: le four
il (**forno a**) **microonde**: le (four à) micro-ondes
la **lavastoviglie**: le lave-vaisselle

la **presa**: la prise
la **lampadina**: l'ampoule
la **lampada**: la lampe

accogliente: accueillant
comodo: confortable
sporco: sale
disordinato: désordonné

•)) UN PEU DE CONVERSATION

● Che ne dici se appendo un po' di quadri in salone?
Qu'est-ce que tu en penses si j'accroche quelques tableaux dans le salon?

● Come mai non hai pulito la vasca da bagno?
Comment ça se fait que tu n'as pas lavé la baignoire?

● Ho recuperato uno specchio antico da mia nonna.
J'ai récupéré un miroir ancien chez ma grand-mère.

● Hai rovesciato il caffè sul copriletto! Bisognerà portarlo in lavanderia.
Tu as renversé du café sur le couvre-lit! Il va falloir le donner à nettoyer.

● Non dimenticare di comprare il detersivo, il dentifricio e la carta igienica.
N'oublie pas d'acheter de la lessive, du dentifrice et du papier hygiénique.

● Hai bisogno del ferro da stiro o posso staccarlo?
Tu as besoin du fer à repasser ou je peux le débrancher?

● Giovanna, la nostra donna delle pulizie, è bravissima, te la consiglio!
Giovanna, notre femme de ménage, est très bien, je te la conseille!

FORMES, MATIÈRES, COULEURS

la **misura**: la mesure
la **dimensione**: la dimension, la taille
l'**altezza** (f.): la hauteur
la **lunghezza**: la longueur
la **larghezza**: la largeur
lo **spessore**: l'épaisseur
la **profondità**: la profondeur
il **peso**: le poids

il **bordo**: le bord
l'**angolo** (m.): l'angle

la **punta**: la pointe

il **metallo**: le métal
il **ferro**: le fer
l'**acciaio** (m.): l'acier
il **vetro**: le verre
il **cemento**: le ciment
il **marmo**: le marbre
il **legno**: le bois
il **sughero**: le liège
il **vimini**: l'osier

dritto : droit
quadrato : carré
triangolare : triangulaire
(ro)tondo : rond

pesante : lourd
leggero : léger
morbido : mou, doux, moelleux
duro : dur
ruvido : rugueux

nero : noir
bianco : blanc
rosso : rouge

verde : vert
giallo : jaune
celeste : bleu ciel
blu : bleu
arancio : orange
marrone : marron

scuro : foncé
chiaro : clair
colorato : coloré
variopinto : bariolé, bigarré
spento : terne
acceso : vif

•)) UN PEU DE CONVERSATION

- Quant'è alto il soffitto di quest'appartamento?
  Quelle est la hauteur sous plafond de cet appartement?

- Il divano letto è lungo due metri.
  Le canapé-lit mesure deux mètres de long.

- Dobbiamo riportare la mensola al negozio, è troppo larga, non entra nell'armadio.
  On doit rapporter l'étagère au magasin, elle est trop large, elle ne rentre pas dans l'armoire.

- Dovresti pitturare le pareti della camera con un colore caldo.
  Tu devrais peindre les murs de la chambre avec une couleur chaude.

MINI QUIZ

1 Traduisez les annonces suivantes : « maison à vendre » et « appartement à louer ».

2 Que désigne : *il fai da te* ?

3 Quelle différence y a-t-il entre *arancio* et *arancia* ?

4 Traduisez : « Pouvez-vous poser la planche sur la table ? »

5 Quelle différence y a-t-il entre *il camino* et *il cammino* ?

6 Qu'est-ce qu'un *attico* ?

7 Quelle différence y a-t-il entre *la residenza* et *il residence* ?

8 Comment demander, dans un bar, où se trouvent les toilettes ?

6 La cuisine et les repas

MI È RIMASTA UNA LISCA TRA I DENTI.

•))) Vous les connaissez. Savez-vous les prononcer ?

la patata ❖ la banana ❖ il kiwi ❖ il melone ❖ il mandarino ❖ il mirtillo ❖ la mora ❖ il basilico ❖ il servizio ❖ la tavola ❖ cuocere

LES ALIMENTS DE BASE

il **cibo** : la nourriture
la **farina** : la farine
il **pane** : le pain
il **riso** : le riz
la **pasta** : les pâtes
i **cereali** : les céréales

le **uova** : les œufs
il **latte** : le lait
il **burro** : le beurre
lo **zucchero** : le sucre
l'**olio** (m.) : l'huile

LES FRUITS ET LES LÉGUMES

la **frutta** : les fruits
la **mela** : la pomme
la **pera** : la poire
gli **agrumi** : les agrumes
l'**arancia** (f.) : l'orange
il **limone** : le citron
l'**albicocca** (f.) : l'abricot
la **prugna** : la prune
l'**anguria** (f.), il **cocomero** :
la pastèque

i **frutti di bosco** : les fruits des bois
la **fragola** : la fraise
il **lampone** : la framboise
il **mirtillo** : la myrtille

l'**uva** (f.) (**nera**, **bianca**) : le raisin
(noir, blanc)
il **grappolo** : la grappe

il **succo di frutta** : le jus de fruits

la **verdura** : les légumes
l'**insalata** (f.) : la salade

la **carota** : la carotte
il **sedano** : le céleri
il **pomodoro** : la tomate
il **peperone** : le poivron
la **zucchina** : la courgette
la **melanzana** : l'aubergine
il **carciofo** : l'artichaut
il **fungo** : le champignon
il **cavolo** : le chou
gli **spinaci** : les épinards

i **fagioli** : les haricots
i **fagiolini** : les haricots verts
i **piselli** : les petits pois
i **ceci** : les pois chiches

l'**aglio** (m.) : l'ail
la **cipolla** : l'oignon

uno **spicchio** : une gousse,
un quartier
maturo : mûr
acerbo : vert

LA VIANDE

la carne : la viande
il manzo : le bœuf
il vitello : le veau
il maiale : le porc
l'agnello (m.) : l'agneau
il pollo : le poulet
il tacchino : la dinde

l'anatra (f.) : le canard

i salumi : la charcuterie
il prosciutto : le jambon
il salame : le saucisson
la salsiccia : la saucisse
la pancetta : la poitrine, les lardons

LE POISSON ET LES FRUITS DE MER

il pesce : le poisson
il pescespada : l'espadon
il tonno : le thon
il salmone : le saumon
il merluzzo : le cabillaud, la morue
il baccalà : la morue [séchée et salée]
l'orata (f.) : la dorade
la spigola : le bar, le loup (de mer)

i frutti di mare : les fruits de mer
l'aragosta (f.) : la langouste
il gambero : l'écrevisse

l'astice (m.) : le homard
il gamberetto : la crevette
il granchio : le crabe
il riccio di mare : l'oursin
l'ostrica (f.) : l'huître
la cozza : la moule
la vongola : la palourde
la capasanta : la coquille
Saint-Jacques
la conchiglia : le coquillage

LE FROMAGE

il formaggio : le fromage
il parmigiano : le parmesan
il pecorino : fromage de brebis à
pâte dure
la mozzarella : fromage frais, de
vache ou de bufflonne, à pâte filée
la groviera : le gruyère
la fontina : fromage de vache à pâte
demi-dure
la ricotta : fromage de vache à pâte
fraîche

di capra, caprino : de chèvre
di pecora, pecorino : de brebis
di mucca, vaccino : de vache
di bufala : de bufflonne

fresco : frais
stagionato : affiné
grattugiato : râpé
fuso : fondu

SERVITEVI, CE N'È PER TUTTI !

LES ÉPICES ET LES CONDIMENTS

le spezie : les épices
le erbe aromatiche : les fines herbes
gli odori : le bouquet garni

il sale : le sel
il pepe : le poivre
l'aceto (m.) : le vinaigre
la senape : la moutarde
la maionese : la mayonnaise

il basilico : le basilic
il prezzemolo : le persil

l'origano (m.) : l'origan
il timo : le thym
l'alloro (m.) : le laurier
il rosmarino : le romarin
il peperoncino : le piment
il cumino : le cumin

un mazzo : un bouquet, une botte
un pizzico : une pincée

insipido : fade
piccante : épicé, piquant

▸ **AU RESTAURANT P. 262**
▸ **DANS LES BARS P. 262-263**

🔊 UN PEU DE CONVERSATION

● Ho una fame da lupi! Cos'hai cucinato di buono?
J'ai une faim de loup! Qu'est-ce que tu as cuisiné de bon?

● Attento al tempo di cottura, questa pasta scuoce facilmente!
Fais attention au temps de cuisson, ces pâtes sont vite trop cuites!

● Hai assaggiato gli spaghetti alle vongole? Sono squisiti!
Tu as goûté les spaghettis aux palourdes? Ils sont délicieux!

● È condita l'insalata o devo aggiungere qualcosa?
Est-ce que la salade est assaisonnée ou je dois ajouter quelque chose?

● Non vedo l'ora di mangiare una vera pizza napoletana.
J'ai hâte de manger une vraie pizza napolitaine.

● Mi è rimasta una lisca tra i denti.
J'ai une arête qui est restée coincée entre mes dents.

● A capodanno, in Italia, si mangiano le lenticchie con il cotechino perché è una ricetta portafortuna.
Au Jour de l'an, en Italie, on mange des lentilles avec une saucisse de porc bouillie, parce que c'est une recette porte-bonheur.

LA CUISINE

gli utensili : les ustensiles
il piatto : l'assiette
il piatto fondo : l'assiette creuse
la scodella : le bol
il vassoio : le plateau

le posate : les couverts
il coltello : le couteau
la forchetta : la fourchette
il cucchiaio : la cuillère
il cucchiaino : la petite cuillère

il bicchiere : le verre
la tazza : la tasse

l'apribottiglie (m.) : l'ouvre-bouteille
il cavatappi : le tire-bouchon
l'apriscatole (m.) : l'ouvre-boîte

la padella : la poêle
la pentola : la casserole, la marmite
il coperchio : le couvercle
lo scolapasta : la passoire
il colino : la petite passoire
il mestolo : la louche

lo strofinaccio, lo straccio :
le torchon
la tovaglia : la nappe

il tovagliolo: la serviette

cucinare: cuisiner
pelare, sbucciare: éplucher
tagliare: couper
grattugiare: râper
tritare: hacher
mescolare: mélanger

cuocere: cuire
bollire: bouillir
friggere: frire
far soffriggere, far rosolare:
faire revenir, rissoler

riscaldare: réchauffer

cotto: cuit
crudo: cru
(im)panato: pané
grigliato: grillé [pour la viande, le poisson]
tostato: grillé [pour le pain]

freddo: froid
congelato: congelé
tiepido: tiède
caldo: chaud
bruciato: brûlé

LES REPAS

il pasto: le repas
la (prima) colazione: le petit
déjeuner
il pranzo: le repas de midi
la merenda: le goûter
la cena: le dîner

lo spuntino: l'encas

apparecchiare: mettre la table
sparecchiare: débarrasser
pranzare: déjeuner
cenare: dîner

UN PEU DE CONVERSATION

- Non ho tanta fame, mi farò un uovo al tegamino con un po'
di verdura.
Je n'ai pas très faim, je vais me faire un œuf au plat avec un peu de légumes.

- Ti consiglio di pelare i peperoni prima di cucinarli, si digeriscono
meglio.
Je te conseille de peler les poivrons avant de les cuisiner, on les digère mieux.

- Mi sono distratta un attimo e l'arrosto nel forno si è bruciato...
J'ai été distraite un instant et le rôti dans le four a brûlé...

- Faccio colazione tutti i giorni alle sette e pranzo verso l'una.
Je prends mon petit déjeuner tous les jours à sept heures et mon déjeuner vers une
heure.

- Ci vediamo in pausa pranzo per parlare del mio progetto?
On se voit à la pause repas pour parler de mon projet?

- Servitevi, ce n'è per tutti!
Servez-vous, il y en a pour tout le monde!

- Sono diventato vegetariano tre anni fa.
Je suis devenu végétarien il y a trois ans.

MINI QUIZ

1 Quelles sont les deux traductions possibles pour le mot :
« avocat » (fruit / métier) ?

2 Trouvez l'équivalent français des expressions : *c'entra come i cavoli
a merenda* et *cercare il pelo nell'uovo*.

3 Quelle différence y a-t-il entre *sugo* et *succo* ?

4 Traduisez : « À table ! C'est prêt ! »

5 Quelle différence y a-t-il entre *una spremuta d'arancia*
et *un succo d'arancia* ?

6 Traduisez : « temps de cuisson : 11 minutes ».

7 Qu'est-ce que : *un vino da tavola* et *un vino d'annata* ?

8 Est-ce qu'on traduira « champagne » par *spumante* ?

9 Trouvez l'équivalent français de l'expression : *dire pane al pane,
vino al vino*.

RÉPONSES

1 *Avocado* (fruit) / *avvocato* (métier).

2 « Ça tombe comme un cheveu sur la soupe / chercher la petite bête. »

3 On emploie *sugo* pour désigner la sauce (*sugo al pomodoro*,
sugo di carne) et *succo* pour les jus de fruits ou de légumes
(*succo di pompelmo*, *succo di mela*, *succo di pomodoro*...).

4 *A tavola ! È pronto !*

5 *La spremuta d'arancia* est un jus d'oranges pressées
(on emploie le mot *spremuta* aussi avec *limone*, *pompelmo*).

6 *Tempo di cottura : undici minuti.*

7 Un vin de table / un vin millésimé.

8 Non, le *spumante*, c'est le mousseux. « Le champagne »
se dit *lo champagne* (prononciation française).

9 « Appeler un chat un chat. »

7 La ville

FA' ATTENZIONE QUANDO ATTRAVERSI LA STRADA.

●) Vous les connaissez. Savez-vous les prononcer?

il quartiere ❖ un monumento ❖ il commissariato ❖ lo stadio ❖ il teatro ❖ il traffico ❖ la macchina ❖ l'autobus ❖ il chilometro ❖ pubblico ❖ andare ❖ raggiungere ❖ attraversare ❖ proseguire

L'ESPACE URBAIN

la strada: la route
il corso: le boulevard, l'avenue
il viale: le boulevard
la via: la rue
il vicolo: la ruelle
la piazza: la place
il centro: le centre-ville
il centro storico: le centre historique
il quartiere: le quartier
l'isolato (m.): le pâté de maisons
la periferia: la banlieue
il cimitero, il camposanto:
le cimetière

la fontana: la fontaine
la chiesa: l'église
il chiostro: le cloître
il campanile: le clocher

il marciapiede: le trottoir
il lampione: le réverbère
la pensilina: l'abribus
la panchina: le banc
il bidone: la poubelle

il parco: le parc
il giardino pubblico: le jardin public
il prato: la pelouse, le pré
l'altalena (f.): la balançoire

il pedone: le piéton
il passante: le passant
la piantina: le plan

rumoroso: bruyant
animato: animé
collegato bene: bien desservi

passeggiare: se promener
spostarsi: se déplacer

LA CIRCULATION

l'incrocio: le croisement
la rotonda: le rond-point
le strisce (pedonali): le passage clouté
l'area pedonale: la zone piétonne
il semaforo: le feu de circulation

il senso vietato: le sens interdit
il vicolo cieco: le cul de sac
l'ingorgo (m.): l'embouteillage

parcheggiare: se garer
collegare: desservir

▸ LES MOYENS DE TRANSPORT P. 260

LES SERVICES

il municipio: la mairie
il museo: le musée
l'ufficio (m.) del turismo: l'office de tourisme
l'ufficio (m.) postale: le bureau de poste
la banca: la banque
i vigili del fuoco: les pompiers
i carabinieri: les gendarmes
la polizia: la police
il pronto soccorso: les urgences

la buca delle lettere: la boîte aux lettres [dans la rue]
il distributore automatico: le distributeur automatique
il bancomat: le guichet automatique bancaire

ritirare dei soldi: retirer de l'argent
fare la fila: faire la queue
aspettare il proprio turno: attendre son tour

► LES MAGASINS P. 246

UN PEU DE CONVERSATION

- Fa' attenzione quando attraversi la strada.
  Fais attention quand tu traverses la rue / la route.

- Ci vediamo in centro alle 16. Mi raccomando, (sii) puntuale!
  On se voit en ville à 16 h. S'il te plaît, sois à l'heure!

- Ero parcheggiato in divieto di sosta, ho preso una multa.
  J'étais garé sur un stationnement interdit, j'ai eu une contravention.

- Questa città manca di piste ciclabili.
  Il n'y a pas assez de pistes cyclables dans cette ville.

- Chiediamo al vigile dove si trova il parcheggio sotterraneo.
  Demandons à l'agent de police où se trouve le parking souterrain.

- Scendo alla prossima fermata. E tu?
  Je descends au prochain arrêt. Et toi?

MINI QUIZ

1 Traduisez: « C'est la deuxième à droite. »

2 Que signifient les expressions suivantes: *vietato l'accesso* et *divieto di sosta*?

3 Traduisez (à la forme de politesse): « Allez jusqu'au feu, puis prenez la première à gauche, continuez tout droit pendant 50 mètres et vous êtes arrivés. »

4 Traduisez: « J'habite entre l'hôpital et la station-service, tu ne peux pas te tromper. »

5 Où peut-on trouver la phrase suivante: *Digiti il suo codice PIN*?

RÉPONSES

1 *È la seconda a destra.*
2 Accès interdit / stationnement interdit.
3 *Vada fino al semaforo, poi prenda la prima a sinistra, continui dritto per 50 metri ed è arrivato.*
4 *Abito tra l'ospedale e il benzinaio, non ti puoi sbagliare.*
5 Sur un écran de distributeur automatique de billets: « Saisissez votre code secret. » (*PIN*: personal identification number)

8 Les courses

NON SONO MAI RIUSCITA A CAMMINARE SUI TACCHI A SPILLO!

•)) Vous les connaissez. Savez-vous les prononcer?

il mercato ❖ il prodotto ❖ l'impermeabile ❖ l'abito ❖ il pantalone ❖ il pigiama ❖ i mocassini ❖ le pantofole ❖ il numero ❖ elegante

LES MAGASINS

il mercato : le marché
un centro commerciale : un centre commercial
un negozio : un magasin
un supermercato : un supermarché
l'alimentari (m.) : l'épicerie
il forno, la panetteria : la boulangerie
la macelleria : la boucherie
il negozio di scarpe : le magasin de chaussures
il negozio di abbigliamento : le magasin de vêtements
l'edicola : le kiosque à journaux

il mercatino delle pulci : les puces

un commesso : un vendeur
il carrello : le caddie
il reparto : le rayon
il prezzo : le prix
l'etichetta (f.) : l'étiquette
lo scontrino : le ticket de caisse
i saldi : les soldes
lo sconto : la remise, la réduction

comprare : acheter
spendere : dépenser
fare la spesa : faire les courses
fare shopping : faire du shopping

▸ LA CUISINE ET LES REPAS P. 239-242
▸ LES PROFESSIONS P. 252

•)) UN PEU DE CONVERSATION

● Hanno aperto un nuovo negozio di intimo in via della Repubblica.
Un nouveau magasin de lingerie a ouvert via della Repubblica.

● I saldi sono cominciati oggi ed ho già speso 200 euro!
Les soldes ont commencé aujourd'hui et j'ai déjà dépensé 200 euros!

● Hai una moneta da un euro per il carrello?
Tu as une pièce d'un euro pour le chariot?

● Vorrei un etto di prosciutto crudo.
Je voudrais 100 grammes de jambon cru.

● — Desidera altro? — No, basta così, grazie.
« Désirez-vous autre chose? — Ce sera tout, merci. »

● Posso pagare con la carta di credito?
Puis-je payer par carte?

LES VÊTEMENTS

il **cappotto** : le manteau
la **giacca** : la veste
la **gonna** : la jupe
il **vestito** : l'habit, la robe
la **camicia** : la chemise
il **completo** : le costume
la **tuta** : le survêtement
la **maglia** : le tricot
il **maglione, il pullover** : le pull
il **dolcevita** : le pull à col roulé
la **maglietta, la t-shirt** : le tee-shirt
la **felpa** : le sweat-shirt

la **sciarpa** : l'écharpe
il **cappello** : le chapeau
i **guanti** : les gants
la **cinta, la cintura** : la ceinture

la **vestaglia** : la chemise de nuit
i **calzini** : les chaussettes
le **calze** : les bas
il **reggiseno** : le soutien-gorge
gli **slip** : le slip

i **boxer** : le caleçon
le **mutande** : la culotte
il **perizoma** : le string

le **scarpe** : les chaussures
i **sandali** : les sandales
le **ciabatte** : les pantoufles
gli **stivali** : les bottes
il **tacco** : le talon

a **maniche corte** : à manches courtes
a **maniche lunghe** : à manches longues
largo : large
attillato, aderente : moulant
stretto : serré
sbracato : débraillé
fuori moda : démodé

indossare : porter
infilare : enfiler
provare : essayer
togliere : enlever
cambiarsi : se changer

🔊 UN PEU DE CONVERSATION

● — Dove si trovano i camerini? — Vicino alla cassa.
« Où se trouvent les cabines d'essayage ? — Près de la caisse. »

● Era elegantissimo in giacca e cravatta.
Il était très élégant avec sa veste et sa cravate.

● Questo vestito rosso ti sta benissimo, compralo!
Cette robe rouge te va très bien, achète-la !

● Quest'anno vanno di moda le calze colorate e le minigonne.
Cette année, les bas colorés et les mini-jupes sont à la mode.

● Non senti freddo in maniche corte?
Tu n'as pas froid en manches courtes ?

● Credi che possa lavare le mie scarpe da ginnastica in lavatrice?
Tu crois que je peux laver mes baskets à la machine à laver ?

● Non dimenticare di portare le infradito per la spiaggia.
N'oublie pas de prendre tes tongs pour la plage.

● Non sono mai riuscita a camminare sui tacchi a spillo.
Je n'ai jamais réussi à marcher avec des talons aiguilles.

9 L'éducation

•)) **Vous les connaissez. Savez-vous les prononcer?**

la media ❖ l'università ❖ un maestro ❖ l'aula ❖ la cattedra ❖ uno zaino
❖ il dizionario ❖ il diario ❖ il compito ❖ la materia ❖ la matematica
❖ la storia ❖ la chimica ❖ la fisica ❖ scolastico

LE SYSTÈME SCOLAIRE ET UNIVERSITAIRE

la scuola : l'école
l'asilo nido (m.) : la crèche
l'asilo (m.), la scuola materna :
la maternelle
le elementari : le primaire
le medie : le collège
il liceo : le lycée
l'istituto (m.) tecnico : le lycée
professionnel
l'università (f.) : l'université
la facoltà : la faculté

gli studi universitari : les études
universitaires
la Pubblica Istruzione : l'Éducation
nationale

l'esame (m.), la prova : l'examen
una borsa di studio : une bourse

fare le elementari : être à l'école
primaire
fare le medie : être au collège
fare le superiori : être au lycée

ÉLÈVES ET ENSEIGNANTS

lo scolaro : l'écolier
l'alunno (m.) : l'élève
lo studente : l'étudiant
la matricola : l'étudiant de première
année

il bidello : le gardien
il maestro : le maître
l'insegnante (m.f.), il docente :
l'enseignant
il professore : le professeur

il docente universitario :
le professeur d'université
il ricercatore : le chercheur
il preside : le proviseur
il rettore (dell'università) :
le président de l'université

un insegnante di ruolo :
un enseignant titulaire
un supplente : un remplaçant

LES DIPLÔMES

la maturità : le baccalauréat
il diploma : le diplôme
la laurea : le diplôme universitaire
la laurea breve : la licence [bac + 3]
la (laurea) specialistica : le master
[bac + 5]
il master : le master
il dottorato : le doctorat

un laureato : un diplômé
un dottorando : un doctorant

la tesi di laurea : le mémoire
de master

la tesi di dottorato : la thèse
(de doctorat)

passare un esame : réussir
un examen
essere bocciato : être recalé
ripetere l'anno : redoubler
laurearsi : obtenir son diplôme
universitaire
discutere la tesi : soutenir
son mémoire / sa thèse

UN PEU DE CONVERSATION

- Mio figlio ha conseguito la maturità ed ora si è iscritto a Legge.
  Mon fils a passé son bac et maintenant il s'est inscrit en Droit.

- Domani devo dare l'esame di storia dell'arte, sono stressatissimo!
  Demain, j'ai mon partiel d'histoire de l'art, je suis hyper stressé !

- Hai scelto un argomento per la tesina che dobbiamo consegnare tra un mese?
  Tu as choisi un sujet pour le mémoire qu'on doit rendre dans un mois ?

- Mi potresti passare i tuoi appunti? Ero assente questa mattina.
  Tu pourrais me passer tes notes ? J'étais absent ce matin.

- Ti va di mangiare con me alla mensa universitaria?
  Ça te dit de manger avec moi au restaurant universitaire ?

À L'ÉCOLE

l'orario : l'emploi du temps
la lezione : le cours [la leçon]
il corso : le cours [l'ensemble des leçons]
l'aula (f.) : la salle de cours
la lavagna : le tableau
la cattedra : le bureau de
l'enseignant
il banco : le banc
la fila : le rang

il gesso : la craie
il pennarello : le feutre
la penna : le stylo
la matita : le crayon
il righello : la règle
la gomma da cancellare : la gomme

un foglio : une feuille [papier]
un libro : un livre
un quaderno : un cahier
un astuccio : une trousse
il diario : l'agenda, le cahier de textes
la cartella : le cartable, le dossier
lo zaino : le sac à dos

i compiti : les devoirs
un esercizio : un exercice
un voto : une note
la media : la moyenne
la pagella : le bulletin scolaire

il ripetente : le redoublant
il somaro : le cancre

discolo : indiscipliné
chiacchierone : bavard
serio : sérieux
studioso : studieux
attento : attentif

imparare : apprendre
ripassare : réviser

fare domande : poser des questions
insegnare : enseigner
correggere : corriger
interrogare : interroger
dare un voto : mettre une note
punire : punir
espellere : expulser

Un peu de conversation

- Che bello! Quest'anno non ho lezione il mercoledì!
  C'est super! Cette année je n'ai pas cours le mercredi!

- Non capisco nulla di matematica, dovrò prendere delle lezioni private.
  Je ne comprends rien en maths, il va falloir que je prenne des cours particuliers.

- Non riesco mai a concentrarmi durante il corso d'inglese, c'è troppo rumore!
  Je n'arrive jamais à me concentrer pendant le cours d'anglais, il y a trop de bruit!

- Che voto hai preso in filosofia? Io ho preso un'insufficienza…
  Tu as eu combien en philo? Moi je n'ai pas eu la moyenne…

- La dovresti smettere di marinare la scuola, prima o poi i tuoi ti beccano!
  Tu devrais arrêter de sécher les cours, tôt ou tard tes parents vont te pincer!

Mini quiz

1 Quel est le féminin de *professore, studente, dottore*?
2 Que signifie : *un secchione*?
3 Traduisez : « aller à l'école » et « aller en cours ».
4 Trouvez le contraire de : *educato / paziente / giusto*.
5 Traduisez : « J'ai appris à parler italien en Italie. / Il m'a appris l'anglais. »
6 Vous êtes en retard. En rentrant en cours, que dites-vous pour vous excuser?
7 Traduisez : « une bonne note » et « une mauvaise note ».

10 Le travail

QUANDO VAI IN PENSIONE?

IL MESE PROSSIMO.

il lavoro ❖ professionista ❖ l'annuncio ❖ la lettera ❖ il contratto
❖ le ferie ❖ lo sciopero ❖ lo stipendio ❖ pagare ❖ la fabbrica
❖ il laboratorio ❖ il socio

LES PROFESSIONS

l'impiegato statale : le fonctionnaire
il libero professionista : le travailleur indépendant

il medico : le médecin
l'infermiere (m.) : l'infirmier
il farmacista : le pharmacien

l'ingegnere : l'ingénieur
l'architetto (m.) : l'architecte
l'informatico (m.) : l'informaticien
il grafico : le graphiste
il commercialista : l'expert-comptable
il ragioniere : le comptable
il segretario : le secrétaire

l'avvocato (m.) : l'avocat
il giudice : le juge
il notaio : le notaire

l'operaio (m.) : l'ouvrier
il muratore : le maçon
l'idraulico (m.) : le plombier

l'elettricista (m.f.) : l'électricien
il meccanico : le garagiste, le mécanicien
il contadino : le paysan

il cuoco : le cuisinier
il cameriere : le serveur

il commerciante : le commerçant
il commesso : le vendeur
il cassiere : le caissier
il panettiere : le boulanger
il macellaio : le boucher
il parrucchiere : le coiffeur
l'estetista : l'esthéticien

il poliziotto : le policier
il vigile del fuoco : le pompier
il militare : le militaire

professionale : professionnel
impegnativo : prenant
competitivo : compétitif
lavorare : travailler

▸ LES COURSES P. 246-247
▸ LES ARTS ET LES LOISIRS P. 264-267

•)) ## UN PEU DE CONVERSATION

- Da piccola volevo fare la ballerina, oggi faccio la traduttrice.
  Petite, je voulais être danseuse ; aujourd'hui je suis traductrice.

- Avremo bisogno di un bravo grafico per la nostra nuova campagna pubblicitaria.
  Nous aurons besoin d'un bon graphiste pour notre nouvelle campagne publicitaire.

- Hai notato il mio nuovo taglio di capelli? Sono stata dal parrucchiere questa mattina.
  Tu as remarqué ma nouvelle coupe de cheveux? Je suis allée chez le coiffeur ce matin.

- Sono stato impiegato statale per dieci anni, ora ho deciso di mettermi in proprio.
  J'ai été fonctionnaire pendant dix ans, maintenant j'ai décidé de me mettre à mon compte.

LA RECHERCHE D'EMPLOI

l'ufficio di collocamento: équivalent de l'ANPE
un'offerta di lavoro: une offre d'emploi
un annuncio di lavoro: une petite annonce
il posto: la place, l'emploi, le poste à pourvoir
l'impiego (m.): l'emploi
la candidatura: la candidature
il curriculum (vitae): le CV

la lettera di presentazione / motivazione: la lettre de motivation
i requisiti: les qualités requises
un colloquio d'assunzione: un entretien d'embauche
la raccomandazione: le piston
il periodo di prova: la période d'essai
un tirocinio: un stage

assumere: employer
negoziare: négocier

LES CONDITIONS DE TRAVAIL

il contratto di lavoro: le contrat de travail
il contratto a tempo determinato / indeterminato: le CDD, le CDI
lo stipendio: le salaire
la busta paga: la paie
l'aumento (m.): l'augmentation

il tempo pieno: le temps complet
il part time: le temps partiel

il giorno feriale: le jour ouvrable
il giorno festivo: le jour férié
le ferie: les congés
la tredicesima: le treizième mois
il premio: la prime

gli straordinari: les heures supplémentaires

la carriera: la carrière
il trasferimento: la mutation
la pensione: la retraite

il disoccupato: le chômeur
la disoccupazione: le chômage

precario: précaire
flessibile: flexible

guadagnare: gagner
dimettersi, dare le dimissioni: démissionner
licenziare: licencier

LA VIE DE L'ENTREPRISE

l'azienda, l'impresa: l'entreprise
la ditta: la firme
la fabbrica: l'usine
l'ufficio (m.): le bureau

l'imprenditore (m.): le chef d'entreprise
il dirigente: le dirigeant
il datore di lavoro: l'employeur
il capo, il titolare: le patron
il personale: le personnel
il quadro: le cadre
l'impiegato (m.): l'employé
il dipendente: le salarié
lo stagista: le stagiaire
l'apprendista (m.f.): l'apprenti
l'interinale (m.f.): l'intérimaire

l'infortunio sul lavoro (m.): l'accident du travail
il mobbing: le harcèlement moral

il fatturato, il giro d'affari: le chiffre d'affaires
la concorrenza: la concurrence
il bilancio: le bilan

il sindacato: le syndicat
il sindacalista: le syndicaliste
le parti sociali: les partenaires sociaux
la rivendicazione: la revendication
le trattative: les négociations

lo sciopero: la grève
lo scioperante: le gréviste

UN PEU DE CONVERSATION

- — Quando vai in pensione? — Il mese prossimo.
  «Quand est-ce que tu pars à la retraite? — Le mois prochain.»

- È lui che ha avuto il posto. Per forza, è un raccomandato!
  C'est lui qui a eu le poste. Normal, il est pistonné!

- Sono stato assunto due mesi fa come quadro dirigente alla Fiat.
  J'ai été engagé il y a deux mois comme cadre dirigeant chez Fiat.

- Con l'incremento dei contratti a tempo determinato,
  il precariato aumenta.
  Avec la hausse des CDD, le nombre de travailleurs précaires augmente.

- Sandro non ce la faceva più a vivere lontano dai suoi,
  ha chiesto il trasferimento nel sud Italia.
  Sandro n'arrivait plus à vivre loin de ses proches, il a demandé sa mutation dans le sud de l'Italie.

HAI NOTATO IL MIO NUOVO TAGLIO DI CAPELLI?

SONO STATA DAL PARRUCCHIERE QUESTA MATTINA.

- A causa degli scioperi, questo mese non mi è ancora arrivato lo stipendio.
  À cause des grèves, ce mois-ci je n'ai pas encore reçu mon salaire.

- Ho paura della disoccupazione, vorrei trovare un lavoro all'estero.
  J'ai peur du chômage, je voudrais trouver un travail à l'étranger.

- Il turno di notte è molto faticoso, non so quanto reggerò…
  Le travail de nuit est très fatigant, je ne sais pas si je vais tenir longtemps…

- Il PIL del nostro paese è tornato a crescere.
  Le PIB de notre pays a recommencé à croître.

MINI QUIZ

1 Mettez au féminin : *imprenditore, datore di lavoro, cuoco.*

2 Quel est le sens de *ufficio* et *officina* ?

3 Quel est le participe passé de *riscuotere* (toucher un salaire) ?

4 Que signifie *lordo* ? Et comment se traduit « lourd » ?

5 Que signifie *droghiere* ?

6 Que veut savoir quelqu'un qui vous demande : *Quanto prendi al mese?*

RÉPONSES

1 *Imprenditrice, datrice di lavoro, cuoca.*
2 *Ufficio* : bureau ; *officina* : usine / atelier.
3 *Riscosso.*
4 *Lordo* : brut ; lourd : *pesante.*
5 Épicier.
6 Votre salaire mensuel.

11 La santé

il virus ❖ la nausea ❖ fragile ❖ malato ❖ il medico ❖ l'ambulanza
❖ la clinica ❖ l'analisi ❖ la farmacia ❖ l'omeopatia ❖ la pillola
❖ l'antibiotico ❖ clinico ❖ guarito

ÊTRE MALADE

la salute: la santé
la malattia: la maladie
il sintomo: le symptôme

l'allergia (f.): l'allergie
il raffreddore: le rhume
l'influenza (f.): la grippe
la bronchite: la bronchite
la febbre: la fièvre
il mal di testa: le mal de tête

il brufolo: le bouton
la ferita: la blessure
il ferito: le blessé

il cancro: le cancer
l'arresto (m.) cardiaco: l'arrêt
cardiaque
l'infarto (m.): l'infarctus

robusto: robuste

fragile: fragile
debole: faible
essere cagionevole di salute:
avoir une santé fragile

stare bene: aller bien
stare male: aller mal
ammalarsi: tomber malade
avere mal di pancia: avoir mal
au ventre
essere raffreddato: être enrhumé
starnutire: éternuer
tossire: tousser
soffiarsi il naso: se moucher
sputare: cracher
vomitare: vomir
svenire, perdere i sensi: s'évanouir
ferirsi: se blesser
sanguinare: saigner

SE SOIGNER

l'ospedale (m.): l'hôpital
il pronto soccorso: les urgences

il medico: le médecin
lo specialista: le spécialiste
il chirurgo: le chirurgien
il dentista: le dentiste
l'oftalmologo (m.): l'ophtalmologue

l'osteopata (m.f.): l'osthéopathe
il fisioterapista: le kinésithérapeute

il massaggio: le massage
la riabilitazione: la rééducation

il ginecologo: le gynécologue
i mezzi di contraccezione:
les moyens de contraception
la pillola: la pilule
gli ormoni: les hormones

il farmacista: le pharmacien
la ricetta medica: l'ordonnance

la **medicina**, il **farmaco** : le médicament	la **terapia** : la thérapie
lo **sciroppo** : le sirop	la **chemioterapia** : la chimiothérapie
le **pasticche** : les cachets	**ingoiare** : avaler
la **compressa** : le comprimé	**medicare una ferita** : faire un pansement
il **collirio** : le collyre	**seguire una dieta** : suivre un régime
il **disinfettante** : le désinfectant	**mantenersi in forma** : s'entretenir, se maintenir en forme
il **cerotto** : le pansement	
la **benda** : le bandage	**ricoverare** : hospitaliser
il **cotone**, l'**ovatta** : le coton	**curarsi** : se soigner
il **gesso** : le plâtre	**migliorare** : aller mieux
l'**iniezione** (f.), la **puntura** : la piqûre	**guarire** : guérir
il **vaccino** : le vaccin	

◀)) UN PEU DE CONVERSATION

- Gli hai misurato la febbre? Gli hai misurato la pressione?
  Tu as pris sa température ? Tu as pris sa tension ?

- Avresti un antidolorifico? Ho un gran mal di testa.
  Tu aurais un antalgique ? J'ai très mal à la tête.

- Da ieri mi fa male la gamba, non capisco che cos'ho.
  J'ai mal à la jambe depuis hier, je ne comprends pas ce que j'ai.

- Mio figlio è intollerante al latte.
  Mon fils ne supporte pas le lait.

- Chiama subito il medico, mi sto sentendo male.
  Appelle vite le médecin, je me sens mal.

- È stato ricoverato questa mattina, siamo molto preoccupati.
  Il a été hospitalisé ce matin, on est très inquiets.

- A causa della terapia che sta seguendo, ha messo su dieci chili.
  À cause de la thérapie qu'il est en train de suivre, il a pris dix kilos.

- Soffro d'insonnia, cosa mi può prescrivere?
  Je fais de l'insomnie, qu'est-ce que vous pouvez me prescrire ?

- Attento a non stare troppo al sole, rischi di ustionarti.
  Attention à ne pas rester trop longtemps au soleil, tu risques de prendre un coup de soleil.

┌ MINI QUIZ

1 Traduisez : « j'ai mal à la tête » et « j'ai mal aux dents ».

2 Complétez en choisissant le verbe qui convient : *I medici* .... *i pazienti*.

3 Traduisez : « j'ai la tête qui tourne » et « je fais de la tension ».

4 Traduisez : « lire attentivement la notice ».

4 *Leggere attentamente il foglio illustrativo.*
3 *Mi gira la testa.* / *Ho la pressione alta.*
2 *I medici curano i pazienti.*
1 *Mi fa male la testa* / *mi fanno male i denti* (accord du verbe).
RÉPONSES

12 Les voyages et les sorties

il turista ❖ l'agenzia ❖ l'estero ❖ la valigia ❖ il bagaglio ❖ l'orario
❖ l'itinerario ❖ la visita ❖ uscire ❖ viaggiare ❖ campeggiare
❖ l'alloggio ❖ la bibita

VALLE D'AOSTA
valdostani
• AOSTA

TRENTINO ALTO ADIGE
trentini
TRENTO

LOMBARDIA
lombardi
• TORINO
• MILANO

VENETO
veneti
• VENEZIA
• TRIESTE

FRIULI VENEZIA GIULIA
friulani

PIEMONTE
piemontesi

EMILIA-ROMAGNA
emiliani romagnoli
• BOLOGNA

• GENOVA

LIGURIA
liguri

TOSCANA
toscani
• FIRENZE

MARCHE
marchigiani
• ANCONA

Mar Ligure

• PERUGIA

ABRUZZO
abruzzesi

MOLISE
molisani

UMBRIA
umbri

ROMA ■

• L'AQUILA

• CAMPOBASSO

LAZIO
laziali

CAMPANIA
campani
• NAPOLI

BARI •

PUGLIA
pugliesi

• POTENZA

BASILICATA
lucani

Mare Adriatico

SARDEGNA
sardi

• CAGLIARI

Mar Tirreno

CALABRIA
calabresi
• CATANZARO

Mare Mediterraneo

• PALERMO

SICILIA
siciliani

Mare Ionio

ABRUZZO	région
abruzzesi	habitants
• L'AQUILA	chef-lieu

PRÉPARER SON VOYAGE

l'agenzia di viaggi : l'agence de voyage
il viaggio organizzato : le voyage organisé
la crociera : la croisière
la prenotazione : la réservation

il passaporto : le passeport
la carta d'identità : la carte d'identité
il permesso di soggiorno : le permis de séjour
il visto : le visa
il vaccino : le vaccin

la destinazione, la meta : la destination
l'itinerario (m.) : l'itinéraire
la tappa : l'étape

il bagaglio a mano : le bagage à main
la valigia : la valise
la borsa : le sac
lo zaino : le sac à dos
la guida : le guide [livre, personne]

la piantina (della città) : le plan (de la ville)
la macchina fotografica : l'appareil photo
la telecamera : la caméra
il caricabatteria : le chargeur

il souvenir, il ricordo : le souvenir [objet]
il regalo : le cadeau

prenotare : réserver
noleggiare : louer [une voiture]
affittare : louer [un appartement]
annullare, disdire : annuler

stancarsi : se fatiguer
fare una sosta : faire un arrêt
rilassarsi : se détendre
svagarsi : s'évader
divertirsi : s'amuser
scattare una foto : prendre une photo
fare delle riprese / riprendere : filmer

UN PEU DE CONVERSATION

- Le spiagge sono troppo affollate ad agosto, preferisco prendere le ferie a settembre.
  Les plages sont trop peuplées en août, je préfère prendre mes congés en septembre.

- Mi sa che ho messo troppe cose in valigia, non riesco a chiuderla.
  Je crois que j'ai mis trop de choses dans ma valise, je n'arrive pas à la fermer.

- Vuoi che ti riporti un ricordo dalla Toscana ?
  Tu veux que je te rapporte un souvenir de Toscane ?

- Mi può indicare la strada sulla piantina ? Non ho il senso dell'orientamento !
  Vous pouvez m'indiquer la route sur le plan ? Je n'ai pas le sens de l'orientation !

- Ho scattato delle foto meravigliose a Palermo, le vuoi vedere ?
  J'ai pris des photos magnifiques à Palerme, tu veux les voir ?

- Devo scaricare sul computer i video delle mie vacanze.
  Je dois transférer sur mon ordinateur les vidéos de mes vacances.

LES MOYENS DE TRANSPORT

la bici : le vélo
il motorino, lo scooter : le scooter
la macchina : la voiture
il pullman : l'autocar
la corriera : le car
l'autostrada : l'autoroute
▸ LA CIRCULATION P. 244
l'autobus : le bus
la stazione degli autobus :
la gare routière
il tram : le tramway
la metro : le métro
la stazione della metro :
la station de métro
la linea : la ligne
l'autista (m.f.) : le chauffeur
la fermata : l'arrêt
il capolinea : le terminus

il treno : le train
la stazione : la gare
il binario : le quai
il vagone, la carrozza : le wagon
lo scompartimento :
le compartiment
il posto (a sedere) : la place
il sedile : le siège
lo strapuntino : le strapontin

l'aereo (m.) : l'avion
l'aeroporto (m.) : l'aéroport
la navetta : la navette
l'imbarco (m.) : l'embarquement
l'hostess (f.) : l'hôtesse
lo steward : le steward
la cintura : la ceinture
il decollo : le décollage
l'atterraggio (m.) : l'atterrissage

la nave : le bateau
il traghetto : le ferry
il porto : le port

la biglietteria : la billetterie
il biglietto : le billet
lo sportello : le guichet

l'orario (m.) : l'horaire
la partenza : le départ
l'arrivo (m.) : l'arrivée
il ritardo : le retard

chiamare un taxi : appeler un taxi
imbarcarsi : embarquer
registrare i bagagli : enregistrer
les bagages
decollare : décoller
atterrare : atterrir
salire / scendere dalla macchina :
monter / descendre de la voiture

L'HÉBERGEMENT

l'albergo : l'hôtel
l'ostello (m.) : l'auberge
l'agriturismo (m.) : le gîte rural
la pensione : la pension
il campeggio : le camping
la tenda : la tente

la camera : la chambre
la singola : la chambre simple
la doppia : la chambre double
la matrimoniale : la chambre
avec un grand lit
la camera con vista : la chambre
avec vue
la mezza pensione : la demi-pension
la pensione completa : la pension
complète

la reception : la réception, l'accueil

la chiave : la clé
la ricevuta, la fattura : la note
il posto macchina : la place
de parking

aperto : ouvert
chiuso : fermé
completo : complet
lussuoso : luxueux
spazioso : spacieux
economico : économique
pulito : propre
sporco : sale
rumoroso : bruyant
facilmente raggiungibile :
facile d'accès

pernottare : passer la nuit
pagare il conto : payer la note

◧)) UN PEU DE CONVERSATION

- Soffro di mal di mare, preferirei prendere l'aereo per andare in Grecia.
  Je suis sujet au mal de mer, je préférerais prendre l'avion pour aller en Grèce.

- Ci hanno perso i bagagli nell'aeroporto di Torino… Che sfiga!
  Ils ont perdu nos bagages à l'aéroport de Turin… Pas de chance!

- Il viaggio in Sardegna mi ha lasciato dei ricordi indimenticabili.
  Le voyage en Sardaigne m'a laissé des souvenirs inoubliables.

- Il volo per Trieste è stato annunciato con tre ore di ritardo.
  Le vol pour Trieste a été annoncé avec trois heures de retard.

- È occupato questo posto? Posso sedermi?
  Cette place est prise? Je peux m'asseoir?

- Non ho obliterato il biglietto, spero che non passi il controllore.
  Je n'ai pas composté mon billet, j'espère que le contrôleur ne va pas passer.

- Hai pensato a fare benzina prima di partire?
  Tu as pensé à prendre de l'essence avant de partir?

- Ci possiamo fermare alla prossima area di sosta? Devo andare al bagno.
  On peut s'arrêter à la prochaine aire d'autoroute? J'ai besoin d'aller aux toilettes.

- Ho trovato delle offerte speciali per vacanze a Firenze all-inclusive.
  J'ai trouvé des offres spéciales pour des vacances à Florence tout compris.

- Per questo prezzo potevamo avere un bell'albergo a quattro stelle! La prossima volta prenoto io.
  Pour ce prix-là on aurait pu avoir un bel hôtel quatre étoiles! La prochaine fois, c'est moi qui réserve.

- Siete fortunati, la vostra camera dà direttamente sul mare!
  Vous avez de la chance, votre chambre donne directement sur la mer!

- La colazione è inclusa nel prezzo? A che ora viene servita?
  Le petit déjeuner est inclus dans le prix? À quelle heure est-il servi?

AU RESTAURANT

il ristorante, la trattoria:
le restaurant
il menù: le menu, la carte
la bevanda: la boisson
il piatto: le plat
l'antipasto (m.): le hors-d'œuvre,
l'entrée
il primo: l'entrée [des pâtes
ou une soupe]
il secondo: le plat de résistance
il contorno: l'accompagnement
il dessert: le dessert
il dolce: le gâteau, le dessert
il caffè: le café
il digestivo: le digestif

il cuoco: le cuisinier
il cameriere: le serveur
il conto: l'addition
la mancia: le pourboire

il cibo da asporto: le plat
à emporter

crudo: cru
al sangue: saignant
ben cotto: bien cuit
scotto: trop cuit [pour les pâtes]
alla piastra: au grill, à la plancha
al vapore: à la vapeur

genuino: authentique
fatto in casa: fait maison
biologico: biologique
vegetariano: végétarien
saporito: savoureux
insipido: insipide, fade
pesante: lourd

assaggiare: goûter
degustare: déguster
assaporare: savourer

((•)) UN PEU DE CONVERSATION

- Abbiamo prenotato un tavolo per otto persone a nome Fabbri.
  Nous avons réservé une table pour huit personnes au nom de Fabbri.

- La pasta va mangiata al dente, in Francia è quasi sempre scotta!
  Les pâtes doivent se manger *al dente*, en France elles sont presque toujours trop cuites!

- Mi scusi, ma questa carne è cruda! L'avevo chiesta ben cotta!
  Excusez-moi, mais cette viande est crue! Je l'avais demandée bien cuite!

- Vorrei un pezzo di quella torta fatta in casa.
  Je voudrais un morceau de cette tarte maison.

- Chiediamo il conto? Questa volta offro io!
  On demande l'addition? Cette fois-ci c'est moi qui invite!

DANS LES BARS ET AUTRES LIEUX PUBLICS

la tavola calda: le snack
il locale: le lieu public [pub, bar]
l'enoteca (f.): le bar à vin
la discoteca: la boîte de nuit
il banco: le comptoir

un espresso: un expresso [serré]
un caffè ristretto: un café serré
un caffè macchiato: un café noisette
un caffè corretto: un café arrosé
[avec une goutte d'alcool]
un caffè shakerato: un café frappé

un cappuccino: un cappuccino
il caffel(l)atte: le café au lait
una cioccolata calda: un chocolat
chaud
una spremuta d'arancia: un jus
d'oranges pressées

la birra: la bière
la birra chiara: la bière blonde
la birra ambrata: la bière ambrée
la birra rossa: la bière rousse
la birra scura: la bière brune

la **birra doppio malto** : la bière double malt

la **birra cruda** : la bière crue
[non pasteurisée]

una **birra alla spina** : une bière pression

il **vino** : le vin
bianco : blanc
rosso : rouge
rosato : rosé
lo **spumante** : le mousseux
il **prosecco** : vin blanc mousseux produit dans la région de Trévise

l'**acqua (f.) naturale** : l'eau plate

l'**acqua (f.) frizzante** : l'eau gazeuse

l'**aperitivo (m.)** : l'apéritif
le **patatine** : les chips
i **salatini** : les biscuits apéritifs
lo **spuntino** : l'en-cas
il **panino** : le sandwich
il **tramezzino** : le sandwich club
[avec pain de mie]

la **pizza al taglio** : la pizza à la coupe

mangiucchiare, spiluccare : grignoter

bere : boire

ubriacarsi : se saouler

brindare, fare un brindisi : trinquer

●)) UN PEU DE CONVERSATION

- Niente vino, grazie, sono astemio.
  Pas de vin, merci, je ne bois jamais d'alcool.

- Che ne dici se andiamo a prendere qualcosa al bar?
  Ça te dirait qu'on aille boire un verre?

- Che sbronza ieri sera! Giuro che per un po' non berrò più!
  Quelle cuite hier soir! Promis, je ne boirai plus pendant un moment!

- Un cornetto, un cappuccino e una spremuta d'arancia, per favore.
  Un croissant, un cappuccino et un jus d'orange s'il vous plaît.

MINI QUIZ

1 Quelle est la différence entre *il conto* et *lo sconto*?

2 Demandez un sandwich au jambon et au fromage.

3 Comment feriez-vous appel à un serveur dans un restaurant?

4 Sur la porte d'entrée d'un restaurant, vous voyez écrit : *Chiuso per ferie*. Qu'est-ce que cela signifie?

5 Sur une addition, en Italie, vous pouvez lire : *Coperto : 2 euro*. Qu'est-ce que cela signifie?

6 Demandez si vous pouvez être remboursé.

7 Demandez à quelle heure part le prochain train pour Milan.

RÉPONSES

1 *Il conto* : l'addition ; *lo sconto* : la remise.
2 *Vorrei un panino con prosciutto e formaggio*.
3 Il y a plusieurs possibilités : *Scusi!, Per favore!, Cameriere!*
4 Fermé pour congés.
5 Il s'agit du prix du couvert par personne, qui peut être en supplément.
6 *Posso essere rimborsato?*
7 *A che ora parte il prossimo treno per Milano?*

13 Les arts et les loisirs

MI PIACE FARE GIARDINAGGIO, È UN PASSATEMPO MOLTO RILASSANTE.

Vous les connaissez. Savez-vous les prononcer?

il teatro ❖ la commedia ❖ la tragedia ❖ il dramma ❖ il pubblico
❖ una maschera ❖ teatrale ❖ la musica ❖ l'armonica ❖ un quadro
❖ la matita ❖ la scultura ❖ la copia ❖ il talento ❖ contemporaneo

LE CINÉMA, LE THÉÂTRE

il **cinema**: le cinéma
il **film**: le film
il **documentario**: le documentaire
il **cortometraggio**: le court-métrage

l'**attore**: l'acteur
l'**attrice**: l'actrice
la **comparsa**: le figurant
il **regista**: le metteur en scène
la **sceneggiatura**: le scénario
la **telecamera, la macchina
da presa**: la caméra
il **costumista**: le costumier
i **costumi**: les costumes
lo **scenografo**: le décorateur,
le scénographe
la **scenografia**: les décors

lo **scenario**: le décor
la **colonna sonora**: la bande-son,
la bande originale
i **sottotitoli**: les sous-titres

lo **spettacolo**: le spectacle, la séance
il **palcoscenico**: la scène
la **platea**: le parterre
la **galleria**: le balcon
le **quinte**: les coulisses

il **sipario**: le rideau
l'**intervallo** (m.): l'entracte

recitare una parte: jouer un rôle
girare un film: tourner un film
fare le prove: répéter
applaudire: applaudir

UN PEU DE CONVERSATION

- Ho comprato due biglietti per l'anteprima dell'ultimo film
  di Martin Scorsese. Ti va di venire con me?
  J'ai acheté deux billets pour l'avant-première du dernier film de Martin Scorsese.
  Ça te dit de venir avec moi?

- Mi tieni un posto vicino a te? Arriverò con un po' di ritardo.
  Tu me gardes une place à côté de toi? Je vais arriver avec un peu de retard.

- Non mi piace il modo in cui quest'attore recita la parte
  del cattivo, non lo trovo molto convincente.
  Je n'aime pas la manière dont cet acteur interprète le rôle du méchant,
  je trouve qu'il n'est pas très convaincant.

- Sbrigati! Se no ci perdiamo l'ultimo spettacolo!
  Dépêche-toi! Sinon on va rater la dernière séance!

LA MUSIQUE

il **concerto** : le concert
il **musicista** : le musicien
lo **spartito** : la partition
il **brano** : le morceau
la **nota** : la note
la **stecca** : la fausse note

uno **strumento (musicale)** :
un instrument (musical)
il **pianoforte** : le piano
l'**organo** (m.) : l'orgue
il **clavicembalo** : le clavecin
la **fisarmonica** : l'accordéon
il **violino** : le violon
la **chitarra** : la guitare
il **basso** : la basse
il **contrabbasso** : la contrebasse

l'**arpa** (f.) : la harpe
il **flauto** : la flûte
il **clarinetto** : la clarinette
la **tromba** : la trompette
il **sassofono** : le saxophone
la **batteria** : la batterie
i **piatti** : les cymbales

il **cantante** : le chanteur
il **cantautore** : l'auteur-compositeur
il **canto** : le chant
la **canzone** : la chanson
il **coro** : le chœur

suonare : jouer
comporre : composer
cantare : chanter

◂)) UN PEU DE CONVERSATION

● Che tipo di musica ascolti?
Quel genre de musique tu écoutes?

● Suono la chitarra da dieci anni, ora vorrei provare il basso.
Je joue de la guitare depuis dix ans, maintenant je voudrais me mettre à la basse.

● Mi sarebbe tanto piaciuto fare il cantante, purtroppo sono stonato!
J'aurais tellement voulu être chanteur, malheureusement je chante faux!

● Questa canzone è così bella che mi fa venire la pelle d'oca.
Cette chanson est si belle qu'elle me donne la chair de poule.

● Alla fine dell'assolo, ci sono stati dieci minuti di applausi.
À la fin du solo, il y a eu dix minutes d'applaudissements.

LES ARTS PLASTIQUES

la **pittura** : la peinture [l'activité]
il **pittore** : le peintre
il **dipinto** : la peinture [l'objet]
il **disegno** : le dessin
lo **schizzo** : l'esquisse, le croquis
un **ritratto** : un portrait

il **pennello** : le pinceau
la **tavolozza** : la palette
i **colori** : les couleurs
gli **acquerelli** : les aquarelles
la **pittura a olio** : la peinture à l'huile
i **pastelli** : les pastels
la **matita** : le crayon

la **scultura** : la sculpture
lo **scultore** : le scupteur
la **statua** : la statue
l'**incisione** (f.) : la gravure
lo **scalpello** : le ciseau

la **mostra** : l'exposition
l'**inaugurazione** (f.) : l'inauguration
l'**allestimento** (m.) : l'aménagement
[d'une exposition]
la **galleria (d'arte)** : la galerie d'art
disegnare : dessiner
dipingere : peindre
scolpire : sculpter
esporre : exposer

- Ho visto la mostra sul Caravaggio quest'inverno a Roma.
  Meravigliosa!
  J'ai vu l'exposition Caravage, cet hiver, à Rome. Magnifique!

- Non credo che quest'esposizione sia aperta di domenica.
  Je ne crois pas que cette exposition soit ouverte le dimanche.

- È vietato usare la macchina fotografica in questo museo.
  Il est interdit d'utiliser l'appareil photo dans ce musée.

- Gli affreschi di Michelangelo nella Cappella Sistina
  sono di una bellezza sconvolgente.
  Les fresques de Michel-Ange à la Chapelle Sixtine sont d'une beauté bouleversante.

- — A che periodo risale quest'opera? — Ai primi dell'Ottocento.
  « De quelle période date cette œuvre ? — Du début du XIXe siècle. »

- A settembre comincio l'Accademia.
  En septembre, je commence les Beaux-Arts.

LA LECTURE

l'**editore** : l'éditeur
il **libraio** : le libraire
la **biblioteca** : la bibliothèque
il **lettore** : le lecteur
lo **scrittore** : l'écrivain
il **romanziere** : le romancier
il **poeta** : le poète
il **saggista** : l'essayiste
il **critico** : le critique

il **libro** : le livre
il **best seller** : le best-seller
il **libro tascabile** : le livre de poche

lo **scritto** : l'écrit
il **romanzo** : le roman
il **racconto** : le conte, le récit
la **novella** : la nouvelle
il **giallo** : le roman policier

il **fumetto** : la bande dessinée
la **poesia** : la poésie
il **saggio** : l'essai

il **capitolo** : le chapitre
il **paragrafo** : le paragraphe
la **riga** : la ligne
il **verso** : le vers
la **strofa** : la strophe

la **critica** : la critique
l'**articolo** (m.) : l'article
la **recensione** : la critique [de livre, de film]

leggere : lire
scrivere : écrire
intitolare : intituler
comporre dei versi : écrire des vers

(•)) UN PEU DE CONVERSATION

- Questo libro ha venduto un milione di copie.
  Ce livre s'est vendu à un million d'exemplaires.

- Ti consiglio di leggere l'ultimo romanzo di Umberto Eco.
  Je te conseille de lire le dernier roman d'Umberto Eco.

- Preferisco i gialli ai romanzi d'avventura.
  Je préfère les romans policiers aux romans d'aventure.

- Ho preso in prestito dei racconti di fantascienza in biblioteca.
  J'ai emprunté des nouvelles de science-fiction à la bibliothèque.

D'AUTRES LOISIRS

il ricamo : la broderie
il giardinaggio : le jardinage
i videogiochi : les jeux vidéo
le parole crociate : les mots croisés
il modellismo : le modélisme
i giochi di società : les jeux
de société
la ceramica : la poterie
il fai da te : le bricolage

ricamare : broder
collezionare : collectionner
lavorare a maglia : tricoter
guardare la tivù : regarder la télé
ascoltare musica : écouter
de la musique
chattare : chatter
bloggare : bloguer

UN PEU DE CONVERSATION

- Mi piace fare giardinaggio, è un passatempo molto rilassante.
  J'aime bien jardiner, c'est un passe-temps très relaxant.

- Mi faresti vedere la tua collezione di francobolli?
  Tu me montrerais ta collection de timbres?

- Ieri sera ho visto un documentario molto interessante sulla vita
  di Luciano Pavarotti.
  Hier soir j'ai vu un reportage très intéressant sur la vie de Luciano Pavarotti.

- Ti va di giocare alla playstation?
  Tu as envie de jouer à la playstation?

- Ogni sera aggiungo un articolo al mio blog di cucina.
  Chaque soir j'ajoute un article à mon blog de cuisine.

MINI QUIZ

1 Traduisez : « faire la queue ».

2 Traduisez : « jouer dans un film / jouer à un jeu / jouer du piano ».

3 Qu'est-ce qu'un *fumettista* ?

4 Traduisez : « aller au cinéma » et « aller au théâtre ».

5 Quelle est la différence entre *la fine* et *il fine* ?

6 Quel est le participe passé de : *leggere*, *comporre*, *scrivere*, *esporre* ?

7 Trouvez l'équivalent français de l'expression : *essere senza arte né parte*.

RÉPONSES
1 *Fare la fila.*
2 *Recitare in un film / giocare ad un gioco / suonare il pianoforte.*
3 Un auteur de bandes dessinées.
4 *Andare al cinema, andare a teatro.*
5 *La fine* : la fin (d'un roman, d'une histoire...), *il fine* : la fin, le but.
6 *Letto, composto, scritto, esposto.*
7 « Ne rien savoir faire de ses dix doigts. »

14 Le sport

NELLA MIA FAMIGLIA, SIAMO TUTTI TIFOSI DEL MILAN.

MD

la ginnastica ❖ atletico ❖ nautico ❖ lo stadio ❖ l'arbitro ❖ la serie A ❖ la vittoria ❖ la medaglia ❖ il campione ❖ bravo ❖ perdere

LES TYPES DE SPORTS

il calcio : le football
il tennis : le tennis
la pallavolo : le volley-ball
la pallamano : le handball
il rugby : le rugby
la pallacanestro, il basket :
le basket-ball

la pallanuoto : le water-polo
il nuoto : la natation
lo stile libero : le crawl
il dorso : le dos crawlé
la rana : la brasse
la farfalla : le papillon

l'atletica (f.) : l'athlétisme
la corsa : la course
la danza : la danse
la scherma : l'escrime

il pattinaggio : le patinage
lo sci : le ski
l'equitazione (f.) : l'équitation
il ciclismo : le cyclisme

il pugilato : la boxe
le arti marziali : les arts martiaux
il judo : le judo
il karate : le karaté

agile : agile
muscoloso : musclé

fare sport : faire du sport
fare ginnastica : faire de l'exercice
fare jogging : faire du jogging
fare trekking : faire de la randonnée
andare a cavallo : monter à cheval
andare in bici : faire du vélo

SUR LE TERRAIN

la palestra : la salle de sport,
le gymnase
il campo : le terrain, le court
lo spogliatoio : le vestiaire

la palla, il pallone : le ballon
la porta : la cage
il portiere : le gardien de but
il goal, la rete : le but

la partita : le match
il punto : le point

il punteggio : le score

l'allenatore (m.) : l'entraîneur
la maglia : le maillot

il rigore : le penalty
il fallo : la faute
l'ammonizione (f.) : l'avertissement

il campionato : le championnat
il torneo : le tournoi
il tifoso : le supporter

c̲o̲rrere: courir	tirare, lanciare: lancer
allenarsi: s'entraîner	saltare: sauter
v̲i̲ncere: gagner	segnare (un goal): marquer
p̲e̲rdere: perdre	(un but)
pareggiare: faire match nul	tuffarsi: plonger
fare il tifo per, tifare: soutenir	
[une équipe]	

(•)) UN PEU DE CONVERSATION

- Dovr̲e̲i smaltire un po' di chili: da domani mi metto a c̲o̲rrere!
  Il faut que j'élimine quelques kilos: à partir de demain je me mets au jogging!

- Ti andrebbe di fare un'escursione con le racchette da neve questo fine settimana?
  Ça te dirait de faire une excursion en raquettes ce week-end?

- Non mi sento più le gambe. Devo assolutamente riposarmi.
  Je ne sens plus mes jambes. Il faut absolument que je me repose.

- Questo atleta ha battuto il r̲e̲cord mondiale nei 500 metri.
  Cet athlète a battu le record mondial du 500 mètres.

- Che brutto fallo! Mi sa che lo squalificano.
  Quelle énorme faute! Je crois qu'il va être disqualifié.

- Il primo tempo è stato davvero noioso, non so se rimango fino alla fine della partita.
  La première mi-temps a été vraiment ennuyeuse, je ne sais pas si je vais rester jusqu'à la fin du match.

- Nella mia fam̲i̲glia, siamo tutti tifosi del Milan.
  Dans ma famille, on soutient tous le Milan AC.

- Il derby Roma-Lazio si è concluso con un pareggio / con uno zero a zero.
  Le derby Rome-Lazio s'est conclu sur un match nul / sur un zéro à zéro.

MINI QUIZ

1 Demandez qui a gagné le match.

2 Qu'est-ce que: *lo scudetto*?

3 Demandez si le port du bonnet est obligatoire dans la piscine.

4 Traduisez: «jouer au foot» et «jouer au basket».

5 Qu'est-ce qu'un: *capocannoniere*?

6 Donnez un équivalent français de l'expression: *cogliere la palla al balzo*.

15 Le temps qu'il fait, le temps qui passe

HAI SENTITO LE PREVISIONI DEL TEMPO?

HANNO ANNUNCIATO LA NEVE PER DOMANI.

•)) Vous les connaissez. Savez-vous les prononcer ?

il meteo ❖ climatico ❖ tropicale ❖ mediterraneo ❖ arido ❖ umido ❖ il termometro ❖ l'aria ❖ piovere ❖ grandinare ❖ l'anticiclone ❖ il cronometro ❖ ieri ❖ dopodomani ❖ mezzanotte ❖ il ritardo ❖ l'anticipo

LE CLIMAT

il clima : le climat
il tempo : le temps
il freddo : le froid
il caldo : la chaleur

la stagione : la saison
la primavera : le printemps
l'estate (f.) : l'été
l'autunno (m.) : l'automne
l'inverno (m.) : l'hiver

il sole : le soleil
il cielo : le ciel
la nuvola, la nube : le nuage
la nebbia : le brouillard
la foschia : la brume

il fulmine : l'éclair
il tuono : le tonnerre
la pioggia : la pluie
il temporale : l'orage
l'acquazzone (m.) : l'averse
la tempesta : la tempête
l'uragano (m.) : l'ouragan

la schiarita : l'éclaircie
l'arcobaleno (m.) : l'arc-en-ciel

il vento : le vent
la neve : la neige
il fiocco : le flocon
la grandine : la grêle
il ghiaccio : la glace
la condensa : la buée

il meteo, le previsioni del tempo : le bulletin météo

sereno : serein, calme
caldo : chaud
mite : doux
fresco : frais
afoso : étouffant, lourd
soleggiato, assolato : ensoleillé
nuvoloso : nuageux
grigio : gris
coperto : couvert
umido : humide

piovere : pleuvoir
nevicare : neiger
grandinare : grêler
soffiare : souffler
bagnarsi : se mouiller

● A causa delle forti piogge, la strada si è riempita di fango.
À cause des fortes pluies, la route est devenue boueuse.

● Una raffica di vento l'ha fatto cadere dalla bici.
Une rafale de vent l'a fait tomber de son vélo.

● Che brutto tempo, piove a dirotto! Non ho proprio voglia
di uscire…
Quel sale temps, il pleut à verse! Je n'ai aucune envie de sortir…

● Hai sentito le previsioni del tempo? Hanno annunciato la neve
per domani.
Tu as écouté la météo? Ils ont annoncé de la neige pour demain.

● Che bella giornata! Ti andrebbe di fare una passeggiata
in centro?
Quelle belle journée! Ça te dirait de faire un tour en ville?

● Quest'estate, in Sicilia, c'era l'afa!
Cet été, en Sicile, il faisait une chaleur étouffante!

● Copriti bene, ci sono appena due gradi fuori.
Couvre-toi bien, il fait à peine deux degrés dehors.

LE TEMPS QUI PASSE

il secondo: la seconde
il minuto: la minute
l'ora (f.): l'heure
un giorno: un jour
la giornata: la journée
la settimana: la semaine
il mese: le mois
l'anno (m.): l'année
un decennio: une décennie
un secolo: un siècle

il passato: le passé
il presente: le présent

il futuro: le futur
l'avvenire (m.): l'avenir

antico: ancien
moderno: moderne
vecchio stile: vieux jeu
contemporaneo: contemporain

andare di moda: être à la mode
essere fuori moda: être démodé
essere in ritardo: être en retard
essere in anticipo: être en avance
anticipare: anticiper
andare di fretta: être pressé(e)

LES MOMENTS DE LA JOURNÉE

l'alba: l'aube
la mattina, il mattino: le matin
la mattinata: la matinée
il pomeriggio: l'après-midi
il tramonto: le coucher de soleil
la sera: le soir
la serata: la soirée

la notte: la nuit

andare a dormire: aller se coucher
dormire: dormir
fare un pisolino: faire une sieste
sognare: rêver (de)
svegliarsi: se réveiller

DEMANDER L'HEURE

che ora è? / che ore sono?:
quelle heure est-il?

sono le cinque e dieci: il est cinq
heures dix

è l'una: il est une heure
è mezzogiorno: il est midi
sono le due: il est deux heures

sono le venti meno cinque:
il est vingt heures moins cinq
mancano tre minuti alle sei:
dans trois minutes, il sera six heures

•)) UN PEU DE CONVERSATION

- Non ho tempo di chiacchierare oggi, non ho un minuto
  da perdere.
  Je n'ai pas le temps de bavarder aujourd'hui, je n'ai pas une minute à perdre.

- È passato un anno dall'ultima volta che ci siamo visti.
  Ça fait un an que l'on ne s'est pas vus.

- Sono due anni che non torno in Italia, mi sembra un secolo!
  Je ne suis pas retournée en Italie depuis deux ans, ça me paraît une éternité!

- — Che ore sono? — Le tre meno un quarto. — Siamo in ritardo!
  « Quelle heure est-il? — Trois heures moins le quart. — On est en retard! »

- Guarda che bel tramonto!
  Regarde ce beau coucher de soleil!

- Ho passato una nottata orribile, soffro d'insonnia.
  J'ai passé une nuit horrible, je fais de l'insomnie.

MINI QUIZ

1 Trouvez l'équivalent italien des expressions: « Il fait un froid de canard /
de chien! »

2 Vrai ou faux: « la lampe » se traduit par *il lampo*?

3 Traduisez: « un coup de vent ».

4 Quel est l'équivalent français de l'expression: *cadere dalle nuvole*?

5 Traduisez: *Mi ha fulminato con lo sguardo.*

6 Demandez quel temps est annoncé pour demain.

7 Lisez en italien les heures suivantes: il est 13h44, 23h02, 8h15, 12h00.

16 La nature et l'environnement

Vous les connaissez. Savez-vous les prononcer ?

l'orizzonte ❖ atmosferico ❖ potabile ❖ il vegetale ❖ un platano ❖ botanico ❖ la benzina ❖ combustibile ❖ l'industria ❖ OGM ❖ l'ozono ❖ tossico ❖ acido ❖ biodegradabile ❖ rinnovabile

NATURE ET PAYSAGE

il paesaggio : le paysage
il panorama : le panorama
il belvedere : le belvédère

l'aria (f.) : l'air
il fuoco : le feu
la terra : la terre
l'acqua (f.) : l'eau

il mare : la mer
la costa : la côte
la riva : la rive
la baia : la baie
la spiaggia : la plage
la sabbia : le sable
i sassi : les galets
il bagnasciuga : le rivage
l'onda (f.) : la vague
la schiuma, la spuma : l'écume

il lago : le lac
lo stagno : la mare
la pozzanghera : la flaque
il fiume : le fleuve

la piena : la crue
il ruscello : le ruisseau
il torrente : le torrent
la cascata : la cascade

la pianura : la plaine
l'altopiano (m.) : le plateau
la collina : la colline
il monte : le mont
la montagna : la montagne
la vetta, la cima : le sommet
il sentiero : le sentier
il bosco : le bois
la foresta : la forêt
il deserto : le désert

calmo : calme
mosso : agité
profondo : profond

ripido : raide
scosceso : escarpé
pericoloso : dangereux

UN PEU DE CONVERSATION

- L'incendio di quest'estate ha deturpato il paesaggio.
  L'incendie de cet été a défiguré le paysage.

- Dal belvedere di Tivoli si può contemplare Roma in lontananza.
  Du belvédère de Tivoli, on peut contempler Rome au loin.

- La baia di Napoli mi ha davvero incantato!
  La baie de Naples m'a véritablement enchanté !

- In Sardegna, ci sono tante spiagge bellissime ed incontaminate.
  En Sardaigne, il y a beaucoup de plages très belles et non polluées.

- Fermiamoci un po' in riva al lago, per goderci il panorama.
  Arrêtons-nous un moment au bord du lac pour profiter de la vue.

- A Pasquetta, gli italiani hanno l'abitudine di fare un picnic
  in campagna.
  Le lundi de Pâques, les Italiens ont l'habitude de pique-niquer à la campagne.

- Mi ha promesso mare e monti, ma alla fine non abbiamo
  combinato niente.
  Il m'a promis monts et merveilles mais, finalement, on n'a rien conclu du tout.

LES VÉGÉTAUX

la pianta: la plante
l'albero (m.): l'arbre
la radice: la racine
il tronco: le tronc
la corteccia: l'écorce
la resina: la résine
il ramo: la branche
la foglia: la feuille

il pino: le pin
l'abete (m.): le sapin
l'olmo (m.): l'orme
la quercia: le chêne
il cipresso: le cyprès
l'ulivo (m.): l'olivier
la vite: la vigne
l'edera (f.): le lierre
l'alloro (m.): le laurier

il pero: le poirier
il melo: le pommier
l'arancio: l'oranger
il limone: le citronnier

l'erba (f.), il prato: le gazon
l'aiuola (f.): le parterre
il cespuglio: le buisson

la siepe: la haie
il giardino: le jardin
l'orto (m.): le jardin potager

il seme: la graine
il fiore: la fleur
il petalo: le pétale
il pistillo: le pistil
il gambo, lo stelo: la tige
la spina: l'épine

la rosa: la rose
il garofano: l'œillet
il tulipano: la tulipe
il girasole: le tournesol
il giglio: le lys
la mimosa: le mimosa
la viola: la violette
la lavanda: la lavande

folto: touffu
secco: sec
spoglio: dépouillé

crescere: pousser
germogliare: germer
fiorire: fleurir
appassire, sfiorire: faner, se flétrir

◉)) UN PEU DE CONVERSATION

● Il mazzo di fiori che mi hai regalato ieri (si) è già appassito…
Che peccato!
Le bouquet de fleurs que tu m'as offert hier s'est déjà fané… Quel dommage !

● Monet ha dipinto molte ninfee bianche.
Monet a peint beaucoup de nénuphars blancs.

● Vai a vedere nel giardino, sono sbocciate le rose!
Va voir dans le jardin, les roses se sont ouvertes !

● L'autunno è la stagione migliore per piantare gli alberi da frutto.
L'automne est la meilleure saison pour planter les arbres fruitiers.

■ LES ANIMAUX

il cane : le chien
il gatto : le chat
il maiale : le cochon
il cinghiale : le sanglier
la vacca : la vache
la mucca : la vache (laitière)
il bue : le bœuf
il vitello : le veau
il montone : le bélier,
le mouton [la viande]
l'agnello (m.) : l'agneau
la capra : la chèvre
la pecora : la brebis,
le mouton [en général]
il cavallo : le cheval
il coniglio : le lapin
la lepre : le lièvre
lo scoiattolo : l'écureuil
la volpe : le renard
il lupo : le loup

il gallo : le coq
la gallina : la poule
il pulcino : le poussin

l'uccello (m.) : l'oiseau
il piccione : le pigeon
il gabbiano : la mouette
il passero : le moineau
l'aquila (f.) : l'aigle
il corvo : le corbeau
la civetta : la chouette
il gufo : le hibou

il pesce : le poisson
la trota : la truite
il pesce spada : l'espadon
il delfino : le dauphin
lo squalo : le requin
▸ LE POISSON ET LES FRUITS DE MER P. 240

la mosca : la mouche
la zanzara : le moustique
l'ape (f.) : l'abeille
la vespa : la guêpe
la farfalla : le papillon
la coccinella : la coccinelle
la formica : la fourmi
la cicala : la cigale
il grillo : la sauterelle
il ragno : l'araignée
lo scorpione : le scorpion
il serpente : le serpent
la lucertola : le lézard
la rana : la grenouille
il rospo : le crapaud

selvaggio : sauvage
addomesticato : apprivoisé
inoffensivo : inoffensif

cacciare : chasser
pescare : pêcher

miagolare : miauler
abbaiare : aboyer
nitrire : hennir

- Questo paesino è pieno di cani randagi.
  Ce village est plein de chiens errants.

- Ieri, alla festa di Luca, mi sono sentito come un pesce fuor d'acqua.
  Hier, à la fête de Luca, je ne me suis pas senti dans mon élément.

- Mi ha punto una zanzara.
  Je me suis fait piquer par un moustique.

- Non sono riuscita a trovare un insetticida efficace per il mio viaggio in Australia.
  Je n'ai pas réussi à trouver un insecticide efficace pour mon voyage en Australie.

- Guarda, hai una coccinella sulla spalla! Sai che porta fortuna?
  Regarde, tu as une coccinelle sur l'épaule! Ça porte bonheur, tu sais?

LES ENJEUX ENVIRONNEMENTAUX

il pianeta: la planète
l'ambiente (m.): l'environnement
l'ecosistema (m.): l'eco-système
le risorse naturali: les ressources naturelles

l'inquinamento (m.): la pollution
il danno: le dégât
la minaccia: la menace

il biossido di carbonio: le dioxyde de carbone
l'effetto serra (m.): l'effet de serre
le piogge acide: les pluies acides
il cambiamento climatico: le changement climatique
il riscaldamento: le réchauffement
lo strato di ozono: la couche d'ozone
lo scioglimento dei ghiacciai: la fonte des glaces
le inondazioni: les inondations
il disboscamento: le déboisement
la siccità: la sècheresse
la desertificazione: la désertification
la marea nera: la marée noire
una specie in via di estinzione: une espèce en voie de disparition

i pesticidi: les pesticides
i rifiuti: les déchets
la discarica: la décharge

la salvaguardia dell'ambiente: la protection de l'environnement
la raccolta differenziata: le tri sélectif des déchets
il riciclaggio: le recyclage
l'energia (f.) eolica: l'énergie éolienne
l'energia (f.) fotovoltaica: l'énergie photovoltaïque
l'agricoltura (f.) biologica: l'agriculture biologique
il commercio equo-solidale: le commerce équitable
lo sviluppo sostenibile: le développement durable

inquinato: pollué
transgenico: transgénique
nucleare: nucléaire
radioattivo: radioactif
nocivo: nocif

contaminare: contaminer
distruggere: détruire
devastare: dévaster
sprecare: gaspiller

proteggere: protéger
mobilitarsi: se mobiliser
riciclare: recycler
smaltire: éliminer

UN PEU DE CONVERSATION

- La frequenza delle inondazioni sta aumentando notevolmente.
  La fréquence des inondations augmente beaucoup actuellement.

- Che bello farsi il bagno in un'acqua pulita!
  C'est super de se baigner dans une eau propre !

- La mia prossima macchina sarà sicuramente un modello ibrido,
  inquina di meno.
  Ma prochaine voiture sera sûrement un modèle hybride, ça pollue moins.

- I movimenti ambientalisti hanno un ruolo sempre
  più importante.
  Les mouvements écologistes ont un rôle de plus en plus important.

- È difficile pronunciarsi sugli OGM. Il dibattito è molto
  complesso.
  Difficile de se prononcer sur les OGM. Le débat est très compliqué.

MINI QUIZ

1 Traduisez : « On m'a volé mon portefeuille. / L'oiseau vole dans le ciel. »

2 Traduisez : « Ces fleurs sentent bon. »

3 Quel est l'équivalent français du proverbe : *Non sa che pesci pigliare* ?

4 Quelle différence y a-t-il entre *il melo* et *la mela* ?
Pouvez-vous donner d'autres exemples ?

5 Quel est l'équivalent français de l'expression : *il fior fiore* ?

6 Quel est le pluriel de *la specie* ?

7 Vrai ou faux : « l'ambiance » se traduit par *l'ambiente* ?

8 Traduisez : « l'économie d'énergie ».

ACCENDI LA RADIO, COSÌ ASCOLTIAMO IL NOTIZIARIO SUL TRAFFICO.

Vous les connaissez. Savez-vous les prononcer?

il lettore ❖ il periodico ❖ la colonna ❖ la rubrica ❖ l'articolo ❖ il titolo
❖ l'editoriale ❖ critico ❖ satirico ❖ neutro ❖ il microfono
❖ il programma ❖ radiofonico ❖ la pubblicità ❖ pubblicitario

LA PRESSE ÉCRITE

la stampa: la presse
un quotidiano: un quotidien
una rivista: une revue
un settimanale: un hebdomadaire
un mensile: un mensuel
uno speciale: un hors-série

l'edicola (f.): le kiosque à journaux

la cronaca nera: les faits divers
la cronaca rosa: la rubrique *people*

la copertina: la couverture
la testata: le titre
un annuncio: une petite annonce
una vignetta: une vignette,
un dessin humoristique
l'intervista (f.): l'interview
una notizia: une nouvelle
la fonte: la source
l'indagine (f.): l'enquête

polemico: polémique
scandalistico: à scandale

UN PEU DE CONVERSATION

- Il ministro degli Interni ha rilasciato un'intervista che farà
scalpore al quotidiano *La Repubblica*.
Le ministre de l'Intérieur a accordé une interview qui fera beaucoup de bruit
au quotidien *La Repubblica*.

- Le immagini dell'incidente aereo sono in prima pagina su tutti
i giornali.
Les images de l'accident d'avion font la une de tous les journaux.

- Ci sono diversi opinionisti famosi che scrivono sull'*Espresso*.
Il y a un certain nombre de journalistes d'opinion célèbres qui écrivent
dans l'*Espresso*.

- Hai visto? C'è il film *Caro diario* di Nanni Moretti,
in allegato con il *Corriere della Sera*.
Tu as vu? Il y a le film *Journal intime* de Nanni Moretti en vente
avec le *Corriere della Sera*.

- È uscita oggi in edicola una nuova rivista di arte contemporanea.
Une nouvelle revue d'art contemporain est sortie aujourd'hui dans les kiosques.

LA RADIO ET LA TÉLÉVISION

la stazione radio(fonica): la station de radio
la frequenza: la fréquence
la tivù: la télé
il canale: la chaîne
il telecomando: la télécommande
l'antenna parabolica: l'antenne parabolique
il decoder: le décodeur
il digitale terrestre: la TNT

il programma, la trasmissione: l'émission
il notiziario: le journal radio
il telegiornale: le journal télévisé
il servizio: le reportage
il telefilm: la série télévisée
lo sceneggiato, la telenovela: le feuilleton
il telequiz: le jeu télévisé

il presentatore, il conduttore: le présentateur
il conduttore radiofonico, lo speaker: l'animateur de radio
gli ascoltatori: les auditeurs
i telespettatori: les téléspectateurs
il canone: la redevance

satellitare: par satellite
via cavo: par câble
in diretta: en direct
in differita: en différé

trasmettere: émettre, retransmettre
mandare in onda: diffuser, passer à l'antenne
andare in onda: être diffusé(e)
condurre / presentare una trasmissione: présenter une émission
alzare / abbassare il volume: augmenter / baisser le volume
registrare: enregistrer

UN PEU DE CONVERSATION

- Accendi la radio, così ascoltiamo il notiziario sul traffico.
  Allume la radio, comme ça on écoute les infos sur la circulation.

- Sei rimasto incollato alla tivù tutto il giorno! Perché non esci un po'?
  Tu es resté collé devant la télé toute la journée! Pourquoi tu ne sors pas un peu?

- C'è stato un dibattito molto animato nella trasmissione condotta da Fiorello.
  Il y a eu un débat très animé dans l'émission présentée par Fiorello.

- Ho guardato le previsioni del tempo, domani piove ancora.
  J'ai regardé la météo, demain il pleut encore.

- Non cambiare canale, ti prego, vorrei guardare la partita!
  Ne change pas de chaîne je t'en prie, je voudrais regarder le match!

- La telenovela preferita da mia nonna è *Beautiful*.
  Le feuilleton préféré de ma grand-mère est *Amour, Gloire et Beauté*.

- Mio zio è andato in televisione, ha partecipato ad un telequiz.
  Mon oncle est passé à la télévision, il a participé à un jeu télévisé.

- Tra uno schermo LCD e uno al plasma, non saprei cosa scegliere.
  Entre un écran LCD et un écran plasma, je ne saurais pas quoi choisir.

- Perché il lettore DVD non si accende più?
  Pourquoi est-ce que le lecteur DVD ne s'allume plus?

1 Quel est le contraire de : *Alza il volume* et de *Accendi la tivù* ?

2 Traduisez : « Le film passera à 21 heures. »

3 Donnez l'équivalent français du mot : *teledipendente*.

4 Quel est le féminin de : *presentatore, ascoltatore, conduttore* ?

5 Quel est le pluriel de : *la pubblicità, la tivù* ?

6 Qu'est-ce que la *Rai* ?

7 Traduisez : « un reportage photographique ».

8 Quel est le participe passé de : *accendere, spegnere, condurre* ?

HO LA BATTERIA SCARICA,

TI RICHIAMO PIÙ TARDI.

•» Vous les connaissez. Savez-vous les prononcer?

il telefono ❖ la suoneria ❖ il numero ❖ l'sms ❖ la tastiera ❖ chiamare ❖ telefonare ❖ il destinatario ❖ il messaggio ❖ elettronico ❖ un CD ❖ un DVD ❖ portatile ❖ corrispondere

LE TÉLÉPHONE

il **telefono** (fisso): le téléphone (fixe)
il **telefonino**, il **cellulare**: le portable
la **batteria**: la batterie
il **caricabatteria**: le chargeur
la **suoneria**: la sonnerie
lo **squillo**: la sonnerie [signal sonore]
il **segnale**: le signal
la **linea**: la ligne
la **telefonata**: le coup de fil
la **chiamata**: l'appel

la **cornetta**: le combiné
la **scheda telefonica**: la carte prépayée
l'**elenco** (m.) **telefonico**: l'annuaire
la **segreteria** (**telefonica**): le répondeur
rispondere: répondre, décrocher
comporre: composer
interrompere: couper
riattaccare, **riagganciare**: raccrocher

(•») UN PEU DE CONVERSATION

- Pronto, sono Roberta, vorrei parlare con Mauro.
  Allô, c'est Roberta, je voudrais parler avec Mauro.

- Attenda in linea!
  Ne quittez pas!

- C'è poco campo, la sento malissimo. Pronto?... È caduta la linea.
  Il n'y a pas assez de réseau, je vous entends très mal. Allô?... On a été coupés.

- Ho la batteria scarica, ti richiamo più tardi.
  Je n'ai plus de batterie, je te rappelle plus tard.

- Risponde la segreteria telefonica del numero 340 69 13 705.
  Lasciate un messaggio dopo il segnale acustico.
  Bonjour, vous êtes bien au 340 69 13 705. Veuillez laisser un message après le bip.

- Perché non mi chiami sul fisso? Costa meno.
  Pourquoi tu ne m'appelles pas sur mon fixe? C'est moins cher.

- L'utente da Lei chiamato non è al momento raggiungibile.
  La preghiamo di riprovare più tardi.
  Le numéro que vous avez demandé n'est pas disponible pour le moment.
  Veuillez rappeler plus tard.

ÉCRIRE UNE LETTRE

Informel	Formel
caro, cara, cari, care	Gentile Signore Egregio Professore
carissimo	Signor Direttore
ciao Paolo	Spettabile Ditta, Spett. Ditta [pour s'adresser à une entreprise]

COMMENCER UNE LETTRE

Informel	Formel
Come stai?	Abbiamo l'onore di informarVi...
Ti scrivo per avere tue notizie.	Mi permetto di scriverLe per...

Scusami se non ti ho
  risposto prima.
	Ci rincresce molto di non poter
	  soddisfare la Sua richiesta.

Mi dispiace tanto di non
  avere avuto il tempo
  di salutarti.
	La ringrazio di avermi risposto
	  così rapidamente.

TERMINER UNE LETTRE

Informel	Formel
Tanti baci e a presto.	Cordiali saluti.
Tanti cari saluti.	Distinti saluti.
Un abbraccio.	Le porgo i miei più cordiali saluti.
Un bacio a tutti.	Vogliate gradire i miei sinceri saluti.
	RingraziandoVi anticipatamente, Vi porgo i migliori saluti.
	In attesa di una Vostra gentile risposta, Vi porgo i miei più distinti saluti.

LE COURRIER POSTAL

la posta : le courrier
il postino : le facteur
la lettera : la lettre
la cartolina : la carte postale
il mittente : l'expéditeur
il destinatario : le destinataire
il codice postale : le code postal
la busta : l'enveloppe
il francobollo : le timbre
la raccomandata : le recommandé
il pacco : le colis
il vaglia : le mandat (postal)

la buca delle lettere :
la boîte aux lettres [publique]
la cassetta delle lettere :
la boîte aux lettres [privée]

affrancare : affranchir
imbucare una lettera : poster
une lettre
spedire : envoyer
ricevere : recevoir
firmare : signer

⏺) UN PEU DE CONVERSATION

- Sa per caso a che ora chiudono gli uffici postali di sabato?
Vous savez, par hasard, à quelle heure ferme la Poste le samedi?

- Non ho mai ricevuto il tuo pacco, si sarà perso…
Je n'ai jamais reçu ton colis, il a dû se perdre…

- È più sicuro mandare una lettera raccomandata con ricevuta di ritorno.
C'est plus sûr d'envoyer une lettre recommandée avec accusé de réception.

▪ E-MAILS ET INTERNET

il **computer**: l'ordinateur
il **tablet**: la tablette
lo **schermo**: l'écran
l'**hard disk (esterno)**: le disque dur (externe)
il **mouse**: la souris
la **chiavetta USB**: la clé USB
la **stampante**: l'imprimante

il **software**: le logiciel
l'**applicazione (f.)**: l'application
il **file**: le fichier
il **salvataggio**: la sauvegarde
la **cartella**: le dossier
il **virus**: le virus
l'**antivirus**: l'antivirus
la **rete**: la toile
il **server**: le serveur
la **connessione**: la connexion
il **wireless**: le Wi-Fi
il **sito**: le site
la **homepage**: la page d'accueil
il **link**: le lien
il **social network**: le réseau social

il **nome utente**: le nom d'utilisateur
la **password**: le mot de passe
l'**account (m.)**: le compte
l'**indirizzo (m.) e-mail**: l'adresse e-mail
la **mail**: le mail
la **chiocciola**: l'arobase
l'**allegato (m.)**: la pièce jointe

acceso: allumé
spento: éteint
guasto: en panne
connesso: connecté
sconnesso: déconnecté

cliccare: cliquer
fare copia incolla: faire un copier-coller
salvare: sauvegarder
aggiornare: mettre à jour
scannerizzare: scanner
navigare su internet: surfer sur le net
chattare: chatter
scaricare: télécharger
[sur son ordinateur]
digitalizzare: numériser

⏺) UN PEU DE CONVERSATION

- Posso spegnere il computer o ne hai ancora bisogno?
Je peux éteindre l'ordinateur ou tu en as encore besoin?

- In quale cartella hai messo le foto che abbiamo scannerizzato ieri?
Dans quel dossier tu as mis les photos qu'on a scannées hier?

- Se hai bisogno di una stampante, ti presto la mia.
Si tu as besoin d'une imprimante, je te prête la mienne.

- Devo assolutamente aggiornare il mio antivirus.
  Il faut absolument que je mette à jour mon antivirus.

- Ti sei collegato? Non ti vedo in linea.
  Tu t'es connecté? Je ne te vois pas en ligne.

- Potrebbe farmi una copia del documento e spedirmela via mail?
  Pouvez-vous me faire une copie du document et me l'envoyer par mail?

- Consultate il mio sito web e troverete tutte le informazioni.
  Consultez mon site web et vous trouverez tous les renseignements.

MINI QUIZ

1 Épelez les adresses suivantes : johann38@yahoo.fr
et http://www.roma.it.

2 Traduisez : « C'est encore occupé, j'essayerai de l'appeler demain. »

3 Lisez en italien le numéro de téléphone suivant : 0734 95 80 56.

4 Traduisez : « Ne quittez pas, je vous le passe. »

5 Trouvez l'équivalent français de l'expression : *sbattere il telefono in faccia*.

6 Que signifie : *fare uno squillo* ?

7 Est-ce que le mot *firma* signifie « la firme » ?

8 Qu'est-ce qu'une *raccomandata con ricevuta di ritorno* ?

19 La vie en société

xenofobo ❖ drogato ❖ la vittima ❖ un colpevole ❖ il diritto
❖ la magistratura ❖ la procura ❖ l'accusa ❖ l'alibi ❖ arrestato
❖ condizionale ❖ la cauzione ❖ un detenuto ❖ liberare ❖ la grazia

LES COMPOSANTES SOCIALES

il cittadino: le citoyen
la scala sociale: l'échelle sociale
la classe operaia: la classe ouvrière
la classe media: la classe moyenne
la borghesia: la bourgeoisie
l'alta borghesia (f.): la grande
bourgeoisie
la classe dirigente: la classe
dirigeante
un alto funzionario: un haut
fonctionnaire
un proprietario: un propriétaire
un latifondista: un grand
propriétaire terrien

una casta: une caste
una minoranza: une minorité

la mescolanza: la mixité
il razzismo: le racisme

la gerarchia: la hiérarchie
lo statuto: le statut
il privilegio: le privilège

rurale: rural
urbano: urbain
sfavorito: défavorisé

relazionarsi con:
avoir des relations avec
essere in contatto con:
être en contact avec
avanzare di grado: gravir les échelons
convivere: cohabiter
frequentare: fréquenter

)) UN PEU DE CONVERSATION

● Questo quartiere popolare è stato riqualificato, ora ci abitano
i radical-chic.
Ce quartier populaire a été réhabilité, maintenant ce sont les bobos qui y habitent.

● Gli operai hanno scioperato contro la delocalizzazione della
produzione in Cina.
Les ouvriers ont fait une grève contre la délocalisation de la production en Chine.

● È difficile far convivere popolazioni diverse nella stessa periferia?
Est-ce difficile de faire cohabiter différentes populations dans une même
banlieue?

● Non sapevo che avessi il sangue blu!
Je ne savais pas que tu avais du sang bleu dans les veines!

un **senzatetto**: un sans-abri
un **profugo, uno sfollato**: un réfugié
un **clandestino**: un sans-papiers

la **povertà**: la pauvreté
la **precarietà**: la précarité
la **discriminazione**: la discrimination
la **violenza coniugale**: la violence conjugale

la **droga**: la drogue
uno **spinello, una canna**: un joint
un **narcotrafficante**: un trafiquant de drogue
uno **spacciatore**: un dealer
un **alcolizzato**: un alcoolique
la **disintossicazione**: la désintoxication

la **solidarietà**: la solidarité

un **centro di accoglienza**: un centre d'accueil
i **servizi sociali**: les services sociaux
l'**assistente (m.f.) sociale**: l'assistant social

malmenato: malmené
aggredito: agressé

rubare: voler
svaligiare: cambrioler
aggredire: agresser
picchiare: frapper
rapire: kidnapper
stuprare: violer
uccidere, ammazzare: tuer
giustiziare: exécuter
spacciare: dealer
disintossicarsi: se désintoxiquer
assistere: assister, aider

UN PEU DE CONVERSATION

- Luca ha deciso di farsi curare in una clinica per tossicodipendenti.
  Luca a décidé de se faire soigner dans une clinique pour toxicomanes.

- Hanno smantellato una rete di spaccio di cocaina ed eroina.
  Un réseau de trafic de cocaïne et d'héroïne a été démantelé.

- I ragazzi cominciano a fumare sempre prima.
  Les jeunes commencent à fumer de plus en plus tôt.

- Credo che subisca violenze a casa, ha bisogno di aiuto.
  Je crois qu'il/elle subit des violences à la maison, il/elle a besoin d'aide.

LA JUSTICE

la **legge**: la loi
il **codice civile / penale**: le code civil / pénal
il **tribunale**: le tribunal
la **Corte costituzionale**: la Cour constitutionnelle
un **processo**: un procès
un **giudice**: un juge
un **avvocato**: un avocat

il **teste, il testimone**: le témoin
l'**imputato (m.)**: l'inculpé, l'accusé
l'**indagato (m.)**: la personne mise en examen

il **reato**: le délit
una **condanna**: une condamnation
una **multa, una contravvenzione**: une amende
la **pena**: la peine
il **carcere, la prigione**: la prison

sporgere denuncia: porter plainte
denunciare: dénoncer
testimoniare: témoigner
accusare: accuser
difendere: défendre
scagionare: innocenter
arrestare: arrêter

incarcerare : incarcérer
condannare all'ergastolo :
condamner à perpétuité

presentare appello : faire appel
espiare, scontare : purger une peine

UN PEU DE CONVERSATION

- In Italia, la pena di morte fu abolita nel 1948.
  En Italie, la peine de mort a été abolie en 1948.

- Mi avvalgo della facoltà di non rispondere. Prima voglio parlare con il mio avvocato.
  Je me réserve le droit de ne pas répondre. Je veux d'abord parler avec mon avocat.

- Mi sono iscritto ad un'associazione per la difesa dei diritti umani nel mondo.
  Je me suis inscrit à une association de défense des droits de l'homme dans le monde.

- Si è aperta una grande inchiesta sulla corruzione all'interno dello Stato.
  Une grande enquête a été ouverte sur la corruption au sein de l'État.

- Mani in alto! La dichiaro in arresto!
  Haut les mains, vous êtes en état d'arrestation !

- È stato arrestato in flagranza di reato.
  Il a été arrêté en flagrant délit.

MINI QUIZ

1 Quel est le contraire de : *innocente* ?

2 Que signifie : *irrevocabile* ?

3 Quelle différence y a-t-il entre : *alcolizzato* et *alcolico* ?

4 Que sont : *gli arresti domiciliari* ?

5 Traduisez : « Au secours ! Au voleur ! »

6 Quel est le participe passé de : *uccidere*, *difendere*, *corrompere* ?

7 Traduisez : « appeler les secours ».

8 Existe-t-il un équivalent français du mot : *astemio* ?

RÉPONSES

1 *Colpevole.*
2 Sans appel.
3 *Alcolizzato* : alcoolique (une personne) ≠ *alcolico* : alcoolisé (une boisson).
4 L'assignation à résidence.
5 *Aiuto ! Al ladro !*
6 *Ucciso, difeso, corrotto.*
7 *Chiamare i soccorsi.*
8 Il n'y a pas de mot courant en français pour désigner une personne qui ne boit pas d'alcool. Le mot « abstème » est savant.

20 La politique

Vous les connaissez. Savez-vous les prononcer ?

governare ❖ il ministro ❖ il dittatore ❖ dirigere ❖ la monarchia ❖ il totalitarismo ❖ l'imperatore ❖ anarchico ❖ l'ideologia ❖ politico ❖ il ministero ❖ un partito ❖ un candidato ❖ onesto ❖ trasparente ❖ il Parlamento ❖ municipale ❖ il referendum ❖ l'elettore ❖ l'Europa

L'ÉTAT

lo Stato : l'État
il potere : le pouvoir
la democrazia : la démocratie
la Costituzione : la Constitution

il capo dello Stato : le chef d'État
il Presidente della Repubblica : le président de la République
il governo : le gouvernement
il Presidente del Consiglio, il premier : le président du Conseil
il portavoce : le porte-parole

un regime : un régime
il re : le roi
la dittatura : la dictature
un colpo di Stato : un coup d'État
la censura : la censure
una manifestazione : une manifestation

una rivoluzione : une révolution
la guerra : la guerre
il genocidio : le génocide
il terrorismo : le terrorisme
la tregua : la trêve
la pace : la paix

esecutivo : exécutif
legislativo : législatif
giudiziario : judiciaire

repubblicano : républicain
democratico : démocrate
rivoluzionario : révolutionnaire
totalitario : totalitaire

dirigere : diriger
regnare : régner
reprimere : réprimer
manifestare : manifester

UN PEU DE CONVERSATION

- Il Presidente del Consiglio ha dato le dimissioni.
  Le président du Conseil a donné sa démission.
- Il regime fascista crollò ufficialmente in Italia con la Liberazione, il 25 aprile del 1945.
  Le régime fasciste s'écroula officiellement en Italie avec la Libération, le 25 avril 1945.
- Ieri mattina hanno arrestato un capo terrorista.
  Un chef terroriste a été arrêté hier matin.

- Nel 2011, a Roma, è stata organizzata una grandissima manifestazione per la dignità delle donne.
Une très grande manifestation pour la dignité des femmes a été organisée à Rome, en 2011.

LES INSTITUTIONS

il **Parlamento**: le parlement
la **Camera dei deputati**: l'Assemblée nationale
il **Senato**: le Sénat
il **seggio**: le siège

palazzo Chigi: siège du président du Conseil italien
palazzo Madama: siège du Sénat de la République italienne
il **Quirinale**: la résidence du Président de la République italienne
Montecitorio: siège de la Chambre des députés italienne

la **legge**: la loi
un **decreto**: un arrêté
una **direttiva**: une directive

il **municipio**: la mairie
il **sindaco**: le maire
il **consigliere municipale**: le conseiller municipal

l'**esercito** (m.), le **Forze Armate**: l'armée

la **Polizia di Stato**: la police nationale
un **agente delle forze mobili di polizia**: un CRS

la **campagna elettorale**: la campagne électorale
le **elezioni**: les élections
le **elezioni politiche**: les élections législatives
le **elezioni amministrative**: les élections régionales / municipales
l'**elettorato** (m.): l'électorat
l'**elettore** (m.): l'électeur
la **scheda elettorale**: le bulletin de vote
il **seggio elettorale**: le bureau de vote
il **voto**: le vote, la voix
il **candidato**: le candidat
il **suffragio**: le suffrage

candidarsi: se porter candidat
votare: voter
eleggere: élire
chiamare alle urne: appeler aux urnes

LES PARTIS

la **destra**: la droite
la **sinistra**: la gauche
il **centro**: le centre
l'**estrema destra / sinistra** (f.): l'extrême droite / gauche

la **maggioranza**: la majorité
l'**opposizione** (f.): l'opposition
il **compromesso**: le compromis
l'**impegno** (m.): l'engagement

un **politico**: un homme politique
un **leader**: un leader
un **militante**: un militant

un **comizio**: un meeting
un **intervento**: une intervention

conservatore: conservateur
liberale: libéral
moderato: modéré
socialista: socialiste
comunista: communiste
verde: vert

convincente: convaincant
sincero: sincère
ipocrita: hypocrite

aderire: adhérer
sostenere: soutenir
proporre: proposer
discutere di, dibattere: débattre
argomentare: argumenter

- La legge sul matrimonio omosessuale non è stata approvata.
  La loi sur le mariage homosexuel n'a pas été approuvée.

- È stata votata una nuova legge per lottare contro il mobbing.
  Une nouvelle loi a été votée pour lutter contre le harcèlement moral.

- Con le sue riforme, è riuscito a conquistare l'elettorato
  di estrema destra.
  Avec ses réformes, il a réussi à conquérir l'électorat d'extrême droite.

- Se cadrà il governo, bisognerà tornare alle urne.
  Si le gouvernement tombe, il faudra retourner aux urnes.

- Il confronto televisivo tra i due candidati è stato appassionante.
  Le débat télévisé entre les deux candidats a été passionnant.

- Sai già per chi voterai alle prossime elezioni regionali?
  Tu sais déjà pour qui tu vas voter aux prochaines élections régionales ?

- Non sapendo per chi votare, mi sono astenuto.
  Ne sachant pour qui voter, je me suis abstenu.

- Il leader socialista è stato rieletto con la maggioranza assoluta.
  Le leader socialiste a été réélu à la majorité absolue.

- Il problema fondamentale è che manca una vera opposizione.
  Le problème fondamental, c'est qu'il manque une véritable opposition.

MINI QUIZ

1 Donnez le pluriel, le féminin singulier et le féminin pluriel de : *il re*.
2 Où se trouvent en Italie la présidence de la République et la présidence du Conseil?
3 Comment traduit-on : « changer de ministre », « changer de parti » ?
4 Quel est le participe passé de : *eleggere* ?
5 Quand fut proclamée l'unité italienne ?

RÉPONSES
1 *Il re, la regina, le regine*.
2 À Rome : le premier au Quirinale, le second au Palazzo Chigi.
3 *Cambiare ministro, cambiare partito* (sans la préposition *di*).
4 *Eletto*.
5 Le 17 mars 1861.

•)) **Vous les connaissez. Savez-vous les prononcer ?**

l'intelligenza ❖ ignorante ❖ stupido ❖ la logica ❖ un argomento
❖ la religione ❖ credere ❖ malefico ❖ peccare ❖ il monastero
❖ profano ❖ agnostico ❖ l'angelo ❖ un fedele ❖ la Madonna

LA PENSÉE, L'IMAGINATION, LA MÉMOIRE

il **pensiero** : la pensée
la **mente** : l'esprit
l'**intelletto** (m.) : l'esprit,
l'intelligence
la **coscienza** : la conscience
il **buon senso** : le bon sens
il **sapere** : le savoir
la **stupidità** : la stupidité

l'**immaginazione** (f.) : l'imagination
il **sogno** : le rêve
l'**illusione** : l'illusion

la **memoria** : la mémoire
il **ricordo** : le souvenir

intelligente : intelligent
furbo : malin
sveglio : dégourdi
saggio : sage

riflettere : réfléchir
meditare : méditer
immaginare : imaginer
sognare : rêver de
illudersi : se leurrer
indovinare : deviner
ricordare : (se) rappeler

L'OPINION, LA CONVICTION

un **ragionamento** : un raisonnement
il **punto di vista** : le point de vue
il **parere**, l'**opinione** : l'opinion
una **convinzione** : une conviction
un **pregiudizio** : un préjugé

una **discussione** : une discussion
una **lite** : une dispute

ragionevole : raisonnable
valido : valable
solido : solide
debole : faible
dubbioso : douteux

convincere : convaincre
essere a favore di : être pour
essere contro : être contre
litigare con qn : se disputer avec qqn

avere ragione : avoir raison
essere sicuro : être sûr
dubitare : douter
dimenticare : oublier

- Fidati di lui, ha sempre ragione!
  Fais-lui confiance, il a toujours raison !

- Mi sbaglio o non hai capito quello che ti ho spiegato?
  Je me trompe ou tu n'as pas compris ce que je t'ai expliqué ?

- Dobbiamo riflettere ancora, poi vi daremo una risposta.
  Il faut qu'on réfléchisse encore, ensuite on vous donnera une réponse.

- Dovresti valutare i pro e i contro prima di cambiare lavoro.
  Tu devrais peser le pour et le contre avant de changer de travail.

- Certo! Ho capito! Non sono mica stupido!
  Bien sûr, j'ai compris, je ne suis quand même pas idiot !

LA CROYANCE, LA FOI

la credenza : la croyance
la fede : la foi
la religione : la religion

il buddismo : le bouddhisme
il cristianesimo : le christianisme
l'ebraismo (m.) : le judaïsme
l'islam (m.) : l'islam

la stregoneria : la sorcellerie
la fattura : le sort
la malasorte : le mauvais sort

un monaco : un moine
un frate : un frère
un prete : un prêtre
un vescovo : un évêque
un cardinale : un cardinal
il papa : le pape
un rabbino : un rabbin
un imam : un imam

un tempio : un temple
una chiesa : une église
una sinagoga : une synagogue
una moschea : une mosquée

la Bibbia : la Bible
la Torah : la Torah
il Corano : le Coran

il peccato : le péché
il paradiso : le paradis
l'inferno (m.) : l'enfer

la Pasqua : Pâques
la Pentecoste : la Pentecôte
lo Yom Kippur : le Yom Kippour
il Ramadan : le Ramadan

buddista : bouddhiste
cattolico : catholique
ebreo, ebraico : juif
musulmano : musulman
sacro : sacré
santo : saint
ateo : athée
laico : laïc

credere in : croire en
convertirsi a : se convertir à
pregare : prier
fare una fattura : lancer un sort

•)) UN PEU DE CONVERSATION

- Sono credente ma non praticante.
  Je suis croyante mais non pratiquante.

- Entrando in chiesa, bisogna farsi il segno della croce.
  En entrant dans une église, il faut faire le signe de la croix.

- In genere, nelle sinagoghe, gli uomini indossano la kippah.
  En général, dans les synagogues, les hommes portent la kippah.

- Con l'aumento dell'immigrazione dai paesi islamici, le moschee sono ormai presenti in molti comuni italiani.
  Avec la hausse de l'immigration issue des pays musulmans, les mosquées sont désormais présentes dans beaucoup de communes italiennes.

- La basilica di San Pietro si trova nella Città del Vaticano, che è uno Stato indipendente.
  La basilique Saint Pierre se trouve dans la Cité du Vatican qui est un État indépendant.

- Hai visto il film *Il Vangelo secondo Matteo* di Pasolini?
  Est-ce que tu as vu le film *L'Évangile selon Matthieu* de Pasolini?

- Il pellegrinaggio alla Mecca coinvolge ogni anno milioni di persone.
  Chaque année des millions de personnes participent au pèlerinage à la Mecque.

- Sei puntuale! Che miracolo!
  Tu es là à l'heure! Quel miracle!

MINI QUIZ

1 Donnez le pluriel, le féminin singulier et le féminin pluriel de: *il dio*.
2 Choisissez la forme verbale qui convient: *Credo che Paolo è / sia cattolico*.
3 Trouvez l'équivalent français de l'expression: *una volta ogni morte di papa*.
4 Pour porter chance, en France, on «touche du bois». Et en Italie?
5 Quel est le participe passé des verbes: *crocifiggere, battezzare*?
6 Trouvez l'équivalent français de l'expression: *stare come un papa*.
7 Trouvez l'équivalent français de l'expression: *essere felice come una Pasqua*.

RÉPONSES

1 *Gli dèi, la dea, le dee*.
2 *Credo che Paolo sia cattolico*. (subjonctif)
3 «Tous les 36 du mois».
4 On touche «du fer»: «toucher du bois» équivaut à *toccare ferro*.
5 *Crocifisso, battezzato*.
6 «Être comme un coq en pâte.»
7 «Être heureux comme un roi / un pape.»

Conjugaison

1 *AVERE* (AVOIR)

Formes non personnelles

	SIMPLES	COMPOSÉES
infinitif	avere	avere avuto
gérondif	avendo	avendo avuto
participe	avuto	

Indicatif

	PRÉSENT	IMPARFAIT	PASSÉ SIMPLE
io	ho	avevo	ebbi
tu	hai	avevi	avesti
lui / lei	ha	aveva	ebbe
noi	abbiamo	avevamo	avemmo
voi	avete	avevate	aveste
loro	hanno	avevano	ebbero

	FUTUR SIMPLE	CONDITIONNEL PRÉSENT
io	avrò	avrei
tu	avrai	avresti
lui / lei	avrà	avrebbe
noi	avremo	avremmo
voi	avrete	avreste
loro	avranno	avrebbero

Formes composées
Passé composé : *ho avuto...*
Plus-que-parfait : *avevo avuto...*
Passé antérieur : *ebbi avuto...*
Futur antérieur : *avrò avuto...*
Conditionnel passé : *avrei avuto...*

Subjonctif

	PRÉSENT	IMPARFAIT
io	abbia	avessi
tu	abbia	avessi
lui / lei	abbia	avesse
noi	abbiamo	avessimo
voi	abbiate	aveste
loro	abbiano	avessero

Formes composées
Passé composé : *abbia avuto...*
Plus-que-parfait : *avessi avuto...*

Impératif

abbi (tu)
abbia (Lei)
abbiamo (noi)
abbiate (voi)
abbiano (Loro)

2 *ESSERE* (ÊTRE)

Formes non personnelles

	SIMPLES	COMPOSÉES
infinitif	essere	essere stato
gérondif	essendo	essendo stato
participe	stato	

Indicatif

	PRÉSENT	PASSÉ COMPOSÉ
io	sono	sono stato / stata
tu	sei	sei stato / stata
lui / lei	è	è stato / stata
noi	siamo	siamo stati / state
voi	siete	siete stati / state
loro	sono	sono stati / state

	IMPARFAIT	PLUS-QUE-PARFAIT
io	ero	ero stato / stata
tu	eri	eri stato / stata
lui / lei	era	era stato / stata
noi	eravamo	eravamo stati / state
voi	eravate	eravate stati / state
loro	erano	erano stati / state

	PASSÉ SIMPLE	PASSÉ ANTÉRIEUR
io	fui	fui stato / stata
tu	fosti	fosti stato / stata
lui / lei	fu	fu stato / stata
noi	fummo	fummo stati / state
voi	foste	foste stati / state
loro	furono	furono stati / state

	FUTUR SIMPLE	FUTUR ANTÉRIEUR
io	sarò	sarò stato / stata
tu	sarai	sarai stato / stata
lui / lei	sarà	sarà stato / stata
noi	saremo	saremo stati / state
voi	sarete	sarete stati / state
loro	saranno	saranno stati / state

	CONDITIONNEL PRÉSENT	CONDITIONNEL PASSÉ
io	sarei	sarei stato / stata
tu	saresti	saresti stato / stata
lui / lei	sarebbe	sarebbe stato / stata
noi	saremmo	saremmo stati / state
voi	sareste	sareste stati / state
loro	sarebbero	sarebbero stati / state

Subjonctif

	PRÉSENT	PASSÉ
io	sia	sia stato / stata
tu	sia	sia stato / stata
lui / lei	sia	sia stato / stata
noi	siamo	siamo stati / state
voi	siate	siate stati / state
loro	siano	siano stati / state

	IMPARFAIT	PLUS-QUE-PARFAIT
io	fossi	fossi stato / stata
tu	fossi	fossi stato / stata
lui / lei	fosse	fosse stato / stata
noi	fossimo	fossimo stati / state
voi	foste	foste stati / state
loro	fossero	fossero stati / state

Impératif

sii (tu)
sia (Lei)
siamo (noi)
siate (voi)
siano (Loro)

VERBES RÉGULIERS

3 *AMARE* (AIMER) : 1ᵉʳ GROUPE

Formes non personnelles

	SIMPLES	COMPOSÉES
infinitif	amare	avere amato
gérondif	amando	avendo amato
participe	amato	

Indicatif

	PRÉSENT	PASSÉ COMPOSÉ
io	amo	ho amato
tu	ami	hai amato
lui / lei	ama	ha amato
noi	amiamo	abbiamo amato
voi	amate	avete amato
loro	amano	hanno amato

	IMPARFAIT	PLUS-QUE-PARFAIT
io	amavo	avevo amato
tu	amavi	avevi amato
lui / lei	amava	aveva amato
noi	amavamo	avevamo amato
voi	amavate	avevate amato
loro	amavano	avevano amato

	PASSÉ SIMPLE	PASSÉ ANTÉRIEUR
io	amai	ebbi amato
tu	amasti	avesti amato
lui / lei	amò	ebbe amato
noi	amammo	avemmo amato
voi	amaste	aveste amato
loro	amarono	ebbero amato

	FUTUR SIMPLE	FUTUR ANTÉRIEUR
io	amerò	avrò amato
tu	amerai	avrai amato
lui / lei	amerà	avrà amato
noi	ameremo	avremo amato
voi	amerete	avrete amato
loro	ameranno	avranno amato

	CONDITIONNEL PRÉSENT	CONDITIONNEL PASSÉ
io	amerei	avrei amato
tu	ameresti	avresti amato
lui / lei	amerebbe	avrebbe amato
noi	ameremmo	avremmo amato
voi	amereste	avreste amato
loro	amerebbero	avrebbero amato

Subjonctif

	PRÉSENT	PASSÉ
io	ami	abbia amato
tu	ami	abbia amato
lui / lei	ami	abbia amato
noi	amiamo	abbiamo amato
voi	amiate	abbiate amato
loro	amino	abbiano amato

	IMPARFAIT	PLUS-QUE-PARFAIT
io	amassi	avessi amato
tu	amassi	avessi amato
lui / lei	amasse	avesse amato
noi	amassimo	avessimo amato
voi	amaste	aveste amato
loro	amassero	avessero amato

Impératif

ama (tu)
ami (Lei)
amiamo (noi)
amate (voi)
amino (Loro)

4 | *CREDERE* (CROIRE) : 2e GROUPE

Formes non personnelles

	SIMPLES	COMPOSÉES
infinitif	credere	avere creduto
gérondif	credendo	avendo creduto
participe	creduto	

Indicatif

	PRÉSENT	PASSÉ COMPOSÉ
io	credo	ho creduto
tu	credi	hai creduto
lui / lei	crede	ha creduto
noi	crediamo	abbiamo creduto
voi	credete	avete creduto
loro	credono	hanno creduto

	IMPARFAIT	PLUS-QUE-PARFAIT
io	credevo	avevo creduto
tu	credevi	avevi creduto
lui / lei	credeva	aveva creduto
noi	credevamo	avevamo creduto
voi	credevate	avevate creduto
loro	credevano	avevano creduto

	PASSÉ SIMPLE	PASSÉ ANTÉRIEUR
io	credei / credetti	ebbi creduto
tu	credesti	avesti creduto
lui / lei	credé / credette	ebbe creduto
noi	credemmo	avemmo creduto
voi	credeste	aveste creduto
loro	crederono / credettero	ebbero creduto

	FUTUR SIMPLE	FUTUR ANTÉRIEUR
io	crederò	avrò creduto
tu	crederai	avrai creduto
lui / lei	crederà	avrà creduto
noi	crederemo	avremo creduto
voi	crederete	avrete creduto
loro	crederanno	avranno creduto

	CONDITIONNEL PRÉSENT	CONDITIONNEL PASSÉ
io	crederei	avrei creduto
tu	crederesti	avresti creduto
lui / lei	crederebbe	avrebbe creduto
noi	crederemmo	avremmo creduto
voi	credereste	avreste creduto
loro	crederebbero	avrebbero creduto

Subjonctif

	PRÉSENT	PASSÉ
io	creda	abbia creduto
tu	creda	abbia creduto
lui / lei	creda	abbia creduto
noi	crediamo	abbiamo creduto
voi	crediate	abbiate creduto
loro	credano	abbiano creduto

	IMPARFAIT	PLUS-QUE-PARFAIT
io	credessi	avessi creduto
tu	credessi	avessi creduto
lui / lei	credesse	avesse creduto
noi	credessimo	avessimo creduto
voi	credeste	aveste creduto
loro	credessero	avessero creduto

Impératif

credi (tu)
creda (Lei)
crediamo (noi)
credete (voi)
credano (Loro)

Formes non personnelles

	SIMPLES	COMPOSÉES
infinitif	vedere	avere visto
gérondif	vedendo	avendo visto
participe	visto / veduto	

Indicatif

	PRÉSENT	PASSÉ COMPOSÉ
io	vedo	ho visto
tu	vedi	hai visto
lui / lei	vede	ha visto
noi	vediamo	abbiamo visto
voi	vedete	avete visto
loro	vedono	hanno visto

	IMPARFAIT	PLUS-QUE-PARFAIT
io	vedevo	avevo visto
tu	vedevi	avevi visto
lui / lei	vedeva	aveva visto
noi	vedevamo	avevamo visto
voi	vedevate	avevate visto
loro	vedevano	avevano visto

	PASSÉ SIMPLE	PASSÉ ANTÉRIEUR
io	vidi	ebbi visto
tu	vedesti	avesti visto
lui / lei	vide	ebbe visto
noi	vedemmo	avemmo visto
voi	vedeste	aveste visto
loro	videro	ebbero visto

	FUTUR SIMPLE	FUTUR ANTÉRIEUR
io	vedrò	avrò visto
tu	vedrai	avrai visto
lui / lei	vedrà	avrà visto
noi	vedremo	avremo visto
voi	vedrete	avrete visto
loro	vedranno	avranno visto

	CONDITIONNEL PRÉSENT	CONDITIONNEL PASSÉ
io	vedrei	avrei visto
tu	vedresti	avresti visto
lui / lei	vedrebbe	avrebbe visto
noi	vedremmo	avremmo visto
voi	vedreste	avreste visto
loro	vedrebbero	avrebbero visto

Subjonctif

	PRÉSENT	PASSÉ
io	veda	abbia visto
tu	veda	abbia visto
lui / lei	veda	abbia visto
noi	vediamo	abbiamo visto
voi	vediate	abbiate visto
loro	vedano	abbiano visto

	IMPARFAIT	PLUS-QUE-PARFAIT
io	vedessi	avessi visto
tu	vedessi	avessi visto
lui / lei	vedesse	avesse visto
noi	vedessimo	avessimo visto
voi	vedeste	aveste visto
loro	vedessero	avessero visto

Impératif

vedi (tu)
veda (Lei)
vediamo (noi)
vedete (voi)
vedano (Loro)

6 *DORMIRE* (DORMIR) : 3ᵉ GROUPE

Formes non personnelles

	SIMPLES	COMPOSÉES
infinitif	dormire	avere dormito
gérondif	dormendo	avendo dormito
participe	dormito	

Indicatif

	PRÉSENT	PASSÉ COMPOSÉ
io	dormo	ho dormito
tu	dormi	hai dormito
lui / lei	dorme	ha dormito
noi	dormiamo	abbiamo dormito
voi	dormite	avete dormito
loro	dormono	hanno dormito

	IMPARFAIT	PLUS-QUE-PARFAIT
io	dormivo	avevo dormito
tu	dormivi	avevi dormito
lui / lei	dormiva	aveva dormito
noi	dormivamo	avevamo dormito
voi	dormivate	avevate dormito
loro	dormivano	avevano dormito

	PASSÉ SIMPLE	PASSÉ ANTÉRIEUR
io	dormii	ebbi dormito
tu	dormisti	avesti dormito
lui / lei	dormì	ebbe dormito
noi	dormimmo	avemmo dormito
voi	dormiste	aveste dormito
loro	dormirono	ebbero dormito

	FUTUR SIMPLE	FUTUR ANTÉRIEUR
io	dormirò	avrò dormito
tu	dormirai	avrai dormito
lui / lei	dormirà	avrà dormito
noi	dormiremo	avremo dormito
voi	dormirete	avrete dormito
loro	dormiranno	avranno dormito

	CONDITIONNEL PRÉSENT	CONDITIONNEL PASSÉ
io	dormirei	avrei dormito
tu	dormiresti	avresti dormito
lui / lei	dormirebbe	avrebbe dormito
noi	dormiremmo	avremmo dormito
voi	dormireste	avreste dormito
loro	dormirebbero	avrebbero dormito

Subjonctif

	PRÉSENT	PASSÉ
io	dorma	abbia dormito
tu	dorma	abbia dormito
lui / lei	dorma	abbia dormito
noi	dormiamo	abbiamo dormito
voi	dormiate	abbiate dormito
loro	dormano	abbiano dormito

	IMPARFAIT	PLUS-QUE-PARFAIT
io	dormissi	avessi dormito
tu	dormissi	avessi dormito
lui / lei	dormisse	avesse dormito
noi	dormissimo	avessimo dormito
voi	dormiste	aveste dormito
loro	dormissero	avessero dormito

Impératif

dormi (tu)
dorma (Lei)
dormiamo (noi)
dormite (voi)
dormano (Loro)

VERBES IRRÉGULIERS

7 ANDARE (ALLER)

Andare (participe passé : *andato*) suit la conjugaison du 1er groupe (*amare*) sauf dans les cas suivants :

Indicatif et subjonctif

	INDICATIF PRÉSENT	SUBJONCTIF PRÉSENT
io	vado	vada
tu	vai	vada
lui / lei	va	vada
noi	andiamo	andiamo
voi	andate	andiate
loro	vanno	vadano

	FUTUR SIMPLE	CONDITIONNEL PRÉSENT
io	andrò	andrei
tu	andrai	andresti
lui / lei	andrà	andrebbe
noi	andremo	andremmo
voi	andrete	andreste
loro	andranno	andrebbero

Impératif

vai / va' (tu)	andate (voi)
vada (Lei)	vadano (Loro)
andiamo (noi)	

8 STARE (RESTER, ÊTRE)

Stare (participe passé : *stato*) suit la conjugaison du 1er groupe (*amare*) sauf dans les cas suivants :

Indicatif

	PRÉSENT	PASSÉ SIMPLE
io	sto	stetti
tu	stai	stesti
lui / lei	sta	stette
noi	stiamo	stemmo
voi	state	steste
loro	stanno	stettero

	FUTUR SIMPLE	CONDITIONNEL PRÉSENT
io	starò	starei
tu	starai	staresti
lui / lei	starà	starebbe
noi	staremo	staremmo
voi	starete	stareste
loro	staranno	starebbero

Subjonctif

	PRÉSENT	IMPARFAIT
io	stia	stessi
tu	stia	stessi
lui / lei	stia	stesse
noi	stiamo	stessimo
voi	stiate	steste
loro	stiano	stessero

Impératif

stai / sta' (tu)
stia (Lei)
stiamo (noi)
state (voi)
stiano (Loro)

9 *DARE* (DONNER)

Dare (participe passé : *dato*) suit la conjugaison du 1er groupe (*amare*) sauf dans les cas suivants :

Indicatif

	PRÉSENT	PASSÉ SIMPLE
io	do	diedi / detti
tu	dai	desti
lui / lei	dà	diede / dette
noi	diamo	demmo
voi	date	deste
loro	danno	diedero / dettero

	FUTUR SIMPLE	CONDITIONNEL PRÉSENT
io	darò	darei
tu	darai	daresti
lui / lei	darà	darebbe
noi	daremo	daremmo
voi	darete	dareste
loro	daranno	darebbero

Subjonctif

	PRÉSENT	IMPARFAIT
io	dia	dessi
tu	dia	dessi
lui / lei	dia	desse
noi	diamo	dessimo
voi	diate	deste
loro	diano	dessero

Impératif

dai / da' (tu)
dia (Lei)
diamo (noi)
date (voi)
diano (Loro)

10 *FARE* (FAIRE)

Fare (participe passé : *fatto*) suit la conjugaison du 2ᵉ groupe (*credere*) sauf dans les cas suivants :

Indicatif

	PRÉSENT	IMPARFAIT	PASSÉ SIMPLE
io	faccio	facevo	feci
tu	fai	facevi	facesti
lui / lei	fa	faceva	fece
noi	facciamo	facevamo	facemmo
voi	fate	facevate	faceste
loro	fanno	facevano	fecero

	FUTUR SIMPLE	CONDITIONNEL PRÉSENT
io	farò	farei
tu	farai	faresti
lui / lei	farà	farebbe
noi	faremo	faremmo
voi	farete	fareste
loro	faranno	farebbero

Subjonctif

	PRÉSENT	IMPARFAIT
io	faccia	facessi
tu	faccia	facessi
lui / lei	faccia	facesse
noi	facciamo	facessimo
voi	facciate	faceste
loro	facciano	facessero

Impératif

fai / fa' (tu)
faccia (Lei)
facciamo (noi)
fate (voi)
facciano (Loro)

DIRE (DIRE)

Dire (Participe passé : *detto*) suit la conjugaison du 2ᵉ groupe (*credere*) sauf dans les cas suivants :

Indicatif

	PRÉSENT	IMPARFAIT	PASSÉ SIMPLE
io	dico	dicevo	dissi
tu	dici	dicevi	dicesti
lui / lei	dice	diceva	disse
noi	diciamo	dicevamo	dicemmo
voi	dite	dicevate	diceste
loro	dicono	dicevano	dissero

	FUTUR SIMPLE	CONDITIONNEL PRÉSENT
io	dirò	direi
tu	dirai	diresti
lui / lei	dirà	direbbe
noi	diremo	diremmo
voi	direte	direste
loro	diranno	direbbero

Subjonctif

	PRÉSENT	IMPARFAIT
io	dica	dicessi
tu	dica	dicessi
lui / lei	dica	dicesse
noi	diciamo	dicessimo
voi	diciate	diceste
loro	dicano	dicessero

Impératif

di' (tu)
dica (Lei)
diciamo (noi)
dite (voi)
dicano (Loro)

12 *TRARRE* (EXTRAIRE, TIRER)

Trarre (participe passé : *tratto*) suit la conjugaison du 2ᵉ groupe (*vedere*) sauf dans les cas suivants :

● **Indicatif**

	PRÉSENT	IMPARFAIT	PASSÉ SIMPLE
io	traggo	traevo	trassi
tu	trai	traevi	traesti
lui / lei	trae	traeva	trasse
noi	traiamo	traevamo	traemmo
voi	traete	traevate	traeste
loro	traggono	traevano	trassero

	FUTUR SIMPLE	CONDITIONNEL PRÉSENT
io	trarrò	trarrei
tu	trarrai	trarresti
lui / lei	trarrà	trarrebbe
noi	trarremo	trarremmo
voi	trarrete	trarreste
loro	trarranno	trarrebbero

● **Subjonctif**

	PRÉSENT	IMPARFAIT
io	tragga	traessi
tu	tragga	traessi
lui / lei	tragga	traesse
noi	traiamo	traessimo
voi	traiate	traeste
loro	traggano	traessero

● **Impératif**

trai (tu)
tragga (Lei)
traiamo (noi)
traete (voi)
traggano (Loro)

Se conjuguent sur le modèle de *trarre* tous les verbes en *-arre* (*attrarre*, *contrarre*...).

13 *PORRE* (DÉPOSER)

Porre (participe passé : *posto*) suit la conjugaison du 2ᵉ groupe (***vedere***) sauf dans les cas suivants :

▬ **Indicatif**

	PRÉSENT	IMPARFAIT	PASSÉ SIMPLE
io	pongo	ponevo	posi
tu	poni	ponevi	ponesti
lui / lei	pone	poneva	pose
noi	poniamo	ponevamo	ponemmo
voi	ponete	ponevate	poneste
loro	pongono	ponevano	posero

	FUTUR SIMPLE	CONDITIONNEL PRÉSENT
io	porrò	porrei
tu	porrai	porresti
lui / lei	porrà	porrebbe
noi	porremo	porremmo
voi	porrete	porreste
loro	porranno	porrebbero

▬ **Subjonctif**

	PRÉSENT	IMPARFAIT
io	ponga	ponessi
tu	ponga	ponessi
lui / lei	ponga	ponesse
noi	poniamo	ponessimo
voi	poniate	poneste
loro	pongano	ponessero

▬ **Impératif**

poni (tu)
ponga (Lei)
poniamo (noi)
ponete (voi)
pongano (Loro)

Se conjuguent sur le modèle de *porre* tous les verbes en *-orre* (*comporre*, *deporre*...).

14 *CONDURRE* (CONDUIRE)

Condurre (participe passé : *condotto*) suit la conjugaison du 2ᵉ groupe (***vedere***) sauf dans les cas suivants :

● Indicatif

	PRÉSENT	IMPARFAIT	PASSÉ SIMPLE
io	conduco	conducevo	condussi
tu	conduci	conducevi	conducesti
lui / lei	conduce	conduceva	condusse
noi	conduciamo	conducevamo	conducemmo
voi	conducete	conducevate	conduceste
loro	conducono	conducevano	condussero

	FUTUR SIMPLE	CONDITIONNEL PRÉSENT
io	condurrò	condurrei
tu	condurrai	condurresti
lui / lei	condurrà	condurrebbe
noi	condurremo	condurremmo
voi	condurrete	condurreste
loro	condurranno	condurrebbero

● Subjonctif

	PRÉSENT	IMPARFAIT
io	conduca	conducessi
tu	conduca	conducessi
lui / lei	conduca	conducesse
noi	conduciamo	conducessimo
voi	conduciate	conduceste
loro	conducano	conducessero

● Impératif

conduci (tu)
conduca (Lei)
conduciamo (noi)
conducete (voi)
conducano (Loro)

Se conjuguent sur le modèle de *condurre* tous les verbes en *-urre* (*dedurre*, *produrre*…).

15 *POTERE* (POUVOIR)

Potere (participe passé : *potuto*) suit la conjugaison du 2ᵉ groupe (*vedere*) sauf dans les cas suivants :

● **Indicatif**

	PRÉSENT	PASSÉ SIMPLE
io	posso	potetti / potei
tu	puoi	potesti
lui / lei	può	potette / poté
noi	possiamo	potemmo
voi	potete	poteste
loro	possono	potettero / poterono

● **Subjonctif**

	PRÉSENT	IMPARFAIT
io	possa	potessi
tu	possa	potessi
lui / lei	possa	potesse
noi	possiamo	potessimo
voi	possiate	poteste
loro	possano	potessero

NOTEZ BIEN

Potere ne se conjugue pas à l'impératif.
Forme contractée au futur simple (*potrò*) et au conditionnel présent (*potrei*).

16 *DOVERE* (DEVOIR)

Dovere suit la conjugaison du 2ᵉ groupe (*vedere*) sauf dans les cas suivants :

● **Indicatif**

	PRÉSENT	PASSÉ SIMPLE
io	devo	dovetti / dovei
tu	devi	dovesti
lui / lei	deve	dovette / dové
noi	dobbiamo	dovemmo
voi	dovete	doveste
loro	devono / debbono	dovettero / doverono

Subjonctif

	PRÉSENT	IMPARFAIT
io	debba	dovessi
tu	debba	dovessi
lui / lei	debba	dovesse
noi	dobbiamo	dovessimo
voi	dobbiate	doveste
loro	debbano	dovessero

NOTEZ BIEN

Forme contractée au futur simple (*dovrò*) et au conditionnel présent (*dovrei*).

17 *BERE* (BOIRE)

Bere (participe passé : *bevuto*) suit la conjugaison du 2ᵉ groupe (**vedere**) sauf dans les cas suivants :

Indicatif

	PRÉSENT	IMPARFAIT	PASSÉ SIMPLE
io	bevo	bevevo	bevvi
tu	bevi	bevevi	bevesti
lui / lei	beve	beveva	bevve
noi	beviamo	bevevamo	bevemmo
voi	bevete	bevevate	beveste
loro	bevono	bevevano	bevvero

	FUTUR SIMPLE	CONDITIONNEL PRÉSENT
io	berrò	berrei
tu	berrai	berresti
lui / lei	berrà	berrebbe
noi	berremo	berremmo
voi	berrete	berreste
loro	berranno	berrebbero

Subjonctif

	PRÉSENT	IMPARFAIT
io	beva	bevessi
tu	beva	bevessi
lui / lei	beva	bevesse
noi	beviamo	bevessimo
voi	beviate	beveste
loro	bevano	bevessero

Impératif

> bevi (tu)
> beva (Lei)
> beviamo (noi)
> bevete (voi)
> bevano (Loro)

NOTEZ BIEN

Au passé simple, on peut rencontrer aussi les formes *(io) bevei / bevetti*, *(lui / lei) bevé / bevette, (loro) beverono / bevettero*.

---

18 *TENERE* (TENIR)

Tenere (participe passé : *tenuto*) suit la conjugaison du 2e groupe (*vedere*) sauf dans les cas suivants :

Indicatif

	PRÉSENT	PASSÉ SIMPLE
io	tengo	tenni
tu	tieni	tenesti
lui / lei	tiene	tenne
noi	teniamo	tenemmo
voi	tenete	teneste
loro	tengono	tennero

	FUTUR SIMPLE	CONDITIONNEL PRÉSENT
io	terrò	terrei
tu	terrai	terresti
lui / lei	terrà	terrebbe
noi	terremo	terremmo
voi	terrete	terreste
loro	terranno	terrebbero

Subjonctif

	PRÉSENT	IMPARFAIT
io	tenga	tenessi
tu	tenga	tenessi
lui / lei	tenga	tenesse
noi	teniamo	tenessimo
voi	teniate	teneste
loro	tengano	tenessero

Impératif

> tieni (tu)
> tenga (Lei)
> teniamo (noi)
> tenete (voi)
> tengano (Loro)

Au passé simple, on peut rencontrer aussi les formes *(io) tenei / tenetti, (lui / lei) tené / tenette, (loro) tenerono / tenettero.*

---

19 *VOLERE* (VOULOIR)

Volere (participe passé : *voluto*) suit la conjugaison du 2ᵉ groupe (*vedere*) sauf dans les cas suivants :

➡ **Indicatif**

	PRÉSENT	PASSÉ SIMPLE
io	voglio	volli
tu	vuoi	volesti
lui / lei	vuole	volle
noi	vogliamo	volemmo
voi	volete	voleste
loro	vogliono	vollero

	FUTUR SIMPLE	CONDITIONNEL PRÉSENT
io	vorrò	vorrei
tu	vorrai	vorresti
lui / lei	vorrà	vorrebbe
noi	vorremo	vorremmo
voi	vorrete	vorreste
loro	vorranno	vorrebbero

➡ **Subjonctif**

	PRÉSENT	IMPARFAIT
io	voglia	volessi
tu	voglia	volessi
lui / lei	voglia	volesse
noi	vogliamo	volessimo
voi	vogliate	voleste
loro	vogliano	volessero

➡ **Impératif**

vuoi (tu)
voglia (Lei)
vogliamo (noi)
vogliate (voi)
vogliano (Loro)

20 *VENIRE* (VENIR)

Venire (participe passé : *venuto*) suit la conjugaison du 3ᵉ groupe
(*dormire*) sauf dans les cas suivants :

● Indicatif

	PRÉSENT	PASSÉ SIMPLE
io	vengo	venni
tu	vieni	venisti
lui / lei	viene	venne
noi	veniamo	venimmo
voi	venite	veniste
loro	vengono	vennero

	FUTUR SIMPLE	CONDITIONNEL PRÉSENT
io	verrò	verrei
tu	verrai	verresti
lui / lei	verrà	verrebbe
noi	verremo	verremmo
voi	verrete	verreste
loro	verranno	verrebbero

● Subjonctif

	PRÉSENT	IMPARFAIT
io	venga	venissi
tu	venga	venissi
lui / lei	venga	venisse
noi	veniamo	venissimo
voi	veniate	veniste
loro	vengano	venissero

● Impératif

vieni (tu)
venga (Lei)
veniamo (noi)
venite (voi)
vengano (Loro)

21 *LEGGERE* (LIRE)

Leggere (participe passé : *letto*) suit la conjugaison du 2e groupe (*credere*) sauf dans les cas suivants :

▰ Indicatif

	PRÉSENT	PASSÉ SIMPLE
io	leggo	lessi
tu	leggi	leggesti
lui / lei	legge	lesse
noi	leggiamo	leggemmo
voi	leggete	leggeste
loro	leggono	lessero

▰ Subjonctif

	PRÉSENT	IMPARFAIT
io	legga	leggessi
tu	legga	leggessi
lui / lei	legga	leggesse
noi	leggiamo	leggessimo
voi	leggiate	leggeste
loro	leggano	leggessero

▰ Impératif

leggi (tu)
legga (Lei)
leggiamo (noi)
leggete (voi)
leggano (Loro)

22 *FINIRE* (FINIR)

Finire suit la conjugaison du 3e groupe (*dormire*) sauf dans les cas suivants :

	INDICATIF PRÉSENT	SUBJONCTIF PRÉSENT	IMPÉRATIF
io	finisco	finisca	
tu	finisci	finisca	finisci (tu)
lui / lei	finisce	finisca	finisca (Lei)
noi	finiamo	finiamo	finiamo (noi)
voi	finite	finiate	finite (voi)
loro	finiscono	finiscano	finiscano (Loro)

Sur le modèle de *finire* : *aggredire, capire, (com)patire, definire, preferire, ribadire, suggerire, svanire, tradire, ubbidire, unire.*

23 *USCIRE* (SORTIR)

Uscire suit la conjugaison du 3e groupe (**dormire**) sauf dans les cas suivants :

	INDICATIF PRÉSENT	SUBJONCTIF PRÉSENT	IMPÉRATIF
io	esco	esca	
tu	esci	esca	esci (tu)
lui / lei	esce	esca	esca (Lei)
noi	usciamo	usciamo	usciamo (noi)
voi	uscite	usciate	uscite (voi)
loro	escono	escano	escano (Loro)

24 *MORIRE* (MOURIR)

Morire (participe passé : *morto*) suit la conjugaison du 3e groupe (**dormire**) sauf dans les cas suivants :

	INDICATIF PRÉSENT	SUBJONCTIF PRÉSENT	IMPÉRATIF
io	muoio	muoia	
tu	muori	muoia	muori (tu)
lui / lei	muore	muoia	muoia (Lei)
noi	moriamo	moriamo	moriamo (noi)
voi	morite	moriate	morite (voi)
loro	muoiono	muoiano	muoiano (Loro)

25 *SALIRE* (MONTER)

Salire suit la conjugaison du 3e groupe (**dormire**) sauf dans les cas suivants :

	INDICATIF PRÉSENT	SUBJONCTIF PRÉSENT	IMPÉRATIF
io	salgo	salga	
tu	sali	salga	sali (tu)
lui / lei	sale	salga	salga (Lei)
noi	saliamo	saliamo	saliamo (noi)
voi	salite	saliate	salite (voi)
loro	salgono	salgano	salgano (Loro)

26 *COGLIERE* (CUEILLIR)

Cogliere (participe passé : *colto*) suit la conjugaison du 2ᵉ groupe (*credere*) sauf dans les cas suivants :

	INDICATIF PRÉSENT	SUBJONCTIF PRÉSENT		IMPÉRATIF
io	colgo	colga		
tu	cogli	colga		cogli (tu)
lui / lei	coglie	colga		colga (Lei)
noi	cogliamo	cogliamo		cogliamo (noi)
voi	cogliete	cogliate		cogliete (voi)
loro	colgono	colgano		colgano (Loro)

Sur le modèle de *cogliere* : *(r)accogliere, (dis)togliere*.

27 *CUOCERE* (CUIRE)

Cuocere (participe passé : *cotto*) suit la conjugaison du 2ᵉ groupe (*credere*) sauf dans les cas suivants :

▬ **Indicatif**

	PRÉSENT	PASSÉ SIMPLE
io	cuocio	cossi
tu	cuoci	c(u)ocesti
lui / lei	cuoce	cosse
noi	c(u)ociamo	c(u)ocemmo
voi	c(u)ocete	c(u)oceste
loro	cuociono	cossero

▬ **Subjonctif**

	PRÉSENT
io	c(u)ocia
tu	c(u)ocia
lui / lei	c(u)ocia
noi	c(u)ociamo
voi	c(u)ociate
loro	c(u)ociano

▬ **Impératif**

cuoci (tu)
cuocia (Lei)
c(u)ociamo (noi)
c(u)ocete (voi)
cuociano (Loro)

28 *PARERE* (PARAÎTRE)

Formes non personnelles

	SIMPLES	COMPOSÉES
infinitif	parere	essere parso
gérondif	parendo	essendo parso
participe	parso	

Indicatif

	PRÉSENT	PASSÉ COMPOSÉ
io	paio	sono parso / parsa
tu	pari	sei parso / parsa
lui / lei	pare	è parso / parsa
noi	paiamo	siamo parsi / parse
voi	parete	siete parsi / parse
loro	paiono	sono parsi / parse

	IMPARFAIT	PLUS-QUE-PARFAIT
io	parevo	ero parso / parsa
tu	parevi	eri parso / parsa
lui / lei	pareva	era parso / parsa
noi	parevamo	eravamo parsi / parse
voi	parevate	eravate parsi / parse
loro	parevano	erano parsi / parse

	PASSÉ SIMPLE	PASSÉ ANTÉRIEUR
io	parvi	fui parso / parsa
tu	paresti	fosti parso / parsa
lui / lei	parve	fu parso / parsa
noi	paremmo	fummo parsi / parse
voi	pareste	foste parsi / parse
loro	parvero	furono parsi / parse

	FUTUR SIMPLE	FUTUR ANTÉRIEUR
io	parrò	sarò parso / parsa
tu	parrai	sarai parso / parsa
lui / lei	parrà	sarà parso / parsa
noi	parremo	saremo parsi / parse
voi	parrete	sarete parsi / parse
loro	parranno	saranno parsi / parse

	CONDITIONNEL PRÉSENT	CONDITIONNEL PASSÉ
io	parrei	sarei parso / parsa
tu	parresti	saresti parso / parsa
lui / lei	parrebbe	sarebbe parso / parsa
noi	parremmo	saremmo parsi / parse
voi	parreste	sareste parsi / parse
loro	parrebbero	sarebbero parsi / parse

Subjonctif

	PRÉSENT	PASSÉ
io	paia	sia parso / parsa
tu	paia	sia parso / parsa
lui / lei	paia	sia parso / parsa
noi	paiamo	siamo parsi / parse
voi	paiate	siate parsi / parse
loro	paiano	siano parsi / parse

	IMPARFAIT	PLUS-QUE-PARFAIT
io	paressi	fossi parso / parsa
tu	paressi	fossi parso / parsa
lui / lei	paresse	fosse parso / parsa
noi	paressimo	fossimo parsi / parse
voi	pareste	foste parsi / parse
loro	paressero	fossero parsi / parse

NOTEZ BIEN
Parere ne se conjugue pas à l'impératif.

29 *PIACERE* (PLAIRE)

Formes non personnelles

	SIMPLES	COMPOSÉES
infinitif	piacere	essere piaciuto
gérondif	piacendo	essendo piaciuto
participe	piaciuto	

Indicatif

	PRÉSENT	PASSÉ COMPOSÉ
io	piaccio	sono piaciuto / piaciuta
tu	piaci	sei piaciuto / piaciuta
lui / lei	piace	è piaciuto / piaciuta
noi	piacciamo	siamo piaciuti / piaciute
voi	piacete	siete piaciuti / piaciute
loro	piacciono	sono piaciuti / piaciute

	IMPARFAIT	PLUS-QUE-PARFAIT
io	piacevo	ero piaciuto / piaciuta
tu	piacevi	eri piaciuto / piaciuta
lui / lei	piaceva	era piaciuto / piaciuta
noi	piacevamo	eravamo piaciuti / piaciute
voi	piacevate	eravate piaciuti / piaciute
loro	piacevano	erano piaciuti / piaciute

	PASSÉ SIMPLE	PASSÉ ANTÉRIEUR
io	piacqui	fui piaciuto / piaciuta
tu	piacesti	fosti piaciuto / piaciuta
lui / lei	piacque	fu piaciuto / piaciuta
noi	piacemmo	fummo piaciuti / piaciute
voi	piaceste	foste piaciuti / piaciute
loro	piacquero	furono piaciuti / piaciute

	FUTUR SIMPLE	FUTUR ANTÉRIEUR
io	piacerò	sarò piaciuto / piaciuta
tu	piacerai	sarai piaciuto / piaciuta
lui / lei	piacerà	sarà piaciuto / piaciuta
noi	piaceremo	saremo piaciuti / piaciute
voi	piacerete	sarete piaciuti / piaciute
loro	piaceranno	saranno piaciuti / piaciute

	CONDITIONNEL PRÉSENT	CONDITIONNEL PASSÉ
io	piacerei	sarei piaciuto / piaciuta
tu	piaceresti	saresti piaciuto / piaciuta
lui / lei	piacerebbe	sarebbe piaciuto / piaciuta
noi	piaceremmo	saremmo piaciuti / piaciute
voi	piacereste	sareste piaciuti / piaciute
loro	piacerebbero	sarebbero piaciuti / piaciute

Subjonctif

	PRÉSENT	PASSÉ
io	piaccia	sia piaciuto / piaciuta
tu	piaccia	sia piaciuto / piaciuta
lui / lei	piaccia	sia piaciuto / piaciuta
noi	piacciamo	siamo piaciuti / piaciute
voi	piacciate	siate piaciuti / piaciute
loro	piacciano	siano piaciuti / piaciute

	IMPARFAIT	PLUS-QUE-PARFAIT
io	piacessi	fossi piaciuto / piaciuta
tu	piacessi	fossi piaciuto / piaciuta
lui / lei	piacesse	fosse piaciuto / piaciuta
noi	piacessimo	fossimo piaciuti / piaciute
voi	piaceste	foste piaciuti / piaciute
loro	piacessero	fossero piaciuti / piaciute

Impératif

piaci (tu)
piaccia (Lei)
piacciamo (noi)
piacete (voi)
piacciano (Loro)

30 *RIMANERE* (RESTER)

⬛ Formes non personnelles

	SIMPLES	COMPOSÉES
infinitif	rimanere	essere rimasto
gérondif	rimanendo	essendo rimasto
participe	rimasto	

⬛ Indicatif

	PRÉSENT	PASSÉ COMPOSÉ
io	rimango	sono rimasto / rimasta
tu	rimani	sei rimasto / rimasta
lui / lei	rimane	è rimasto / rimasta
noi	rimaniamo	siamo rimasti / rimaste
voi	rimanete	siete rimasti / rimaste
loro	rimangono	sono rimasti / rimaste

	IMPARFAIT	PLUS-QUE-PARFAIT
io	rimanevo	ero rimasto / rimasta
tu	rimanevi	eri rimasto / rimasta
lui / lei	rimaneva	era rimasto / rimasta
noi	rimanevamo	eravamo rimasti / rimaste
voi	rimanevate	eravate rimasti / rimaste
loro	rimanevano	erano rimasti / rimaste

	PASSÉ SIMPLE	PASSÉ ANTÉRIEUR
io	rimasi	fui rimasto / rimasta
tu	rimanesti	fosti rimasto / rimasta
lui / lei	rimase	fu rimasto / rimasta
noi	rimanemmo	fummo rimasti / rimaste
voi	rimaneste	foste rimasti / rimaste
loro	rimasero	furono rimasti / rimaste

	FUTUR SIMPLE	FUTUR ANTÉRIEUR
io	rimarrò	sarò rimasto / rimasta
tu	rimarrai	sarai rimasto / rimasta
lui / lei	rimarrà	sarà rimasto / rimasta
noi	rimarremo	saremo rimasti / rimaste
voi	rimarrete	sarete rimasti / rimaste
loro	rimarranno	saranno rimasti / rimaste

	CONDITIONNEL PRÉSENT	CONDITIONNEL PASSÉ
io	rimarrei	sarei rimasto / rimasta
tu	rimarresti	saresti rimasto / rimasta
lui / lei	rimarrebbe	sarebbe rimasto / rimasta
noi	rimarremmo	saremmo rimasti / rimaste
voi	rimarreste	sareste rimasti / rimaste
loro	rimarrebbero	sarebbero rimasti / rimaste

Subjonctif

	PRÉSENT	PASSÉ
io	rimanga	sia rimasto / rimasta
tu	rimanga	sia rimasto / rimasta
lui / lei	rimanga	sia rimasto / rimasta
noi	rimaniamo	siamo rimasti / rimaste
voi	rimaniate	siate rimasti / rimaste
loro	rimangano	siano rimasti / rimaste

	IMPARFAIT	PLUS-QUE-PARFAIT
io	rimanessi	fossi rimasto / rimasta
tu	rimanessi	fossi rimasto / rimasta
lui / lei	rimanesse	fosse rimasto / rimasta
noi	rimanessimo	fossimo rimasti / rimaste
voi	rimaneste	foste rimasti / rimaste
loro	rimanessero	fossero rimasti / rimaste

Impératif

rimani (tu)
rimanga (Lei)
rimaniamo (noi)
rimanete (voi)
rimangano (Loro)

31 *SAPERE* (SAVOIR)

Sapere suit la conjugaison du 2e groupe (*vedere*) sauf dans les cas suivants :

Indicatif

	PRÉSENT	PASSÉ SIMPLE
io	so	seppi
tu	sai	sapesti
lui / lei	sa	seppe
noi	sappiamo	sapemmo
voi	sapete	sapeste
loro	sanno	seppero

Subjonctif

	PRÉSENT
io	sappia
tu	sappia
lui / lei	sappia
noi	sappiamo
voi	sappiate
loro	sappiano

● Impératif

sappi (tu)
sappia (Lei)
sappiamo (noi)
sappiate (voi)
sappiano (Loro)

NOTEZ BIEN
Forme contractée au futur simple (*saprò*) et au conditionnel présent (*saprei*).

32 *SCEGLIERE* (CHOISIR)

Scegliere (participe passé : *scelto*) suit la conjugaison du 2e groupe (*credere*) sauf dans les cas suivants :

● Indicatif

	PRÉSENT	PASSÉ SIMPLE
io	scelgo	scelsi
tu	scegli	scegliesti
lui / lei	sceglie	scelse
noi	scegliamo	scegliemmo
voi	scegliete	sceglieste
loro	scelgono	scelsero

● Subjonctif

	PRÉSENT
io	scelga
tu	scelga
lui / lei	scelga
noi	scegliamo
voi	scegliate
loro	scelgano

● Impératif

scegli (tu)
scelga (Lei)
scegliamo (noi)
scegliete (voi)
scelgano (Loro)

33 · *APPARIRE* (APPARAÎTRE)

Apparire (participe passé : *apparso*) suit la conjugaison du 3e groupe (*dormire*) sauf dans les cas suivants :

Indicatif et subjonctif

	INDICATIF PRÉSENT	INDICATIF PASSÉ SIMPLE	SUBJONCTIF PRÉSENT
io	appaio	apparvi	appaia
tu	appari	apparisti	appaia
lui / lei	appare	apparve	appaia
noi	appariamo	apparimmo	appariamo
voi	apparite	appariste	appariate
loro	appaiono	apparvero	appaiano

Impératif

appari (tu)
appaia (Lei)
appariamo (noi)
apparite (voi)
appaiano (Loro)

34 · *VALERE* (VALOIR)

Formes non personnelles

	SIMPLES	COMPOSÉES
infinitif	valere	essere valso
gérondif	valendo	essendo valso
participe	valso	

Indicatif

	PRÉSENT	PASSÉ COMPOSÉ
io	valgo	sono valso / valsa
tu	vali	sei valso / valsa
lui / lei	vale	è valso / valsa
noi	valiamo	siamo valsi / valse
voi	valete	siete valsi / valse
loro	valgono	sono valsi / valse

	IMPARFAIT	PLUS-QUE-PARFAIT
io	valevo	ero valso / valsa
tu	valevi	eri valso / valsa
lui / lei	valeva	era valso / valsa
noi	valevamo	eravamo valsi / valse
voi	valevate	eravate valsi / valse
loro	valevano	erano valsi / valse

	PASSÉ SIMPLE	PASSÉ ANTÉRIEUR
io	valsi	fui valso / valsa
tu	valesti	fosti valso / valsa
lui / lei	valse	fu valso / valsa
noi	valemmo	fummo valsi / valse
voi	valeste	foste valsi / valse
loro	valsero	furono valsi / valse

	FUTUR SIMPLE	FUTUR ANTÉRIEUR
io	varrò	sarò valso / valsa
tu	varrai	sarai valso / valsa
lui / lei	varrà	sarà valso / valsa
noi	varremo	saremo valsi / valse
voi	varrete	sarete valsi / valse
loro	varranno	saranno valsi / valse

	CONDITIONNEL PRÉSENT	CONDITIONNEL PASSÉ
io	varrei	sarei valso / valsa
tu	varresti	saresti valso / valsa
lui / lei	varrebbe	sarebbe valso / valsa
noi	varremmo	saremmo valsi / valse
voi	varreste	sareste valsi / valse
loro	varrebbero	sarebbero valsi / valse

Subjonctif

	PRÉSENT	PASSÉ
io	valga	sia valso / valsa
tu	valga	sia valso / valsa
lui / lei	valga	sia valso / valsa
noi	valiamo	siamo valsi / valse
voi	valiate	siate valsi / valse
loro	valgano	siano valsi / valse

	IMPARFAIT	PLUS-QUE-PARFAIT
io	valessi	fossi valso / valsa
tu	valessi	fossi valso / valsa
lui / lei	valesse	fosse valso / valsa
noi	valessimo	fossimo valsi / valse
voi	valeste	foste valsi / valse
loro	valessero	fossero valsi / valse

Impératif

vali (tu)
valga (Lei)
valiamo (noi)
valete (voi)
valgano (Loro)

Formes non personnelles

	SIMPLES	COMPOSÉES
infinitif	sedere	essere seduto
gérondif	sedendo	essendo seduto
participe	seduto	

Indicatif

	PRÉSENT	PASSÉ COMPOSÉ
io	siedo / seggo	sono seduto / seduta
tu	siedi	sei seduto / seduta
lui / lei	siede	è seduto / seduta
noi	sediamo	siamo seduti / sedute
voi	sedete	siete seduti / sedute
loro	siedono / seggono	sono seduti / sedute

	IMPARFAIT	PLUS-QUE-PARFAIT
io	sedevo	ero seduto / seduta
tu	sedevi	eri seduto / seduta
lui / lei	sedeva	era seduto / seduta
noi	sedevamo	eravamo seduti / sedute
voi	sedevate	eravate seduti / sedute
loro	sedevano	erano seduti / sedute

	PASSÉ SIMPLE	PASSÉ ANTÉRIEUR
io	sedetti / sedei	fui seduto / seduta
tu	sedesti	fosti seduto / seduta
lui / lei	sedette / sedé	fu seduto / seduta
noi	sedemmo	fummo seduti / sedute
voi	sedeste	foste seduti / sedute
loro	sedettero / sederono	furono seduti / sedute

	FUTUR SIMPLE	FUTUR ANTÉRIEUR
io	s(i)ederò	sarò seduto / seduta
tu	s(i)ederai	sarai seduto / seduta
lui / lei	s(i)ederà	sarà seduto / seduta
noi	s(i)ederemo	saremo seduti / sedute
voi	s(i)ederete	sarete seduti / sedute
loro	s(i)ederanno	saranno seduti / sedute

	CONDITIONNEL PRÉSENT	CONDITIONNEL PASSÉ
io	s(i)ederei	sarei seduto / seduta
tu	s(i)ederesti	saresti seduto / seduta
lui / lei	s(i)ederebbe	sarebbe seduto / seduta
noi	s(i)ederemmo	saremmo seduti / sedute
voi	s(i)edereste	sareste seduti / sedute
loro	s(i)ederebbero	sarebbero seduti / sedute

Subjonctif

	PRÉSENT	PASSÉ
io	sieda / segga	sia seduto / seduta
tu	sieda / segga	sia seduto / seduta
lui / lei	sieda / segga	sia seduto / seduta
noi	sediamo	siamo seduti / sedute
voi	sediate	siate seduti / sedute
loro	siedano / seggano	siano seduti / sedute

	IMPARFAIT	PLUS-QUE-PARFAIT
io	sedessi	fossi seduto / seduta
tu	sedessi	fossi seduto / seduta
lui / lei	sedesse	fosse seduto / seduta
noi	sedessimo	fossimo seduti / sedute
voi	sedeste	foste seduti / sedute
loro	sedessero	fossero seduti / sedute

Impératif

siedi (tu)
sieda / segga (Lei)
sediamo (noi)
sedete (voi)
siedano / seggano (Loro)

NOTEZ BIEN

Les formes **seggo**, **seggono**, **segga** et **seggano** sont d'un usage littéraire. Aux temps composés, *sedere* s'emploie à la forme pronominale (*mi sono seduto*).

36 *SPEGNERE* (ÉTEINDRE)

Spegnere (participe passé : *spento*) suit la conjugaison du 2e groupe (*credere*) sauf dans les cas suivants :

Indicatif

	PRÉSENT	PASSÉ SIMPLE
io	spengo	spensi
tu	spegni	spegnesti
lui / lei	spegne	spense
noi	spegniamo	spegnemmo
voi	spegnete	spegneste
loro	spengono	spensero

Subjonctif

	PRÉSENT
io	spenga
tu	spenga
lui / lei	spenga
noi	spegniamo
voi	spegniate
loro	spengano

Impératif

spegni (tu)
spenga (Lei)
spegniamo (noi)
spegnete (voi)
spengano (Loro)

37 *UDIRE* (ENTENDRE)

Udire suit la conjugaison du 3e groupe (*dormire*) sauf dans les cas suivants :

Indicatif

	PRÉSENT	PASSÉ SIMPLE
io	odo	udii
tu	odi	udisti
lui / lei	ode	udì
noi	udiamo	udimmo
voi	udite	udiste
loro	odono	udirono

Subjonctif

	PRÉSENT
io	oda
tu	oda
lui / lei	oda
noi	udiamo
voi	udiate
loro	odano

Impératif

odi (tu)
oda (Lei)
udiamo (noi)
udite (voi)
odano (Loro)

INDEX

U, V

Y

Cet ouvrage est composé
en Meta Pro pour les titres
et le texte d'explication,
Schneidler pour les exemples,
Stone Sans pour les lexiques
et Tarzana pour les notes

Achevé d'imprimer par Rotolito Lombarda à Pioltello en Italie
dépôt légal : 97884-5/02 - Juin 2015